本书得到中国国家留学基金资助（编号：CSC202308320238）
南京邮电大学（文科）科研出版基金项目"基于术语库的严复社科译名研究"
（项目编号：NYS222004）部分成果

基于术语库的严复社科术语翻译研究

A Term-Bank-Based Study of Social Science Terminology Translated by Yan Fu

陶李春　王紫璇/著

东南大学出版社
SOUTHEAST UNIVERSITY PRESS
·南京·

图书在版编目(CIP)数据

基于术语库的严复社科术语翻译研究 / 陶李春，王紫璇著. —南京：东南大学出版社，2025.3.
ISBN 978-7-5766-1961-4

Ⅰ. C61

中国国家版本馆 CIP 数据核字第 2025NQ8106 号

责任编辑：周　菊　　责任校对：张万莹　　封面设计：佘武莉　　责任印制：周荣虎

基于术语库的严复社科术语翻译研究
Jiyu Shuyuku De Yan Fu Sheke Shuyu Fanyi Yanjiu

著　　者	陶李春　王紫璇
出版发行	东南大学出版社
出 版 人	白云飞
社　　址	南京市四牌楼 2 号　　邮编：210096　　电话：025-83793330
网　　址	http://www.seupress.com
电子邮件	press@seupress.com
经　　销	全国各地新华书店
印　　刷	广东虎彩云印刷有限公司
开　　本	700mm×1000mm　1/16
印　　张	14.75
字　　数	289 千字
版　　次	2025 年 3 月第 1 版
印　　次	2025 年 3 月第 1 次印刷
书　　号	ISBN 978-7-5766-1961-4
定　　价	78.00 元

(本社图书若有印装质量问题，请直接与营销部联系。电话：025-83791830)

内容提要

严复是我国近代著名的翻译家,先后共翻译了8部西方重要的社会科学著作,推动了西方社会科学思想在中国的传播,为西学东渐做出了重大贡献。严复在8部西学著作的翻译过程中,就所涉及的大量社会科学术语展开了开创性的翻译探索,为这些社会科学著作的核心思想传播、相关学科发展及外来社会科学术语的汉译实践做出了有益尝试和不懈努力。对严复的社会科学术语翻译进行研究对于严复翻译思想研究,尤其是译名思想研究有着十分重要的理论意义,同时对于当前我国社会科学术语翻译的相关实践具有参考价值。

从现有研究文献来看,与严复翻译相关的研究成果较为丰硕,针对严复译名的重要个案分析也不在少数。围绕严复译名思想与实践的研究主要包含两个分支,其中一个重要研究分支集中在词汇史、概念史与社会文化等方面,另一个重要研究分支则从语言学和翻译实践角度展开。但与此同时,对严复译名实践的系统性研究尚不多见,较少对严复所译8部著作中的社会科学术语翻译做整体性考察,对严复译名的历时性研究也较为缺乏。现有研究很少从术语学本体理论出发,结合严复社会科学术语翻译的特殊复杂性展开深入探讨。在研究方法方面,已有研究大多是基于历史文献和典型个案进行的理论思辨,尚未有结合术语库进行大规模数据统计分析的,往往难以还原和考察严复社会科学术语翻译的全貌。更为重要的是,针对严复译名的已有研究,虽不乏追根溯源的历史语义学考察和概念流变分析,但所依托的理论基础未能切中严复译名实践的核心特点,即在特定历史文化语境中的适应与选择,对其译名实践的接受情况也缺乏相应的考量。严复社会科学术语翻译的译者与受众的交互性适应选择特征与机制未受到应有的重视。

本研究将重点结合术语学、生态翻译学、历史语义学等相关学科的理论资源与研究范式,充分利用术语库在数据统计方面的优势,对严复社会科学术语翻译的整体性及过程性进行更为全面、详尽的考察,分析其在社会科学术语翻译实践中的适应选择特征,同时结合典型个案来探讨其译名的适应选择机制及多方面的影响因素。本书采用数据统计分析与理性思辨相结合的方法,具体研究问题如下:

(1) 严复社会科学术语翻译适应选择的总体特征如何?

(2) 严复社会科学术语翻译呈现何种适应选择机制?

(3) 影响严复社会科学术语翻译适应选择的相关因素有哪些?

在数据统计分析方面,本书通过收集严复译著及原著的中英文对照语料,对中英文语境进行适当加工标注,创建严复社会科学术语数据库,在此基础上对数据库统计数据加以分析,对其社科术语翻译过程中的适应选择特征进行具体详尽的文本考察。与此同时,在全面考察整体性数据的基础上,选择有针对性的个案,如"天演""进化""名学""群学""计学""物竞""天择""幺匿"及"拓都"等,结合翻译适应选择论、术语学及术语翻译的相关研究发现,搭建理论分析框架,展开较为深入的学理探讨与阐释,探究数据背后严复社会科学术语翻译的适应选择机制及重要的影响因素。

本书的主要研究发现包括以下几个方面:

1) 严复社会科学术语翻译适应选择的总体特征表现为以下几个方面:首先,从语言特征方面来看,原著英语术语的构成呈现出单词型术语数量多、词组型术语比重大等特点,严复社会科学术语的译名则呈现词组型术语居多及名词性特点突出等情况,且严复译名注重汉语的字本位,多源于国学中的经史子集。其次,从翻译方法来看,严复译名总体呈现以意译、直译居多而音译较少的特征,就各论著中的核心术语而言,严复则采取了意译为主、音译为辅的方法。再次,从翻译策略而言,严复主要采用归化的翻译策略来应对社会科学术语的翻译,即通过中国传统文化和学术思想来诠释和解读西学思想,试图在中西之间搭建融通的桥梁。最后,从概念应对来说,严复主要通过概念直接输入、概念汉化及概念融合等手段来译介西学的重要概念,其中概念的直接输入和概念汉化的使用居多,体现了严复对中国文化的信心和融通中西、促进中国学术发展、构建话语体系的决心。

2)严复社会科学术语翻译的适应选择机制包括两个方面,即术语译者的适应选择机制和术语受众的适应选择机制。就严复社会科学术语翻译来看,术语译者的适应选择机制是以西学著作为蓝本,以中国古典经史子集为主要参照素材,以士大夫为主要目标读者,对西学术语进行汉译的主要方法总体呈现出以意译居多、核心概念重在归化和输入的特征,旨在将西学中的众多重要概念译介入近代中国社会。而术语受众的适应选择机制体现在历史语境、语言习惯、语用特征、传播途径等形成的合力,影响并决定了术语受众在多个术语译名间进行遴选和甄别,并促使术语译名的推广与定型。

3)在严复翻译适应选择的过程中,影响因素主要有:原文的内容体裁风格、源语语言环境以及受众(首先是第一批读者即赞助者、提出建议的友人等,其次为士大夫阶层,最后为全体受众)。而起决定作用的还是与译者本身相关的因素:译者个人生平经历;翻译作品前期译者所做的准备;翻译作品时期译者的生活状态、生活环境及整个社会环境和重大历史事件,如废除八股文、废止科举制度、新文化运动、五四运动等;翻译过程中所做的策略调整;翻译作品问世后译者的自我评价与改进;译者所处环境的动态变迁;等等。这些因素可分宏观、中观和微观三个层面展开。

本书的主要理论贡献在于:(1)首次将生态翻译学的适应选择论引入术语翻译实践与理论研究,探讨了术语翻译的交互适应选择特征、机制与影响因素,有利于推进术语翻译本体理论建构。本书尝试性提出"术语翻译交互适应选择论",为术语翻译研究构建了新的分析框架。"交互适应选择论"兼顾翻译普适性和术语翻译特殊复杂性,为术语翻译实践探索和理论研究开拓了新视野,有积极的理论意义。(2)借助术语翻译的特殊性应用研究,本书的研究成果将对生态翻译学的核心理论,即翻译适应选择论有进一步的拓展和补充作用,有利于翻译本体理论的深化。(3)运用术语库的数据统计分析方法,对严复译名展开了整体性和过程性考察,为严复译名思想研究开创了实证分析与理论阐述相结合的新方法,具有一定的方法论价值。

本研究的实际应用价值主要表现在以下两点:首先,本研究可以为严复译名思想与实践研究提供素材及数据资源。创建严复译名术语库有助于考察相关术语的生成、跨语传播及语境特征，便于对严复译名进行语言、概念及交际等多层面的考察分析，为术语传播与翻译研究、相关学科史研究、严复译名思想研究等提供素材。其次，本研究能够为我国社会科学术语翻译实践提供方法论借鉴与数据支撑。鉴往知来，本研究对严复社会科学术语的译名实践进行历史溯源，考察其对近代汉语社会科学术语体系建构的重要影响。这不仅可以为今天的社会科学术语翻译实践提供有益参考，还有助于提升我国外来术语汉译及应用的整体水平，满足当前社会科学术语翻译实践的迫切需求。

本研究的主要启示有：社会科学术语翻译研究和实践探索应充分考虑受众需求及其语言习惯，充分尊重语言发展规律；在信息技术发展迅速并得以推广的今天，术语翻译研究结合术语库的建构和应用不仅对于理论探索大有裨益，而且对于术语翻译实践也有指导意义。此外，本研究能够为严复翻译研究及思想研究提供借鉴，即可以将严译8部著作统一起来考察，并结合数据统计和重要个案展开历史文化层面的剖析。

目 录
CONTENTS

第一章 绪 论 ············ 001
  1.1 研究背景 ············ 004
  1.2 研究对象 ············ 007
  1.3 研究目标 ············ 011
  1.4 本书结构 ············ 011

第二章 文献回顾 ············ 015
  2.1 本研究关键词 ············ 016
    2.1.1 社会科学术语 ············ 016
    2.1.2 适应选择 ············ 017
    2.1.3 术语数据库 ············ 018
  2.2 社会科学术语翻译研究述评 ············ 019
    2.2.1 社会科学术语翻译的复杂性 ············ 019
    2.2.2 社会科学术语翻译的实践研究 ············ 023
    2.2.3 社会科学术语翻译的翻译史研究 ············ 028
  2.3 严复社会科学术语翻译研究述评 ············ 030
    2.3.1 严复译名概述 ············ 030
    2.3.2 严复社会科学术语翻译思想研究 ············ 033
    2.3.3 严复社会科学术语翻译实践探讨 ············ 033
    2.3.4 严复社会科学术语翻译史研究 ············ 034
  2.4 基于术语库的相关研究述评 ············ 036
  2.5 本章小结 ············ 041

第三章 理论基础与分析框架 ············ 043
  3.1 翻译适应选择论概述 ············ 044
    3.1.1 翻译适应选择论的生态哲学基础 ············ 045

3.1.2 翻译适应选择论的理论内涵 ……………………… 047
3.1.3 翻译适应选择论的分析模式 ……………………… 049
3.2 术语翻译实践的特殊性 …………………………………… 052
3.2.1 术语翻译实践的多维复杂性 ……………………… 053
3.2.2 术语翻译实践的主体交互性 ……………………… 057
3.2.3 术语翻译实践的过程动态性 ……………………… 058
3.3 术语翻译适应选择机制研究的分析框架 ………………… 060
3.3.1 术语译者主体适应选择 …………………………… 063
3.3.2 术语翻译受众主体适应选择 ……………………… 065
3.3.3 术语翻译实践的历时适应选择 …………………… 067
3.4 本章小结 …………………………………………………… 068

第四章 研究设计 ………………………………………………… 069
4.1 研究问题 …………………………………………………… 070
4.2 研究思路与研究方法 ……………………………………… 071
4.3 数据收集 …………………………………………………… 073
4.3.1 严译术语库的构建 ………………………………… 073
4.3.2 严译术语库的内容 ………………………………… 075
4.4 数据分析 …………………………………………………… 076
4.4.1 译名分类与处理 …………………………………… 077
4.4.2 译名统计分析 ……………………………………… 085
4.5 本章小结 …………………………………………………… 086

第五章 严复社会科学术语翻译的适应选择总体特征 ………… 087
5.1 语言层面的适应选择特征 ………………………………… 088
5.1.1 严复译名的结构形式 ……………………………… 088
5.1.2 严复译名的对译方法 ……………………………… 097
5.1.3 严复译名的用词偏好 ……………………………… 103
5.2 概念层面的适应选择特征 ………………………………… 105
5.2.1 严复译名的概念对等方法 ………………………… 105
5.2.2 严复译名的概念传播倾向 ………………………… 107
5.2.3 严复译名的概念系统建构 ………………………… 109

5.3 交际层面的适应选择特征 ······ 111
5.3.1 严复译名的文本语境影响 ······ 111
5.3.2 严复译名的概念系统影响 ······ 113
5.4 本章小结 ······ 115

第六章 严复社会科学术语翻译的适应选择机制 ······ 117
6.1 严复译名适应选择的多重性 ······ 118
6.1.1 对源语术语的适应选择 ······ 118
6.1.2 对译语受众的适应选择 ······ 120
6.1.3 对已有译名的适应选择 ······ 122
6.2 严复译名适应选择的过程性 ······ 124
6.2.1 严复社会科学术语翻译的阶段分期 ······ 125
6.2.2 严译社科术语特点的历时比较 ······ 131
6.3 严复译名适应选择的交互性 ······ 133
6.3.1 严复译名去留考察 ······ 133
6.3.2 严复译名与和制汉字译名对比 ······ 136
6.4 本章小结 ······ 143

第七章 严复社会科学术语翻译适应选择的影响因素 ······ 145
7.1 严复译名适应选择的译者主体性 ······ 146
7.1.1 严复翻译生涯与译名创制 ······ 146
7.1.2 严复语言翻译观对译名的影响 ······ 148
7.1.3 严复政治观对译名的影响 ······ 153
7.1.4 术语翻译过程与译者主体性 ······ 155
7.2 严复译名适应选择的受众主体性 ······ 156
7.2.1 晚清民国时期的受众语言文化观 ······ 158
7.2.2 晚清民国时期的受众政治观 ······ 160
7.2.3 严复译名与受众适应选择的主体性 ······ 161
7.3 严复译名适应选择的生态环境制约 ······ 162
7.3.1 适应选择机制的相关因素 ······ 162
7.3.2 译者、受众与翻译生态环境的相互关联 ······ 165
7.3.3 严复社会科学术语翻译的多层制约因素 ······ 166

7.4　本章小结 …………………………………………………… 168

第八章　结论：严复社会科学术语翻译研究的当代借鉴 ………… 171
　8.1　本研究的主要发现 ……………………………………………… 172
　　8.1.1　严复社会科学术语翻译的总体特征 ………………… 172
　　8.1.2　严复社会科学术语翻译的过程特征 ………………… 174
　　8.1.3　严复社会科学术语翻译的双重适应选择机制 ……… 175
　　8.1.4　术语翻译交互适应选择论 …………………………… 179
　8.2　本研究的主要启示 ……………………………………………… 181
　　8.2.1　对社会科学术语翻译实践的启示 …………………… 181
　　8.2.2　对社会科学术语翻译理论研究的启示 ……………… 182
　　8.2.3　对严复翻译实践及翻译思想研究的启示 …………… 183
　　8.2.4　对术语翻译史研究的启示 …………………………… 184
　　8.2.5　对术语翻译研究方法的启示 ………………………… 184
　8.3　本研究的不足 …………………………………………………… 185
　8.4　对后续研究的建议与展望 ……………………………………… 186

参考文献 ……………………………………………………………… 187
附录一　严复主要著译作品简表 …………………………………… 205
附录二　严复著译相关历史事件一览表 …………………………… 206
附录三　严译主要相关人物一览表 ………………………………… 208
附录四　抽样概念三语对照表 ……………………………………… 210
后记 …………………………………………………………………… 220

图目录

图 2-1	CNKI 相关论文发表趋势（1992—2018）	024
图 2-2	期刊分布统计（论文数量前十名的期刊）	025
图 2-3	学科分布统计（文献数量排序前十名的学科）	026
图 2-4	文献关键词统计（频率排序前十名）	027
图 2-5	中国特色话语对外翻译标准化术语库检索举例	038
图 2-6	中国思想文化术语检索举例	038
图 2-7	NUTERM 编纂界面示例	039
图 3-1	"自然选择"的译文产生过程	049
图 3-2	"适应"与"选择"的翻译过程	050
图 3-3	术语译者的适应选择机制	061
图 4-1	本研究的基本思路	072
图 5-1	《法意》高频名词统计	091
图 5-2	《原富》高频名词统计	091
图 5-3	《天演论》高频名词统计	092
图 5-4	《名学浅说》高频名词统计	093
图 5-5	《穆勒名学》高频名词统计	093
图 5-6	《穆勒名学》高频动词统计	093
图 5-7	《群己权界论》高频名词统计	094
图 5-8	《群学肄言》高频名词统计	094
图 5-9	《社会通诠》高频名词统计	095
图 6-1	严复社会科学术语翻译的归化策略趋势	127
图 7-1	严复译著与近代中国大事件对比时间轴	154
图 7-2	译者、受众和翻译生态环境三者互动示意图	157

表目录

表1-1	严复译著简表	008
表3-1	翻译适应选择论概述	048
表4-1	严复8部译著社科术语译名数量表（升序）	077
表4-2	《天演论》译名处理与分类举例	078
表4-3	《原富》译名处理与分类举例	079
表4-4	《法意》译名处理与分类举例	080
表4-5	《社会通诠》译名处理与分类举例	081
表4-6	《群学肄言》译名处理与分类举例	082
表4-7	《群己权界论》译名处理与分类举例	083
表4-8	《穆勒名学》译名处理与分类举例	084
表4-9	《名学浅说》译名处理与分类举例	085
表5-1	严译术语库英汉术语基本特征表	089
表5-2	译著词组型术语案例	089
表5-3	《法意》译名词性及占比	090
表5-4	《原富》译名词性及占比	091
表5-5	《天演论》译名词性及占比	092
表5-6	《名学浅说》译名词性及占比	092
表5-7	《穆勒名学》译名词性及占比	093
表5-8	《群己权界论》译名词性及占比	094
表5-9	《群学肄言》译名词性及占比	094
表5-10	《社会通诠》译名词性及占比	095
表5-11	汉语译著术语系统经济指数	096
表5-12	英文原著术语系统经济指数	096
表5-13	《天演论》译名翻译方法数量与占比表	098
表5-14	《原富》译名翻译方法数量与占比表	098

目 录

表5-15	《法意》译名翻译方法数量与占比表	099
表5-16	《群学肄言》译名翻译方法数量与占比表	099
表5-17	《社会通诠》译名翻译方法数量与占比表	100
表5-18	《穆勒名学》译名翻译方法数量与占比表	100
表5-19	《群己权界论》译名翻译方法数量与占比表	100
表5-20	《名学浅说》译名翻译方法数量与占比表	101
表5-21	8部译著翻译方法数量与占比表	101
表5-22	8部译著译名翻译方法排序	102
表5-23	严译术语库汉语译名词频统计（频率最高的前十位字词）	103
表5-24	"之"字译名使用举例	104
表5-25	严译术语库中"of"与"之"匹配统计	104
表5-26	8部译著核心概念的对应特征统计表	105
表5-27	严译概念传播的翻译策略统计表	108
表5-28	严译术语库术语概念系统对比表（频次前三十位）	110
表5-29	"天演"与"Evolution"比对表	112
表5-30	多部译著译名历时特征举例（基本一致）	113
表5-31	多部译著译名历时特征举例（大多不一）	114
表5-32	多部译著译名历时特征举例（完全不一）	114
表5-33	多部译著译名历时特征举例（较多一致）	115
表5-34	多部译著译名历时特征举例（完全统一）	115
表6-1	《天演论》卷别与章节编排一览	119
表6-2	"天演"与"进化"的文本语境对比	123
表6-3	严复社会科学术语翻译的阶段划分	126
表6-4	严译社会科学术语翻译方法分期统计表	126
表6-5	严复社会科学术语翻译策略分期统计表	127
表6-6	严复社会科学术语翻译概念处理手段分期统计表	128
表6-7	基于学科的严译核心概念分期统计表	128
表6-8	"科学"出现频次统计	132
表6-9	严复译名与和制汉字译名对照情况表	135
表6-10	"天演"与"进化"的频率统计	136

第一章
绪 论

众所周知，西学东渐对中国的近现代化历史发展进程影响深远。伴随着几次西学东渐大潮，西方的近现代文明与思想得以在中国持续并广泛传播，促进了中国社会的近现代文化转型。这其中，翻译的特殊作用和重要价值不言而喻。对此，季羡林先生曾在《中国译学大辞典》的序言中强调"翻译之为用大矣哉！"[1]，并作如下论述：

> 倘若拿河流来作比，中华文化这一条长河，有水满的时候，也有水少的时候，但从未枯竭。原因就是有新水注入，注入的次数大大小小是颇多的。最大的有两次，一次是从印度来的水，一次是从西方来的水。而这两次的大注入依靠的都是翻译。中华文化之所以能长葆青春，万应灵药就是翻译。

客观地说，在"西方来的水"注入中国近现代社会的过程中，翻译实践者层出不穷，徐光启、严复、林纾、辜鸿铭和王国维等学者无不为西方思想在中国的传播做出了努力和贡献。他们为近现代中国的读者输送了西方自然科学以及人文社会科学等众多领域的文化知识与思想精华。

在众多近代翻译名家中，严复（1854—1921）作为"清季输入欧化之第一人"（梁任公语[2]），把"近代欧洲的思想和观念编织进了汉语的广阔空间，从而在两种语言之间创造出了一种特殊的文化。"[3]严复的西学翻译实践以人文社会科学类的学术著作为主，比如《天演论》、《原富》、《法意》、《穆勒名学》和《群学肄言》等8部作品。通过对这些西方社会科学名著的译介，严复为当时的中国社会引入了大量的新概念、新名词，起到了非常重要的思想启蒙作用。借助大量社会科学名词的翻译，"严复创造了一个独特的'名的世界'，个人、种族、国家、自然、社会的各个方面都需要在这个'名的世界'中加以仔细地界定。'名的世界'不仅是中国人重新理解和控制自己的世界的方式，而且是现代社会体制得以形成和建立的基本前提。"[4]严复大力提倡"鼓民力、开民智、新民德"[5]。毋庸置疑，

---

[1] 详见季羡林在《中国翻译词典》序（1997）及《中国译学大辞典》代序（2011）。
[2] 转引自汪晖《现代中国思想的兴起》下卷第一部《公理与反公理》，生活·读书·新知三联书店，2004，第843页。
[3] 同上。
[4] 同上书，第842～843页。
[5] 转引自王栻《严复集》第一册，中华书局，1986，第27页。

其翻译实践对当时的中国社会来说,是一股来自西方的及时雨,为中国近代社会带来了丰富的精神食粮,在促进西学传播、推动社会思想启蒙、丰富汉语表达体系等方面贡献卓著。

与此同时,在社会科学著作的翻译实践中,严复吸收了我国佛经翻译思想的精髓,开创性地提出"信、达、雅"的翻译原则,并规避了16世纪以来西学译介的主要方式,即"传教士口述、中国士子笔录"[①]的传统做法,而开辟了近代中国直接译介西书的先河。严复著述颇丰,先后翻译了8部西学名著[②],涵盖哲学、社会学、政治学、经济学、法学、逻辑学等学科。根据最新研究统计,严复翻译引入的西学重要社会科学术语情况如下,英文术语共计1 220条,严复译名共计1 403条[③],为近现代中国学术话语的构建做出了重要贡献。之所以出现英文术语和严复译名条目数量不对等的情况,是因为严复在翻译英文术语时,无论是同一部译著内部还是在不同译著中,时常出现同一条术语给出两个或者两个以上的译名(详见

---

① 转引自沈国威《近代中日词汇交流研究——汉字新词的创制、容受与共享》,中华书局,2010,第8页。

② 根据王栻《严复集》(第五册,中华书局,1986)第1582~1583页的统计,严复译作字数约190万,共计10部译著(含《支那教案论》及《中国教育议》)。欧阳哲生在《严复评传》(百花洲文艺出版社2010版)第64~65页列出了《欧战缘起》和《英文汉诂》等10余部译著。根据严复著作在学界的影响力,本研究主要基于台湾商务印书馆推出的严复先生翻译名著丛刊,现将其收录的严复8部译著罗列如下:《天演论》(Thomas Henry Huxley, *Evolution and Ethics*)、《原富》(Adam Smith, *An Inquiry into the Nature and Causes of the Wealth of Nations*)、《群己权界论》(John Stuart Mill, *On Liberty*)、《群学肄言》(Herbert Spencer, *The Study of Sociology*)、《社会通诠》(Edward Jenks, *A History of Politics*)、《法意》(Montesquieu, *Spirit of Laws*)、《穆勒名学》(John Stuart Mill, *A System of Logic*)、《名学浅说》(William Stanley Jevons, *Primer of Logic*)。

③ 学界对严复译名的统计数据存在一定分歧。熊月之(2011)指出,商务印书馆在严译名著8种后附《中西译名表》,共收词482条,经查考,其中被学术界沿用的只有56条(包括严复沿用以前译名,如"哥白尼""美利坚"等),占了不到12%。黄克武(2012)认为,含有482条译名的汇总表实为1930年商务印书馆编制的译名表,没有全部收入严复译名,且其中尚有一些讹误。而2014年北京时代华文书局引自台湾商务印书馆的中西译名是在前人基础上对照、核对而编制的,本研究基于此核对后的译名表,并经过多次对比分析和专家审定,最终确定了1 220条英文术语和与之相匹配的1 403条汉语译名,用以构建严译术语库。

附录四）。严复通过翻译创造了学术话语的现代性，体现了学术话语的文化观，促进了学术话语的规范性，造就了学术话语的博大与包容，而且其创立的翻译标准同样适用于学术话语（尚宏，2011）。尽管严复的社会科学著作翻译及译名实践也因其翻译措辞过于追求古雅而屡遭诟病，但他独辟蹊径的翻译实践方法及其开创性的译名思想也留下了宝贵的学术财富，为当下翻译理论与实践研究，尤其是术语翻译理论与实践探索等方面提供了丰富的研究素材。

从翻译动机来看，严复是爱国的翻译家，期盼用西方先进的思想来拯救处于危难之际的中华民族；从翻译过程来看，严复是审慎的译者，他在《天演论》译例言中提出，"一名之立，旬月踟蹰"（赫胥黎，2014），可见其用心良苦；从翻译结果而言，严复译著影响深远，但其反复推敲确定的众多译名却如昙花一现，最终"被学术界沿用的仅56条"[①]。严复译名实践的重要性和特殊性非常值得认真反思和深度研究。鉴于此，本研究将从严复的8部社会科学译著着手，通过对其中社会科学术语翻译的实践状况考察与特点分析，结合相关文献研究，深入探讨严复译名实践及其被接受情况，尝试探究社会科学术语翻译的特殊性、复杂性以及术语翻译实践的相关制约因素，以期对当今我国社会科学术语翻译与跨语规范化应用具有历史借鉴意义和参考价值，为术语学的理论建构和译名规范问题做出有益探索。

1.1 研究背景

术语是人类科学知识在语言中的结晶，是通过语音或文字来表达或限定专业概念的约定性符号（冯志伟，2006c，2011）。术语作为专业领域概念的符号指称，承载着重要的概念及相关知识，而术语知识生产过程中的相关文化信息也同样不容忽视。术语翻译是相关概念跨学科、跨文化传播过程中的再命名（魏向清、赵连振，2012：39），也即专业领域的概念在

[①] 转引自熊月之《西学东渐与晚清社会》，上海人民出版社，1994，第701页。虽然学界对于严复译名中沿用至今的译名数量存在不同意见，但严复译名仅有少量流传则是共识。

不同语言、不同文化中的传播与应用,关涉两种语言的接触、文化的会通以及文明的互鉴。回顾中国翻译史的发展进程,不难发现,在各个翻译高潮期,术语翻译实践都非常活跃且类型丰富多样。一定程度上而言,中国翻译史就是一部术语翻译实践史。从佛经翻译中将佛教术语引入中原,到明清及五四前后的西方科技术语、社会科学术语的译介,术语翻译促进了新概念、新思想的输入,丰富了汉语的词汇及其语义表达,为中国自然科学、社会科学等领域的现代学科萌芽和持续发展注入了营养与能量。

社会科学术语作为社会科学领域专业知识在语言上的结晶,承载并传递着人们对社会科学各领域的研究思想与学术成就。在全球化不断深入的今天,国家之间的交往日益密切,社会科学术语的跨语言、跨文化应用越来越频繁。我国自改革开放以来,在引进西方现代自然科学技术的同时,也借鉴了西方人文社会科学的大量成果。其中西方社会科学术语的输入规模之大、数量之众和影响之深远是新中国历史上前所未有的。由于社会科学研究与大众文化生活紧密关联,西方社会科学术语的汉译与传播业已成为我国语言生活不可忽略的重要方面。以译学术语为例,我国在引进西方译学时便一度出现译名使用不规范的情况,比如西方译学术语在译介过程中出现译名有误、译名不统一、译名使用不当、译名容易产生误解等情况,应当引起学界深思,并采取适当的对策,为译学发展做好术语规范工作(陶李春、魏向清、刘润泽,2016)。事实上,不仅在翻译学研究领域出现此类术语翻译问题,在其他相关学科领域,也有术语译名不规范的现象,经贸术语、林业术语、法律术语等学科领域均存在译名规范化的迫切需求(张沉香、张治英,2007;李海峰,2010;屈文生,2012)。曾剑平(2007)指出,人文社会科学的术语译名存在混乱的现象,不利于学术交流,其规范化工作已然成为燃眉之急。

实践的混乱在很大程度上源自理论的匮乏。为应对并解决社会科学术语翻译过程中的不规范现象,开展相关理论研究十分必要。就我国的术语翻译理论研究而言,现有研究主要限于术语翻译实践的具体方法层次,重在对自然科学和人文社会科学领域术语翻译的个案探讨。这对于术语翻译理论的系统建构还远不足够。我国拥有悠久的术语翻译实践历史,可以为术语翻译理论研究提供丰富的实践素材。从这方面讲,社会科学术语的翻译史更值得重视和探究。

翻译史的研究,其主要作用在于理性反思、鉴往知来。在我国术语翻译史上，社会科学术语的翻译占据了十分重要的地位，尤其是西学东渐中的社会科学术语翻译为后世留下了丰富的学术思想遗产。这对于我们审视社会科学术语翻译的历史经验教训，探寻其问题和规律，具有积极的历史与现实意义。当今中国处于新的历史发展阶段，社会科学领域的深度对外交流对于文化软实力的建设至关重要。因此，建立一套行之有效、便于国际交流的社会科学话语体系非常必要，而社会科学术语的跨语应用问题是其中的关键。这不仅关系到中国思想和文化"走出去"战略的推进，而且对于繁荣我国哲学社会科学，提升对外学术文化交流意义重大。

与此同时，社会科学术语翻译史的研究对我国术语学的本体研究发展也有重要意义。我国的术语学研究主要依托西方现代术语学理论体系，重在对西方术语学理论的借鉴与应用，但对我国术语翻译实践的主体思考不够充分，尤其缺乏对术语翻译实践史的深入研究。我国的社会科学术语翻译实践几乎贯穿翻译实践史的整个进程，有着极为丰富的实践资源，能够为我国的术语学本土理论建构提供很有价值的实践研究基础。从中国术语学的理论建设和术语教育发展的角度来说，有必要系统地对社会科学术语的翻译史展开相应研究。从社会科学术语翻译史的角度着手，系统梳理和综合考察近代中国社会科学术语译名的来龙去脉，可望为当前我国的社会科学术语规范化工作提供历史借鉴与经验参考，为我国社会科学术语翻译研究方法做出有益的尝试，也为术语学及术语翻译的理论建构提供素材。

晚清民初时期西学新概念的引入、新词语的提炼与定型成为我国术语翻译史上精彩的篇章。其中，严复译名的贡献为后世留下丰富文献素材，也创设了术语翻译研究的无限空间：一方面，严复翻译思想及实践研究颇受关注，相关专著和论文较多；但另一方面，严复术语翻译思想及实践作为严复翻译研究的一个重要组成部分，却少有系统性考察与探究，研究空间十分广阔。鉴于严复翻译的8部西学著作均为人文社会科学领域的作品，严复术语翻译思想及实践研究主要围绕严复社会科学术语翻译研究展开。严复社会科学术语的翻译研究对改革开放以来社会科学术语翻译问题的探索、反思与总结能够起到十分有益的借鉴和参考作用。具体而言，严复译名问题研究具有术语学研究意义。术语学是一个偏重应用的学科，涵盖术语的标准化、术语编纂、术语翻译、术语数据库的建设等（郑述谱、梁爱林，2010）。随着当今世界经济全球化和文化多样性发展的不断深入，术语的跨语传播与应用已成为术语学理论与实践的重要内容之一。其中社会科学领域术语的跨语交流也越来越受到研究者的关注与重视，相关的研究与实践方法也呈现出跨学科特点。从严复译名研究中挖掘新认识，为当今译名规范问题、术语审定工作等提供历史参照显得尤为重要。需要指出的是，严复的译名实践丰富，但最终留存的译名却数量有限，其译名成果未能得到推广使用，这一事实为当今社会科学术语翻译实践留下了反思和探索的空间。当然，在汲取相关译名教训的同时，也有许多经验值得总结和借鉴，其中不乏个案可资开展术语翻译及术语学的理论探索。

1.2 研究对象

严复作为近代中国直接翻译西学的重要代表，其翻译思想一直是译界关注的重点之一。严复提出的"信达雅"标准为中国的翻译理论与实践提供了弥足珍贵的思想财富。这其中，严复为大量外来社会科学术语翻译定名所付出的努力，除了"一名之立，旬月踟蹰；我罪我知，是存明哲"[①] 的实践过程写照外，还有着深刻的理论资源有待进一步挖掘。严复自 1894 年以来，大量阅读西学著作，并先后翻译了 8 部西学名著，其中以前两部《天演论》《原富》影响力最广、研究关注度最高。严复作为中国本土翻译人员的典型代表，别具匠心，独出心裁，运用先秦文风来翻译西方学术著作，并通过办《国闻报》来发表自己的著述和译作。严复作为近代中国翻译家、启蒙思想家，他的译述及社会科学译名在当时社会引起了强烈的反响，他的社会科学译名的成形过程与结果是中国术语翻译实践史上的宝贵财富。对其 8 部译著进行系统梳理和数据统计分析，能够帮助我们更加全面深入地考察其译名思想，从而为社会科学术语翻译实践的特殊复杂性研究提供历史借鉴。

本研究主要聚焦严复 8 部译著中的社会科学术语翻译实践，基于自建严译社会科学术语库（简称"严译术语库"）的一手数据，结合社会科学术语相关的文本信息以及文献研究，重点描述严复社会科学术语翻译的总体特征名，并分析其不同翻译时期的过程特征以及其译名结果为受众所接

---

① 转引自赫胥黎《天演论》，严复译，北京时代华文书局，2014，第 18 页。

受的双向选择特征。在数据分析的基础上,笔者将探究严复术语翻译实践过程中的适应与选择机制,总结严复译名的成败得失与经验教训,为当今汉语社会科学术语跨语应用的规范建设提供借鉴,为我国当前的社会科学术语译名审定及规范化使用提供历史参照。

具体而言,需要指出的是,严复著译丰富,先后发表了《论世变之亟》《原强》《辟韩》《救亡决论》等政论文,翻译出版了《天演论》《原富》等10余部作品。但就社会影响力及传播范围而言,当数商务印书馆出版的严译名著丛刊,总计8部译著。而这8部译著在历时跨度上约15年(1894—1909),能够较为充分地表征严复的翻译思想及其对术语翻译的探索与思考。同时,这15年也是近代中国社会急速变革的重要时期,语言层面的文白之争,并最终从文言文转向白话文,译名层面的中日比赛,以及政治制度从封建制度向民主制度转变,五四运动前期的思潮涌动,等等这些构成了当时的历史文化语境,无不对严复思想、严复社会科学术语翻译的过程与结果产生了影响。正是这种庞杂而繁复的历史文化语境与术语翻译的紧密关联,也使得严复社会科学术语翻译的研究显得十分重要,也能为当前我国社会科学术语的丰富实践和理论建构提供历史参照。

如前所述,本研究重点关注严复所译的八部西学著作,重点探讨严复八部译著中社会科学术语翻译情况,相关作品的翻译出版时间等信息汇总如下,详见表1-1所示。

表1-1 严复译著简表[①]

译著	原著	原作者	原书出版时间	翻译起讫年份	译著字数/万	译著出版
《天演论》	*Evolution and Ethics*	Thomas Henry Huxley	1894年	1894—1896年	6	1898年湖北沔阳卢氏慎始基斋木刻出版;1905年商务印书馆铅印

[①] 国内对严复相关译著的翻译及出版的具体时间有一定共识,但也存在些许分歧。虽然翻译起讫年份一栏没有精确的时间节点和时间段,仅仅为学界基本认可的年份,但翻译完成一部著作显然不是一日之功,从阅读、理解、翻译、校对到出版往往需要经过数月乃至数年的不懈努力。本表基于皮后锋:《严复评传》,南京大学出版社,2011,第545~548页。

第一章 绪论

续表

译著	原著	原作者	原书出版时间	翻译起讫年份	译著字数/万	译著出版
《原富》	An Inquiry into the Nature and Causes of the Wealth of Nations	Adam Smith	1776 年	1896—1901 年	55	1901—1902 年南洋公学译院陆续出版；1903 年商务印书馆出版
《群学肄言》	The Study of Sociology	Herbert Spencer	1873 年	1897—1903 年	22	1903 年上海文明编译书局出版；1908 年商务印书馆出版
《群己权界论》	On Liberty	John Stuart Mill	1859 年	1900 年前	8	1903 年商务印书馆出版；《广益丛报》1905 年连载
《社会通诠》	A History of Politics	Edward Jenks	1900 年	1903 年	11	1904 年商务印书馆出版
《穆勒名学》	A System of Logic	John Stuart Mill	1843 年	1900—1902 年	29	1905 年出版
《法意》	The Spirit of Laws	Baron de Montesquieu	1743 年	1903—1909 年	52	1904—1909 年分 7 次由商务印书馆陆续出版
《名学浅说》	Primer of Logic	William Stanley Jevons	1870 年	1908—1909 年	9.5	1909 年商务印书馆出版

基于上述 8 部严复的社会科学译著，本研究主要围绕 5 个主题展开，即严复社会科学术语翻译的总体特征与表现形式、严复社会科学术语翻译的译者适应选择机制、严复社会科学术语翻译的受众适应选择机制、严复社会科学术语翻译适应选择的制约因素以及对当代中国社会科学术语翻译实践的启示。

首先，对于严复社会科学术语翻译的总体特征与表现形式，本书重点从术语的语言形式、概念内涵以及交际情景三个维度去考察和分析文本中的术语翻译数据，力求系统和全面体现严复术语翻译的全貌及特点。本书还包括了严复社会科学术译翻译的过程特征研究。如前所述，严复翻译 8 部西方著作并非一蹴而就，而是历经 15 载才陆续将译著公布于世。换言之,严复在十余载的翻译历程中,其术语翻译的思想、原则和理念有无发展与变化,其翻译过程呈现何种态势,对和制汉语译名持何种态度,相关译名的去留如何等等,这些都是值得探讨的主要方面。此外,通过对核心概念的梳理与探究,并结合相关术语的个案分析,将为严复社会科学术语翻译的过程勾勒出一个较为清晰的轮廓。

其次,对于严复作为译者在社会科学术语翻译过程中的译者主体适应选择机制,本书主要借鉴生态翻译学的核心理论——翻译适应选择论[①]展开数据分析基础上的充分讨论。严复自1894年着手翻译《天演论》,至1909年完成《名学浅说》的翻译,共完成8部西学著作的翻译,这十余年中,近代中国社会在语言、文化、政治、科学、思想、外交等诸多层面均有变化。本书将结合严复翻译史及其所处的历史语境,总结其译名思想的形成与演变,考察其译名原则、译名风格及译名方法的一致性与灵活性。

再次,本书还从术语的应用属性出发,基于相关数据分析与文献研究,探讨严复社会科学术语翻译的受众主体适应选择机制。受众是翻译结果的直接用户和体验者,术语受众也是如此。严复译名能否得到接受并广泛传播便取决于受众这一主体的选择。因此,有必要对译名受众进行研究,分析其选择的动机、偏好,反观严复译名去留背后的历史文化动因。

从次,严复社会科学术语翻译适应选择的制约因素是指在严复社会科学术语的译前、译中、译后三个阶段分别有哪些因素会制约和影响术语译者的主体性、术语受众的适应选择。这些因素涵盖语言、历史、文化、社会、政治、经济、相关学科发展状态等众多方面。

最后,毋庸讳言,通过严复社会科学术语翻译研究,能够给当代术语翻译与传播研究带来重要启示。近代汉语术语生成历经坎坷,充满变数,然而术语的自身规律、语言接触的本质要求、文化传承的内在属性等形成了合力,在整个演变过程中起着主导作用。如何历史钩沉,从近代汉语术

---

① 胡庚申(2004:179-181)提出,翻译即适应与选择,最佳翻译是处于中心地位的译者对翻译生态环境多维度适应和适应性选择的累计结果。由此可以得出,术语翻译是术语译者对翻译生态环境的适应选择而得出术语译名的过程,而在此过程中,如何适应、如何选择往往会受到诸多因素的制约和影响,并且术语受众是其中重要的一环。区别于其他类型的翻译,术语译者和术语受众的互动十分重要,值得研究。

语生成中探寻规律，从中汲取经验教训，势必为当前我国术语学建设、术语审定和规范化工作等提供历史参照，同时为我国当代学术话语的建构做出有益尝试。

1.3 研究目标

本研究属于术语翻译实践史的研究范畴，旨在描述和分析严复社会科学术语翻译的总体及过程特征，探索严复作为译者在社会科学术语翻译过程中的译者主体适应选择机制，并结合严复核心译名接受情况的综合历时考察，探究社会科学术语翻译受众主体的适应选择机制，为当今及未来我国社会科学术语跨语交流与规范化应用提供借鉴与参考。

就理论目标而言，深入分析严复译名的理据与思想，考察严复作为译者的主体性作用，对社会科学术语翻译及其应用研究开展理论探讨；构建严复社会科学术语翻译实践史的脉络走向，剖析历史文化对语言嬗变、译名策略与方法的交互影响；探寻严复社会科学术语译名应用中的接受主体影响，进而总结术语翻译的双重适应选择机制。

从实践目标来看，构建严复社会科学术语译名数据库，探寻严复译名生成与应用中的双重主体适应与选择机制，进而总结出社会科学术语翻译的适应性规范，归纳社会科学术语翻译在译者选择、受众适应等过程中的制约因素，为当今及未来我国社会科学术语翻译实践提供参考依据和分析指标。

从应用目标来看，本研究自建的严译术语库及相关表格将可望成为今后相关研究的重要资料，为严复思想研究、严复翻译思想以及译名思想研究等提供语料基础。

1.4 本书结构

基于上述研究内容、研究目标及研究设计，本书共分八章，其中第一章为绪论、第二章为文献回顾、第八章为结论，而第三章至第七章是本研究的主体部分，主要探讨以下几个方面的内容。

第三章为理论基础与分析框架，探讨如何建构术语翻译研究的理论框架，如何行之有效地归纳和应用术语翻译过程中的适应选择机制，建构严复社会科学术语翻译研究的理论体系，梳理其翻译过程及思想脉络，主要涵盖翻译适应选择论的生态哲学基础、理论内涵及分析模式，术语翻译实践的特殊性以及术语翻译适应选择机制研究的分析框架，即术语译者主体适应选择与术语受众主体适应选择，术语翻译实践的历时适应选择。

第四章为研究设计，具体介绍本研究的三大核心问题，以及解决和回答这三大问题的研究方法，包括严复社会科学术语翻译相关语料的收集与分析等，为后续章节的深入探讨与理论阐述提供数据支撑。本研究应用基于术语库的研究方法，即借助术语库统计分析的优势，展开严复译名统计与考察，包括严复译著平行文本库的构建与术语收集、整理等步骤，以及严复社会科学术语译名数据库的创建与统计等环节。

第五章为严复社会科学术语翻译的适应选择总体特征，主要围绕本研究的第一个核心问题展开，即严复社会科学术语翻译与接受的总体特征如何。基于术语数据库的统计分析，本章对严复 8 部译著中的社会科学术语翻译的总体特征进行描述，具体包括严复社会科学术语翻译语言层面的适应选择特征，涵盖严复译名的结构形式、对译方法和用词偏好，也包括概念层面的适应选择特征，涵盖严复译名的概念对等方法、传播倾向和系统建构，还包括交际层面的适应选择特征，关涉严复译名的文本语境影响和概念系统影响。

第六章为严复社会科学术语翻译的适应选择机制，着重分析严复译名适应选择的多重性、过程性和交互性，这即为适应选择机制的三个维度。有关多重性的分析侧重讨论严复对源语术语、译语受众和已有译名的适应选择；过程性则对严复社科术语翻译的阶段分期进行分析探讨，并从历时角度总结严译社会科学术语的特点；而交互性主要通过对严复译名去留的考察及其与和制汉字译名的对比来探寻术语译者与术语受众等要素之间的互动。

第七章为严复社会科学术语翻译适应选择的影响因素，重点探索第三个研究问题，即严复社会科学术语翻译与接受的影响因素有哪些，依次分析严复译名适应选择的译者主体性、受众主体性以及生态环境制约。其中译者主体性涉及严复语言翻译观、政治观对译名的影响,受众主体性涉及晚清民国时期的受众语言文化观和政治观,生态环境制约则考察相关因素之间的关联与作用。

第八章为结论,总结和归纳全文探讨的核心问题及研究发现,严复社会科学译名实践的当代启示,主要在上述统计分析和理论探讨的基础上,归纳术语翻译的双重适应选择机制,总结社会科学术语翻译的适应性规范,为当今中国文化走出去、国外先进文化引进来等重大战略中术语翻译、术语定名、术语的规范化使用等主题提供历史参照。同时,归纳其研究价值和研究意义,并指出尚存的不足和有待进一步研究的问题。

此外,文末附录中对严复著译及其国内外相关事件分别做了梳理与归类,并提供了严译术语库的精要版以及抽样概念三语对照表,供查阅参考。

第二章
文献回顾

本章为本书的文献综述部分，旨在通过对相关前期研究的文献回顾与评述，突显本研究的必要性，即结合术语库的统计分析对严复社会科学翻译的过程与结果进行系统梳理、全面考察和深入研究，具有理论价值和实践指导意义。首先，本书对三个主要的研究关键词进行界定，初步厘清社会科学术语、适应选择和术语数据库的基本概念。其次，本书针对严复术语翻译过程及其翻译结果（主要表现为严复译名）、社会科学术语翻译以及基于术语库的相关研究逐一进行综述和思考，分别在2.2、2.3和2.4三节中展开社会科学术语翻译研究述评、严复社会科学术语翻译研究述评以及基于术语库的相关研究述评。最后，基于国内外现有的相关研究文献，介绍本研究试图拓展的内容与范围，突出研究的必要性。

2.1　本研究关键词

本研究涉及的关键词有严复译名、社会科学术语、适应选择、特征、机制和术语数据库。其中严复译名在2.3.1有单独介绍，而特征和机制在第五章和第六章将着重论述，因此本节主要围绕社会科学术语、适应选择及术语数据库三个关键词展开。

2.1.1　社会科学术语

术语是表征学科专业概念的语言符号，就专业概念所涉及的学科门类而言，可以大致分为自然科学术语及社会科学术语两种（龚益，2010）。术语所表征的特定领域的概念或范畴，以及由这些概念或范畴而构成的话语系统，都是人类物质与精神文明延续传承的基本条件。一方面，这两种术语均有术语的共同属性特征，比如：单义性、系统性、简明性、理据性、稳定性和能产性等；另一方面，社会科学术语因其所表征学科知识的特有属性而具有特殊性和复杂性。

社会科学术语作为术语的一个主要组成部分，是社会科学领域的专业用语，承载着社会科学领域的知识与创新成果。社会科学有广义、狭义之分。本书取社会科学的广义，包含人文、哲学社会科学等学科分类。本研究所涉及的社会科学术语主要是指近代中国翻译家严复笔下社会科学领域的术语及其汉语译名,包括社会学、逻辑学、经济学、法学、政治学、人类学等领域的专业用语。传统意义上学科相关的人名、地名和著作名等专名不在本研究所考察的范围内①。

2.1.2 适应选择

本书的研究对象是严复的社会科学术语翻译实践特征及其相应机制。具体而言,本研究重点考察严复西学翻译过程中的社会科学核心术语翻译情况,探究在术语翻译行为中其作为译者主体所做出的适应选择以及术语翻译受众对其译名结果做出的适应选择。这种译者与受众的双向适应选择是严复社会科学术语翻译实践研究的重要内容,也是严复术语翻译的特殊性与复杂性所在。

"适应选择"作为本研究的关键词之一,主要是借鉴生态翻译学理论视角,对严复社会科学术语翻译实践特征及相应机制研究作深度挖掘。胡庚申基于达尔文的适应选择学说,将"适应选择"理论应用于翻译实践活动的隐喻认知理解,他认为翻译"以译者为主导、以文本为依托、以跨文化信息转换为宗旨,翻译是译者适应翻译生态环境而对文本进行移植的选择活动"②。他强调:"翻译过程是译者对以原文为典型要件的翻译生态环境的'适应'和以译者为典型要件的翻译生态环境对译文的'选择';此翻译过程中的翻译行为是以译者为'中心'主导的。"③

需要指出的是,本研究中所用的"适应选择"概念,以生态翻译学适应选择论的主要观点为基础,但还从术语翻译的特殊性出发,进一步强调,术语翻译过程中的翻译行为是以译者和受众为共同主体的主体间性特征,因此,本研究中的"适应选择"是译者与受众之间的双向适应选择,两者是相互影响和制约的。关于生态翻译学的核心理论——适应选择论对

---

① 笔者在整理严复译名条目之初,共计收集了3 805条英汉对照译名,其中2 585条为人名、地名、机构名等专有名词,其中绝大多数严复使用音译的翻译方法。基于多次考证分析和相关专家的审定意见,没有将此2 585条专有名词纳入本书的研究范畴,而是围绕前文提及的1 220条英文社科术语和与之匹配的1 403条译名展开研究,特此说明。
② 胡庚申:《生态翻译学——建构与诠释》,商务印书馆,2013,第86页。
③ 同上。

于本研究的适用性探讨,详见本研究的第三章内容,这里不做赘述。

2.1.3 术语数据库

术语数据库为"包括术语数据的数据库"[①],一般简称"术语库"。术语库是信息技术与学科研究相结合的产物,是记录术语在双语或多语言中的对照情况,并配以参见、定义、双语(或多语)语境的电子文本库。术语库包含的类型有面向概念的术语库、面向翻译的术语库、面向特定目标的术语库以及其他特殊用途的术语库(GB/T 13725—2001[②])。术语库通过使用术语来承载信息,运用概念关系来承载知识,堪称知识化翻译工具的范例(苗菊、宁海霖,2016:64)。换言之,术语库能够有效地记录术语的生成、多语表达及语境使用情况,为术语研究、术语管理与术语翻译、学科史研究等提供素材。正是数据库的这种强大优势,术语学及术语翻译研究等越来越重视数据库的建设与维护,并积极利用数据库来深化认识、拓宽视野、开辟研究新领地。

本研究所建构和分析的术语库为面向翻译的术语库。面向翻译的术语库在术语编纂时需要注意的特点有:因其比传统意义上记录的术语数据库更为宽泛,不仅需要有术语、名称和某些符号作为数据项,还包括熟语、语境和标准文本;其编纂工作包含常规的和预设的(通常是计算机化的)格式存储与文本有关的信息,同时还包括确定每个术语条目中的具体的数据类目(GB/T 18895—2002)[③]。本研究构建的严译术语库遵循了相关术语建库的原则和方法,具体数据项包括源语术语名、严复译名、术语类型、翻译方法、概念手段、时间分段、语境信息等。语料收集、术语建库及相关统计分析将在第四章和第五章的相关章节具体展开,在此不做赘述。

---

① 转引自《术语数据库技术评价指南》(GB/T 15625—2014),国家质量监督检验检疫总局、国家标准化管理委员会发布,2014 年 11 月实施。
② 转引自《建立术语数据库的一般原则和方法》(GB/T 13725—2001),国家质量监督检验检疫总局、国家标准化管理委员会于 2001 年发布,第 2 页。
③ 转引自《面向翻译的术语编纂》(GB/T 18895—2002),国家质量监督检验检疫总局于 2003 年发布,第 2 页。

第二章 文献回顾

2.2 社会科学术语翻译研究述评

术语翻译是术语语际传播过程,其结果是在目标语言中形成与源语表示相同概念的等价术语,区别于普通语词(魏向清、赵连振,2012:163)。社会科学术语翻译作为人文社会科学领域重要概念的语际传播,其理论探索需要关注术语翻译的一般性特征,同时也关涉社会科学领域术语的特殊性。就现有文献来看,社会科学术语翻译的理论研究往往注重对术语本体以及术语翻译的特征研究,从术语学、翻译学、生态语言学等多个相关领域展开。

众所周知,术语翻译是对某一特定领域的专业术语进行跨语言、跨文化、跨地域传播的重要途径。术语翻译是一种跨语知识的传播,涉及知识的传递、控制、游戏、权力、撒播以及共享和互动诸特征,其结果及其传播本质与过程密切相关,术语翻译的译者主体性亦具有交互的特质(魏向清,2014:20-25)。在本研究中,术语翻译主要是指人文社会科学领域的术语在英汉语言及中西日文化互动中的传播,以及译名的生成、演变、竞赛与定型等一系列过程。本研究以严复8部译著中的译名为主要研究对象,探讨严复社会科学术语翻译的过程与结果,进而反观改革开放以来我国人文社会科学术语翻译的现状与问题,并尝试提出解决方案。换言之,术语翻译研究不仅关注术语翻译的结果,而且聚焦术语翻译的过程。结果与过程相辅相成,对于术语翻译的全方位研究需要对结果及过程进行多维度研究。

2.2.1 社会科学术语翻译的复杂性

与自然科学术语一样,社会科学术语表征特定领域的重要概念,是学术交流、学科发展的重要工具。然而,社会科学术语又具有自身的本质特征,其复杂性源于社会科学术语与人们语言文化生活的紧密性、系统内外的密切关联以及社会科学领域研究的地域性、国别化差异及特定学科研究的特点等。既然翻译的对象如此复杂,那翻译活动本身自然也不会简单,翻译研究也正面临着从简单性科学范式走向复杂性科学范式的变革(吕俊、侯向群，2015）。复杂性科学范式缘起与研究主题本身的复杂性，同时也会对研究问题提供更多的研究视角，进而带来更多的研究发现。社会科学术语翻译的复杂性研究也是如此。细细说来，社会科学术语翻译的复杂性主要体现在以下几个方面：

首先，不同语言的特征增加了社会科学术语翻译的难度。不同语言在词汇构造、表音表意、修辞手法、感情色彩、语体特征等方面均有异同。以英汉两种语言为例，英语是表音文字，汉语是表意文字，两者自然在术语表述方面有差异。表音文字是指用几十个符号（字母）来表示一种语言里有限的音位或音节，一般是一个符号代表一个特定的音，语言中所有词语都由这几十个符号拼合而成；而表意文字则是用大量的表意符号来记录语言中的语素或词，这些符号本身不能显示词语的读音信息。因此涉及英汉两种语言的社会科学术语翻译自然需要克服这种差异。

其次，不同文化背景及价值取向往往是社会科学术语翻译一大难题，这一点不仅中国本土译员深有体会，而且传教士也是如此。西人尝云：

> 然中国自古以来，最讲求教门与国政，若译泰西教门与泰西国政，则不甚难。况近来西国所有格致，门类甚多，名目尤繁；而中国并无其学与其名，焉能译妥，诚属不能越之难。[①]

近代以降，众多西人提出中西文化差异及语言差异甚巨，翻译可谓难上难。傅兰雅（John Fryer，1839—1928）对译名问题持审慎态度，一方面他也认为近代中国的文化背景的确与西方存在诸多差异，译介西学并非易事，但同时傅兰雅反对西学不可译一说。他还指出，西学汉译之难，主要因为西学文化中有的概念和术语，近代中国暂时没有，抑或甚少。而从另一个翻译方向来看，近代中国的许多概念和术语译成英语也并非易事，说到底还是当时的中国和欧美之间沟通甚少，学科领域、知识体系、话语建构方式方法等方面差异悬殊所在。自然科学如是，社会科学领域也是如此。以《论语》中名词术语"君子"为例，现存的各种英语版本众多，可谓五花八门，如："the gentleman" "the superior man" "the virtuous man" "the

---

[①] 傅兰雅：《江南制造总局翻译西书事略》，载黎难秋主编《中国科学翻译史料》，中国科技大学出版社，1996，第417页。

wise man"等。"君子"这一术语,有着丰富的内涵,涉及地位出生、政治立场、伦理道德、学识修养等,在英语中未必存在现成的对应概念和语词。其文化内涵的正确传译非常复杂,需要调动译者的主体性,以期充分理解和统筹兼顾译名受众的思维习惯与术语使用偏好。就术语翻译而言,这一点对于近代中国和当代中国同样奏效。例如术语 Alzheimer's Disease 进入汉语之初被译为"老年痴呆症",但是人们更加愿意接受"阿尔茨海默病"这个译名。这里面就有文化的因素在起作用,不仅仅是语码的简单转换,还有译名受众对译名在音、形、义等多方面的心理期待,以及与之相关的思维倾向和联想意义,这些心理、思维和联想等诸多因素制约了受众对译名的态度和评价,并最终作用于译名的传播范围和使用寿命。

最后,不同概念系统及范畴划分给社会科学术语翻译时常设置障碍,有时甚至会给社会科学术语翻译埋下隐患。辜正坤(1998)分析了中国概念系统与西方概念系统对"悲剧"(tragedy)的不同理解与侧重,即中国悲剧强调悲苦,而西方悲剧渲染悲恐。这种由不同概念系统及范畴划分导致的术语理解不一致现象屡见不鲜,而这也正是社会科学术语翻译的难度之一,因为译名如果处理不当或错误,往往会带来理解与接受的偏差,甚至造成严重的学术后果。"个人主义"(individualism)与"集体主义"(collectivism)是一对重要的社会科学术语,然而英文中的 individualism 往往是褒义的,至少是中性,而中文的"个人主义"在理解时往往容易引发中性甚至贬义的联想意义。

基于社会科学术语翻译活动的复杂性,相关研究也需要"对症下药",研究内容包含多层次,研究视角涉及多维度,研究方法往往也是多种类。

社会科学术语翻译研究的多层次主要表征于其研究内容上关涉许多方面。社会科学术语翻译研究涉及概念的跨语言、跨文化转换与传播,翻译理论的普适性原则和标准也适应于社会科学术语翻译研究,如功能对等及信达雅等理论原则也有利于术语翻译实践和术语翻译研究的开展。而同时社会科学术语翻译因术语具有简明性、理据性、系统性、专业型等特征而呈现出不同的特点,如社会科学术语翻译必须考虑到源语系统与译语系统的差异性,兼顾术语再命名的特征。

社会科学术语的本质特征决定了社会科学术语翻译活动的复杂性与特殊性,因此社会科学术语的翻译研究也是涉及此类翻译活动的方方面面。

第一，社会科学术语翻译研究从语言层面探索社会科学术语概念的跨语言转换与再命名，研究其转换与再命名的策略、方法、过程及结果等。例如，语言学术语翻译的标准一直是大家关心的话题。从姜望琪（2005，2010）与侯国金（2009，2011）有关语言学术语翻译标准的辩论，再到胡叶、魏向清（2014）对语言学术语经济率的研究，无不关涉语言层面的转换与命名的机制探究。

第二，社会科学术语翻译研究从特定学科领域出发，梳理某个或某些重要术语及其概念的历时演变与传播，开展术语概念史研究。熊月之（2011）对晚清"哲学"译名的由来做了系统梳理，结合概念的演变及其译名的形成展开研究；方维规（2003）对"经济"译名展开了溯源考察。这种对概念的跨语传播及概念史的梳理有助于掌握术语传播的规律，深化对术语形成于演变的深刻认识。

第三，社会科学术语翻译研究可以突破传统术语学的静止语境观，运用动态语境理论，探析不同语境下对同一术语概念的不同理解与接受情况等。沈国威（2008）对近代汉语译名及中日词汇交流做了深入细致的考察，通过分析晚清时期西学重要术语在中国社会的接受与传播，进而对中日西三种文化之间的词汇交流、术语传播、译名竞赛与定型等问题做了有益探讨。要而言之，社会科学术语翻译研究包罗万象，关涉语言结构层面、语义概念层面和语用语境层面等，其研究内容是多层次铺开的。

社会科学术语翻译的复杂还体现在其研究的多维度。如前所述，社会科学术语翻译作为术语翻译研究的主要对象，其特殊性和复杂性决定了术语翻译研究视角的多维度。这种多维度主要体现在两方面，即研究视角的多重选择与研究方法的多样化策略（"多样化策略"强调研究方法不仅是多种选择的集合，更是具有灵活性和适应性的策略，能够应对社会科学术语翻译过程中不同情境和需求的变化）。社会科学术语翻译的过程实为术语再命名的过程，而术语的再命名需要结合语言学的相关理论作为理据和借鉴。社会科学术语翻译的过程也需要确定具体的翻译标准，透明性、准确性、系统性等原则孰先孰后，学术界尚未达成共识，而这是社会科学术语翻译研究的重点和难点。

一方面，社会科学术语翻译研究内容的多层次决定了其研究方法和视角的多样性。社会科学术语翻译研究可以从语言学视角出发，采取语言学的理论分析、语料库方法、对比研究等众多方法展开，探讨语言接触、译名生成等重要议题；社会科学术语翻译研究可以从概念入手，运用历史学研究方法，特别是概念史的新方法，展开对某学科领域重要概念的溯源、演变、传播与容受；社会科学术语翻译研究也可以结合文化对比研究的方法展开，分析文化与术语概念生成、术语概念转换的相互关联与作用。

另一方面，社会科学术语翻译研究可以从语言学研究成果中汲取营养，并通过其开拓视野，如生态语言学的研究范式和理论原则可以为术语翻译研究提供参照；社会认知语言学和语言接触的研究发现可以为术语翻译研究提供理据；术语学本体研究为术语翻译研究的纵深发展提供动力；翻译学的研究范式和方法，如生态翻译学的理论视角、翻译模因论等能让术语翻译研究者开拓视野，获取新认识。

以社会认知术语研究理论为例，泰莫曼（Temmerman，2000）认为术语概念的定义必须依据认知原型理论，社会认知术语研究始于具有原型结构的认知理解单位，而概念的属性又依赖于社会、文化、感知和认知模式等因素。诸多的制约因素是导致社会科学术语翻译具有复杂性的主要原因，而术语翻译区别于一般性的翻译还在于术语译者和术语受众的交互性很强。因此有必要从交际语境对术语进行考察，珍妮弗·皮尔逊（Jennifer Pearson，1998）对术语的交际语境进行了划分，提出了四种交际语境[①]。这四种语境分别为专家与专家之间的交际语境，专家和初学者之间的交际语境，相对专家和大众（外行）之间的交际语境，以及师生之间的交际语境，并指出第三种［相对专家和大众（外行）之间的交际语境］并不严格，其余三种语境中出现的术语更适合术语的定义（魏向清、赵连振，2012：167）。

---

① Jennifer Pearson（1998）在文中提出的四种语境表述为："Expert-expert communication"、"Expert to initiates"、"Relative expert to the uninitiated" 以及 "Teacher-pupil communication"。本段中对于这四种语境的中文翻译参照魏向清、赵连振（2012）的版本。

2.2.2 社会科学术语翻译的实践研究

就社会科学术语翻译的实践层面而言，现有研究多为术语翻译的方法、译名个案的研究、术语识别及提取的技术工具等相关研究。魏向清、赵连振（2012）提出术语翻译实践的学科考察，即"术语的多学科性决定术语翻译要从不同学科的性质去考察，不同学科的专门术语在翻译时有其特殊之处"。区别于自然科学术语，人文社会科学术语由于其研究领域和人类的现实生活有着紧密关联，其使用与相关研究均有突出的社会性特征，因此其社会性和文化性不言而喻。

就国内对术语翻译实践的研究而言，鲜有系统探讨术语翻译的论文和专著，往往散见于部分期刊论文，笔者结合中国知网（CNKI）[①]的论文检索及其对结果的可视化分析，在关键词检索中以"翻译"＋"术语"的模式来考察自1992[②]—2017年的论文发表情况，检索日期为2018年6月8日，共计检索文献总数为858篇（仅包括核心期刊论文和CSSCI期刊论文），发表年度趋势如图2-1所示。

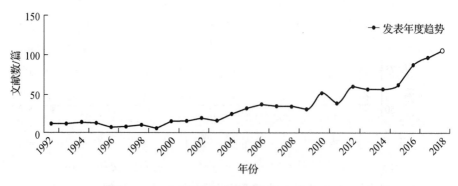

图 2-1　CNKI 相关论文发表趋势（1992—2018）

从图2-1不难看出，有关术语、翻译的相关研究和论文发表情况整体

---

① 本章节提及的有关"术语"和"翻译"的关键词检索平台及可视化分析的工具均由中国知网（China National Knowledge Infrastructure，CNKI）提供，其官方网址如下：http：//www.cnki.net。
② 北大中文核心期刊及CSSCI期刊论文数据库中，第一篇关于"术语"和"翻译"的论文发表于1992年，因此将实际检索的起始年设为1992年。

呈现上升的趋势，从1992年的12篇到2017年的97篇，并且该可视化分析系统预测，2018年相关研究论文有望达到106篇。换言之，国内对与术语翻译研究的重视程度和关注热度在不断攀升，相关研究成果也逐渐增多，因而要充分认识到术语翻译实践的研究越来越受到学界重视，而人文社会科学的术语实践研究更是如此。

基于中国知网的可视化分析，就论文发表的期刊来说，前10位主要有《中国翻译》、《中国科技翻译》、《上海翻译》、《外语学刊》及《外语与外语教学》，共计5本外语类核心期刊，也有《中国中西医结合杂志》、《中华中医药杂志》和《中国中医基础医学杂志》等3本医药医学类期刊，还有2本期刊分别是《福建茶叶》和《世界经济》，详见图2-2期刊分布统计。《中国翻译》、《中国科技翻译》和《上海翻译》作为国内目前权威翻译类期刊，其相关论文发表情况具有一定的代表性，前两本期刊相关论文总数均为107篇，第三本期刊论文总数为81篇，而这种可视化分析的结果与学科分别和关键词的检索结果相呼应。

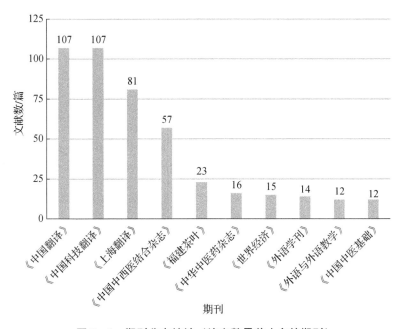

图2-2 期刊分布统计（论文数量前十名的期刊）

在学科分布中，外国语言文学、中国语言文学及中医学分列前三名，随后的几个学科领域涉及计算机科学与技术[①]、法理、法史，经济体制改革，医学教育，出版，体育及音乐舞蹈等，此类研究往往注重各学科领域的专业术语翻译问题的探讨，详见图2-3的学科分布统计。外国语言文学领域的相关研究论文达到414篇，占比近半，中国语言文学的论文数为253篇，占比近三分之一，两者合起来的数量为667，占比超过了四分之三。由此可见，关注术语翻译的主要是语言学、文学领域的专家和学者，同时也有中医中药、法律、经济学、体育学和艺术等领域的研究人员。其研究问题涉及的宽度、广度和深度也从另一个方面印证了术语翻译实践的复杂性，需要多领域人员运用多学科视角关注和参与研究。

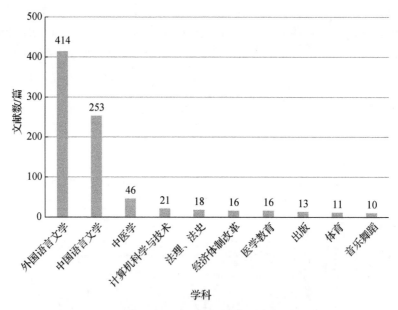

图2-3 学科分布统计（文献数量排序前十名的学科）

就关键词统计分析方面，前十名频率高的关键词分别为"翻译""术语""术语翻译""英译""翻译策略""专业术语""翻译技巧""中医术语""计算机辅助翻译""科技术语"，详见图2-4文献关键词统计。由此看来，术语翻译不仅仅是语言学层面的研究与分析，还包括翻译技术、专

[①] 注：计算机科学与技术不属于社会科学领域，但基于CNKI的统计结果暂时列出。从相关统计排名及文献数量来看，该学科不影响对社会科学术语实践研究的探讨与分析。

业领域的知识、话语和概念等诸多因素，术语翻译的多维度、多层面及其复杂性不言而喻。

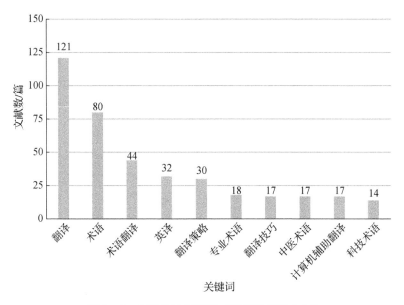

图 2-4　文献关键词统计（频率排序前十名）

大数据时代，信息技术日新月异、深入人心，与人们的生活、学习、工作和科研教学息息相关。就本研究而言，信息技术与术语学、术语提取、本地化及术语翻译研究关联紧密。国内外学者如扎格尔（Sager，1990）、夸（Quah，2006）、克罗宁（Cronin，2013）、陈善伟（Chan，2015）等系统深入地介绍了术语处理技术、翻译技术，为世人逐渐展现了数字化时代对于翻译的新要求和新挑战，即翻译需要直面"数字革命"[①]。在此基础上，傅敬民、谢莎（2015），苗菊、宁海霖（2016），王华树（2012，2014[②]，2015b，2016，2017），崔启亮（2015），王少爽（2010，2011，2013，2014，2016），周兴华（2015），冷冰冰（2013），陶李春（2016，2017）等均结合翻译技术与翻译教学、术语管理、术语翻译、术语提取或本地化服务等相关方面进行了有益实践探索，并分析了术语规范化应用的重要性，术语管理能力的内涵，

---

① 转引自王少爽：《直面翻译的数字革命——读迈克尔·克罗宁〈数字化时代的翻译〉》，《中国翻译》2014年第2期，第61～64页。

② 王华树、张政：《翻译项目中的术语管理研究》，《上海翻译》2014年第4期，第64～69页。

翻译技术应用在术语管理及术语实践中的应用。就目前文献来看，社会科学术语翻译实践的相关研究技术性很强，同时十分注重应用性，但由于相关学科的理论支撑和实践经验尚有欠缺，因此需要从实践历史中汲取理论营养和实践经验。

2.2.3 社会科学术语翻译的翻译史研究

社会科学术语翻译实践由来已久，相关理论探索虽然相对滞后，但其翻译史层面的探索也得到了历史学界、思想界、语言学界和翻译界一定程度上的关注。魏向清、赵连振（2012）提出，在中国翻译史上，术语翻译研究的相关成果大多散见于诸译家对译名问题的思考与论述，从汉唐时期的佛教术语汉译、明末清初的科技翻译以及清末民初的西学翻译，均一定程度上包含社会科学术语翻译实践，而其中有关术语译名的演变、厘定与规范化等得到较多关注。

就具体学科领域而言，法学、语言学、社会学等领域的术语译名规范即统一问题颇受学界关注，屈文生（2003，2005，2012，2013）对近代法学术语进行了较为细致的分析，并结合历史文化背景对术语翻译实践及其影响进行了考证与探索。张政、胡文潇（2015）对"天"作为一个中国文化关键词应当如何英译的问题展开了研究，认为应将"天"音译为 Tian，以通过翻译保留和传播中国文化元素。冯天瑜（2004）通过对中西日文化互动与近代汉字演变的研究，系统梳理了汉字在古代借词，即吸纳印度佛教术语、佛典汉译以丰富汉语词库，进而总结出三种翻译方式，即音译（存梵音而变为熟语）、意译（缀华语而别赋新义）及音意合璧译（梵音汉意联合）。王国维（1987）[1] 在论及新学语输入的必要性和途径时，提出近现代术语可以采用日文汉字创译的新词，不同意严复等学者录用汉语固有词汇来对译西学术语，更不主张使用过于渊雅的词汇。傅兰雅[2]驳斥了西方学者持有的中国语言文字无法翻译西学文献的说法，提出"名目"翻译是完全可以实现的，主张从三方面开展定名：使用华文已有之名，设立新

---

[1] 王国维：《王国维文学美学论著集》，北岳文艺出版社，1987。
[2] 傅兰雅：《江南制造总局翻译西书事略》，载黎难秋主编《中国科学翻译史料》，中国科学技术大学出版社，1996，第417页。

名，并作中西名目字汇（统一整理、规范使用、杜绝混乱）。沈国威（2011[①]，2017）对"科学"译名的由来进行了系统梳理和深入分析，从"西学东渐"中"science"成为 kagaku（日语汉字"科学"的发音），到《天演论》时期的"格致"，《原富》中的"科学"、再到《群学肄言》和《穆勒名学》中的"科学"，其对严复译词"科学"的理解也随着时间的推移和文本的变化而在不断调整。通过对翻译史的系统梳理，沈国威提出严复译名（关涉严复作为译者的话语体系及其所处的学术体系[②]）可以分为两大类，及"大词"和"独创词"。前者是指时代关键词，如"进化"、"自由"、"科学"和"社会"等，往往通过秦汉典籍进行遣词造句，即"用汉以前字法、句法，则为达易；用近世利俗文字，则求达难"；后者是指严复自己独立创造的、具有特殊意义或者被赋予新含义的词汇，如"群""内籀""外籀""会通"等。沈国威（2017）条分缕析地归纳了严复译名的特点，具体呈现为：双重对译性（传外文意义，含古典词韵）、特指性（译者赋予的特别意义）、时代性（新旧知识、新旧词汇更替）、制约性（汉语内外部环境制约）、多样性（译名丰富多样以及动态变化）及时期性（或可称作"阶段性"[③]）。

综上所述，就目前的相关理论研究来看，学界对严复翻译给予的关注

[①] 参见王宏志主编《翻译史研究》，复旦大学出版社，2011。
[②] 沈国威认为："严复对科学的目的、对象、方法以及整个科学体系的认识达到了当时国人无法企及的高度。"另外，沈国威又提出："学术的体系有概念构成，概念以语词为外壳。而对于外来的学术体系，容受语言的话语体系往往毫厘千里。"详见沈国威：《严复与科学》，凤凰出版社，2017，第 202～203 页。
[③] 沈国威（2017：205）认为严复的写作大致处于1895—1910的15年间，受当时清末社会内外交困的影响，特别日语和制汉字入华的影响，严复的译名语词"无时不处于变动中"，如"天演"后期改为"进化"，《原富》(1902)中的"哲学"指称区别于《穆勒名学》(1905)以后的"哲学"。笔者以为，为与"时代性"相区别，似可使用"阶段性"，表现严复在社会科学术语翻译过程中，对译名的选择、使用及思考存在一定的阶段性特征，与后文提及的"早期、中期、后期"的阶段划分相呼应。需要指出的是，沈国威对于严复的写作时间与本研究提出的严复翻译时间（1894—1909）基本吻合，但也略有出入。一方面是学界对于严复翻译的具体起讫时间尚存一定的分歧，另一方面沈国威此处提出的是写作时间，不仅仅包括严复翻译，还包括严复创作，特别是其陆续发表的一些针砭时弊的政论文，如《论世变之亟》、《原强》、《辟韩》及《救亡决论》等。

明显不足，相关探索也严重滞后。毋庸置疑，社会科学术语翻译实践在取得成绩的同时，也存在一些问题亟待解决。辜正坤（1998）指出，术语翻译一方面固然可以丰富本族语，活泼学术风气，但如果处理不当，也能玷污、破坏本族语，败坏学术风气。当前，我国社会科学理论研究与实践应用的繁荣与发展，成绩喜人，而这既得益于国外社会科学术语的引介与翻译，但也不可避免地受到一些消极影响。首当其冲的是，众多社会科学术语的翻译及其译名使用的不规范现象不容忽视，在有些专业领域甚至出现术语"污染"的情况。从长远来看，这些现象和问题对我国社会科学事业及国际交往、成果推广等均十分不利。鉴于此，有必要对社会科学术语翻译开展系统而全面的针对性研究。严复社会科学术语翻译实践作为我国翻译史上重要的里程碑，从多维度、多层面对其进行考察分析，不仅有利于归纳总结严复译名思想，而且有助于反观当下我国社会的术语翻译理论建构，同时指导术语翻译实践、术语管理与术语教育等一系列活动。

从现有文献的回顾来看，对于社会科学术语的历史梳理有助于对译名生成、演变、定型及传播进行历时与共时的双重分析和统筹考量。诚然，对于严复的社会科学术语翻译，不仅需要个案分析，如沈国威（2017）对"科学"[①]的分析，更需要对严复译名的总体考量、动态考量、过程考量以及受众考量，从而尽可能多而全地恢复严复译名的过程与结果的历史原貌，并从中归纳严复社会科学术语翻译的适应选择机制，为当前的社会科学术语翻译实践与理论探索提供指导与参考。

2.3 严复社会科学术语翻译研究述评

2.3.1 严复译名概述

严复译名是严复对于西学重要概念、重要术语的理解与表述，是其翻译思想在术语翻译层面的主要体现，也是研究其翻译思想和术语翻译策略、方法的重要素材。就现有文献来看，对严复译名的研究以个案居

[①] 沈国威：《严复与科学》，凤凰出版社，2017。

多。严复译名中如"天演""物竞天择""适者生存"等重要个案在近代中国社会引起了巨大反响,但随着时间推移,严复译名多数因其过于渊雅或生僻而逐渐失去了受众的青睐。一大批从日本留学回国的青年学生推动了和制汉字译名的广泛传播,进而使得和制汉字译名盛行起来,绝大多数都取代了概念相同或相近的严复译名,并最终融入现代汉语词汇,以至于今天的使用者未必能识别出哪些是由和制汉字通过反哺汉语而来①。

毋庸讳言,无论严复译名的去留结果如何,严复在社会科学术语翻译中的智慧和辛劳还是值得称道和研究的。这一点不仅仅是因为严复作为"西学翻译第一人"的重要性,而且是因为在当时纷繁复杂的历史文化背景下,社会科学术语的翻译与传播也受到诸多因素的制约和影响,相关研究问题值得深入分析和探讨。严复是最早尝试翻译西方人文社会科学书籍的汉语母语译者之一(沈国威,2010a:149)。甲午海战的失败令严复悲痛万分、震撼不已。北洋水师阵亡将士中有严复的同学、朋友、学生。为谋求"鼓民力、开民智、新民德"的宏伟志向,严复决心译介西方重要的学术思想。而严复在对东学②(即借道日本传入中国的西学学问)以及日本和制汉字持否定态度,对和制汉字译名往往十分抵触。从1894年至1909年,严复主要翻译了8部西学名著,即《天演论》、《原富》、《群学肄言》、《群己权界论》、《穆勒名学》、《社会通诠》、《名学浅说》以及《法意》等,共计二百余万字,系统地介绍了近代西方文明,涉及法学、经济学、社会学、逻辑学、生物学、社会进化论等多学科的知识与成果。在原著选择、译文谋篇、译文句法、译名生成等方面,严复均煞费苦心,力求为民族、

---

① 近代以来出现的和制汉字反哺汉语的现象是学界的共识,学界对于此现象褒贬不一。其实放在整个中日文化历史交流的长河中,这种现象不过是一丝涟漪,毕竟语言接触、词汇互借、文化交流本无可厚非,也无所谓高低优劣之分。简言之,现代汉语借用和吸收和制汉字乃是顺其自然的事,有一种"教学相长"的意味(日本自汉唐以来学习中国文化和语言文字由来已久,因此有人说日本做了中国1000多年的徒弟,有师徒之说),并没有任何不妥和值得羞愧之处。

② 有关"东学"的定义,是在清末民初语境下,与"西学""新学"等词一同流行于社会的一个名词,指经由日本学者译介、加工后传入中国的西方学问,即"日本化"的西学(转引自何思源:《严复的东学观与清末统一译名活动》,《北京社会科学》2015年第8期,第36页)。

为国家的救亡图存贡献思想动力。

严复译名的特点学界研究存在一定共识。袁锦翔（1990）认为大多数的严复译名未能流传至今主要原因在于严复译名存在用字生僻或过于古奥，太求渊雅，译名过于简单，音译不准或处理不当等特点。冯天瑜（2004）也指出严复译名中有大量音译词存在音节复杂的现象，而这种语音问题影响译名理解、使用和传播。张法（2009）、蒋骁华（2015）、廖七一（2017）等均从严复译名内部或者相关历史语境来剖析严复译名去留的原因，基本勾勒出了严复译名生成与演变的历史原貌。

从译名生成来看，严复别有用意。首先，他满腔热忱，对中国经典文化与古汉语充满信心。他尽可能在中国典籍中找寻线索，用来译介西学中的概念和术语。这从严复的"格致"（表征于"科学"译名的使用及其内涵的界定）、"计学""群学"等译名便可见一斑。其次，严复抵制日语译名。他对"日本途径"颇为忧虑，因为西学毕竟借道日本，未必能保留原汁原味，即很难学到西学精髓，故而势必对当时中国的变革与崛起不利。譬如严复在翻译赫胥黎的作品时，他没有直接采用日本汉字中的"进化"二字，而是冥思苦想，创译为"天演"，这在当时引起了巨大反响。最后，严复态度审慎，在译名审定方面谨慎非凡，力求保留中国汉语文字特色，且尽量避免日文汉字译名。这表现了在当时特定历史条件下严复极强的民族自信心。在严复看来，西学和中学是"交融互释"的关系，"中学为体，西学为用"具有其局限性，中学和西学之间更不存在严格意义上的互相排斥和彼此否定（欧阳哲生 2010：6）。而译名生成便体现了严复的这一重要思想，即译名生成基于中国文化和汉字词汇，译名内核则是西学的精髓和纹理。

在本研究中，严复的社会科学术语翻译过程是指严复在翻译这些社会科学术语的过程中所思所得及其取舍情况，简称"严译过程"。严译过程关涉历史、政治、经济、文化、地理、个人体验、日本东学影响等诸多方面的因素。严译社会科学术语是严复在翻译8部西学著作时，对其中的英文社会科学术语的中文翻译与表达，具体涉及政治学、逻辑学、社会学、经济学和人类学等学科领域。

2.3.2 严复社会科学术语翻译思想研究

严复翻译一直是学界关心的重要话题,有关严复社会科学术语翻译思想研究作为严复翻译的一部分,也占据了一定分量。黄忠廉[①](2002,2013,2016)从严复翻译出发,通过以严解严的条分缕析的方式,对严复翻译理论及翻译思想进行了深入剖析,包含了有关严复译名的重要个案分析,对《天演论》译本在词汇、句法、篇章等各层面的查考,并基于对"达旨术"和"信达雅"的关联分析,进一步总结归纳了严复翻译思想,提出严复是一代变译大师,通过提升其变译思想形成了变译理论。胡庚申(2001,2004,2013)基于达尔文进化论提出翻译适应选择论(TAS[②]),并在此基础上建构了生态翻译学。基于翻译适应选择论和生态翻译学对严复翻译进行研究的论文、著述不在少数,其中胡庚申(2004,2013),黄忠廉(2009),焦卫红(2010),焦飏(2006),韩江洪、刘军军(2012),张霄军、郭畅(2014)等对《天演论》翻译做了探究,指出严复翻译(包括严复译名过程及译名结果)体现了适应选择的思想,其过程本身也是一种适应选择。

综上所述,严复翻译思想的探讨往往聚焦于首部译著《天演论》,鲜有对其他译著的探讨,而且在译名层面的研究及理论建构涉及很少。

2.3.3 严复社会科学术语翻译实践探讨

有关严复译名实践的研究分支则从语言学角度展开,如韩江洪(2006)、黄忠廉(2009)、沈国威(2010a)、陈力卫(2012)等对严复翻译思想的研究以及张法(2009)对严译法学名词的梳理;留日学者徐水生(2009)、日籍学者高柳信夫(2016)等将严复的翻译用词与日本翻译人员的用词进行了对比,美国学者施瓦茨(Schwartz,1964)等对严复翻译思想及影响做了总结与概述。

---

① 黄忠廉提出的变译理论在学界引起了较大反响,其有关严复变译理论研究的著述颇丰,可参见黄忠廉、杨荣广(2015),刘丽芬、黄忠廉(1999),黄忠廉、陈元飞(2016),黄忠廉、李亚舒(2007),黄忠廉、李明达(2014)等。

② 根据胡庚申(2004),翻译适应选择论的英文表述为"Translation as adaptation and selection (TAS)"。

上述研究往往重在个案分析，如沈国威（2017）在《严复与科学》中对"科学"译名进行了鞭辟入里的挖掘，以小见大。然而个案研究往往需要与总体考察和全面梳理相结合，才能取得"见树木又见森林"的效果。对严复译名实践的研究也是如此，只有将个案研究与全面考察相结合，才能对严复译名过程、译名思想及译名结果做更加客观、更加全面和更加科学的分析与探讨。

2.3.4 严复社会科学术语翻译史研究

严复翻译《天演论》正值清朝晚期。而清朝晚期（1840—1911 年），是近代中国社会在政治、经济、文化等多方面酝酿巨大变革的历史时期。在特定的历史文化语境下，来自西学的各种新概念与新思想、来自日语的新名词与新表达，改变和丰富了中国民众的思维与表达，激励和鞭策着中国汉语从文言文到白话文的转型。王力（1980）认为，佛教词汇的输入中国，在历史上算是一件大事，但比起西洋词汇的输入，那就要差千百倍。晚清时期是西洋词汇涌入中国社会的主要阶段，19 世纪以来的近代新词是西方文明的承载体和传播者，有时甚至就是西方文明本身。这些近代新词借助于大量来自日语的词汇，囊括了各学科基本术语在内的数千个学术词语，帮助我们通过书面或口头的形式来探讨近代以降的新知识，为汉语从文言文向口语文的过渡、实现语言由近代向现代的转化在词汇上做好准备（沈国威，2010：149 - 151）。实际上，纵观中国科学文化发展史，从明末到民国初的这一时期是中国社会由传统迈向现代的重要历史时期。受西学东渐广泛而深刻的影响，近代中国的自然科学与社会科学研究均发生了重大的历史转型。西方近代的科学文化和社会思潮冲击并影响着中国的传统思想与科学文明。大量科技与社会科学术语也如潮水般涌入中国传统的学术话语体系之中，近代汉语术语系统由此开始不断建构与发展，中国的近代学科体系也初见端倪。毋庸置疑，中国现当代术语体系的样貌在很大程度上得益于这一历史时期大量学科术语的生成与演化。就近代汉语术语的生成机制而言，西方术语的汉译功不可没，意义深远。因此，在涉及中国近代学术话语的相关研究中，基于外来术语汉译的术语生成机制探究成为非常重要的内容。

有关严复社会科学术语翻译史的研究往往集中在词汇史、概念史与社会文化等方面，如《新语探源：中西日文化互动与近代汉字术语生成》（冯天瑜,2004),《近代中日词汇交流研究:汉字新词的创制、容受与共享》(沈国威,2010a),《影响中国近代社会的一百种译作》(邹振环,2008),《西学东渐与晚清社会》(熊月之,2011)等。王宏志(2011,2012,2013,2015)主编翻译史方面多部专著,此外沈国威(2017)专门考察了严复对"科学"这一概念的理解,并梳理了"科学"在近代中国的传播与接受。此外,历史学的王栻(1986),吴展良(1999),区建英(2004),欧阳哲生(2010),皮后锋(2011),黄克武(2012),苏中立、涂光久(2011),汪征鲁、方宝川、马勇(2014)等学者对严复生平事迹、翻译史料、政治思想进行了梳理与回望。这些学术探索展现了近代西学译介的历程及其成就,探究了汉语新词汇的生成与发展,洞察了中、西、日文化互动与汉语生态演变的关联等。

上述严复译名史的梳理在研究深度方面可圈可点,颇有建树,但在广度方面往往需要加强,需要结合严复 8 部译著进行全方位的考察,力求扩大覆盖面。

综上所述,上述三类研究中,对严复的社会科学术语译名实践或思想均有不同程度的涉及与探讨。总体看来,上述研究取得了一定的研究成果,然而仍然有许多值得拓展和深入研究的话题。

第一,现有研究的重心或目标往往是对严复某个译本的评析,其中以《天演论》《原富》等译本的研究居多,其他译本偏少,甚至几乎没有涉及,而这种以个别或某 2 部译著为研究对象往往很难对严复的翻译思想、翻译过程等有一个全面的把握。事实上,严复的其他 6 部译著也是严复社会科学术语翻译的重要部分,也有其研究价值。并且严复自《天演论》到《名学浅说》的 8 部译著翻译,先后经历了 10 余年。在这 10 余年中,近代中国社会也发生了巨大变化,严复的翻译思想、翻译策略、术语定名与取舍也存在着调整。这些调整不仅体现在严复术语翻译的结果上,而且体现在翻译的过程中。因此,有必要结合严复的翻译历史及相关社会因素,系统考察 8 部译著的术语翻译情况,将翻译结果与过程有机结合起来,展开深入研究。同时,也有必要对严复的翻译实践史做一个系统的梳理,把握其翻译实践的发展脉络,剖析其翻译思想的形成与演变,考察其译名在译前、译中、译后等环节的生成与接受情况。

第二,上述研究一般都是对某个新名词、新概念的追根溯源,分析其生成的语言学层面及社会历史文化方面的缘由与动因,暂时还没有较好地联结术语学及生态翻译学等视角，对严复译名进行全方位的立体考察。

第三，上述研究对严复翻译思想、严复译名或者严复翻译的背景等进行了深入研究，但往往没有从将严复作为翻译生态环境的主体、严复译名作为社会科学术语，以及读者作为严复译名接受的主体展开深入分析，也没有将这三个因素作为三位一体的对象来进行综合考察。

第四，上述研究更多的是对严复翻译的结果探讨，对其翻译的过程及相关制约因素研究得不够。实际上，严复作为一名近代中国社会的翻译家，其翻译的过程受到种种因素的制约和影响，其心中预设的受众及其所遵循的翻译规范等都与其翻译策略、术语定名、按语铺垫等有一定的关联。而对这些因素的研究均是对严复社会科学术语翻译过程的研究。

第五，上述研究大多数都是结合历史文献的理论思辨，往往没有开展数据统计分析。通过构建严复译著对应文本库、检索晚清民国报刊数据库，有助于提取严复社会科学术语翻译的相关数据，创建严复社会科学术语数据库，结合这些数据开展统计分析，不仅能对严复社会科学术语翻译的过程与结果有一个更准确的把握，而且能为理论思辨和推理提供数据支撑。同时，基于术语数据库的统计分析还有助于归纳和总结严复在社会科学术语翻译中的增删处理及其一致性与灵活性。

总之，国内外有关严复译名的研究成果颇丰，但鲜有结合术语库统计方法，对严译 8 部名著展开全面而系统的分析，也很少结合严复翻译十余载的艰辛历程中挖掘和探讨译者的选择适应情况以及历史文化制约因素。鉴于此，有必要结合术语库的统计分析，对严复社会科学译名开展较为全面、较为深入的综合探究。严复作为近代西学术语汉译的重要代表，其译名实践与思想对我国现当代汉语术语体系的建构与完善有着积极的借鉴意义与价值，因此，有必要在现有研究的基础上，对严复译名展开全面而深入的多视角探究。

2.4 基于术语库的相关研究述评

术语翻译是翻译研究的重要部分，不仅具有翻译学理论探索的普遍性，而且也有其自身的复杂性和特殊性。换言之，翻译研究的许多范式和原则也适用于术语翻译，但同时，术语翻译也需要采取符合自身特征的研究方法。

冯志伟（1989）指出，术语数据库如同自动化电子词典，在计算机中存储和记录概念及与之匹配的术语，是现代语言学、现代术语学和现代计算机技术相结合的产物，方便快捷，有助于科研、教学、生产等；如前所述，目前世界上主要的术语数据库有如下有：EURODICAUTOM（欧共体术语数据库），TERMNOQ（加拿大英法术语数据库）等，其中 GLOT-C 由中德科技专家合作研发，倡导术语编纂的规范化与标准化，每一个术语条目配有详细信息：术语的索引号、中文术语、等价的英文术语、中文术语的概念类别、中文同义术语、中文多源术语、用户对术语的使用态度、术语的使用地区限制、术语的使用专业领域限制、中文术语的结构格式，中文术语的歧义类型等。

毋庸置疑，科技术语的建库与研究较为成熟，而社会科学术语的建库则刚刚起步，国内相关研究比较少见。目前比较有影响力且对社会全面公开的术语库有中国特色话语对外翻译标准化术语库[①]和中华思想文化术语[②]。

中国特色话语对外翻译标准化术语库以多语对照、配有例句的方式呈

---

① "中国特色话语对外翻译标准化术语库是中国外文局、中国翻译研究院主持建设的首个国家级多语种权威专业术语库，是服务国家话语体系建设和中国文化国际交流的基础性工程。"（此处表述援引中国翻译研究院的相关介绍，具体链接为：http://term.catl.org.cn/default.jsp，2024 年 9 月 30 日）。

② 经国务院批准，中华思想文化术语传播工程（以下简称"工程"）于 2014 年启动，并建立了由教育部、国家语委作为召集单位，中央编译局、中国外文局、外交部、民政部、文化部、新闻出版广电总局、国务院新闻办、新华社、中国科学院、中国社会科学院等多个部委（单位）为成员的部际联席会议机制，负责统筹协调中华思想文化术语传播工作。"工程"的设立旨在梳理反映中国文化特征和民族思维方式、体现中国核心价值的思想文化术语，用易于口头表达、交流的简练语言客观准确地予以诠释，推荐在政府机构、社会组织、传播媒体等对外交往活动中使用，传播好中国声音，讲好中国故事，让世界更多了解中国国情、历史和文化。"工程"聘请权威专家成立顾问组、专家委员会、学术委员会，制定中华思想文化术语遴选、释义、翻译规则并开展相关工作，同时特邀知名汉学家参与英译文审稿工作。秘书处设在北京外国语大学外语教学与研究出版社。（以上内容援引工程官网：http://www.chinesethought.cn/single.aspx?nid=95&pid=99，2024 年 10 月 8 日）。

现,其界面友好,数据项丰富,且设有相关检索结果的超链接,可以对文本进行追根溯源,详见图 2-5 的平台检索举例。

图 2-5　中国特色话语对外翻译标准化术语库检索举例

中国思想文化术语(工程及其网络平台)界面也十分友好,富有中国传统文化色彩,根据工程进展适时更新,配有中英文双语的检索文本,且配有真人发音,方便中外网民查考和学习研究,详见图 2-6 平台检索举例。

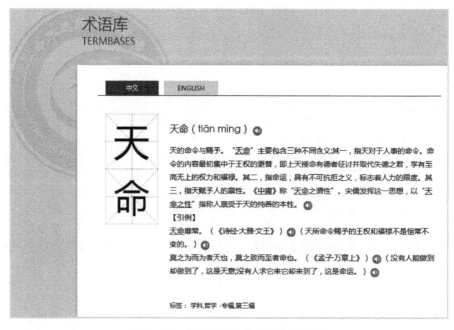

图 2-6　中国思想文化术语检索举例

第二章 文献回顾

同时国内还有一个旨在学术研究的术语库,即南京大学双语词典研究中心历经 5 年完成编纂 22 个学科的术语数据库(即 NUTERM[①]),规模宏大,涉及近 20 万条中英文对照术语,收集和遴选了人文社会科学领域的术语。随着基于该术语库的一系列研究成果陆续问世,该术语库的未来应用前景颇受关注。该平台包含的数据项丰富,涵盖语境信息、搭配信息、词性信息、条目编号、管理信息、名词委(全国科学技术名词审定委员会)推荐术语及其译名等,详见图 2-7,术语库编纂界面举例。

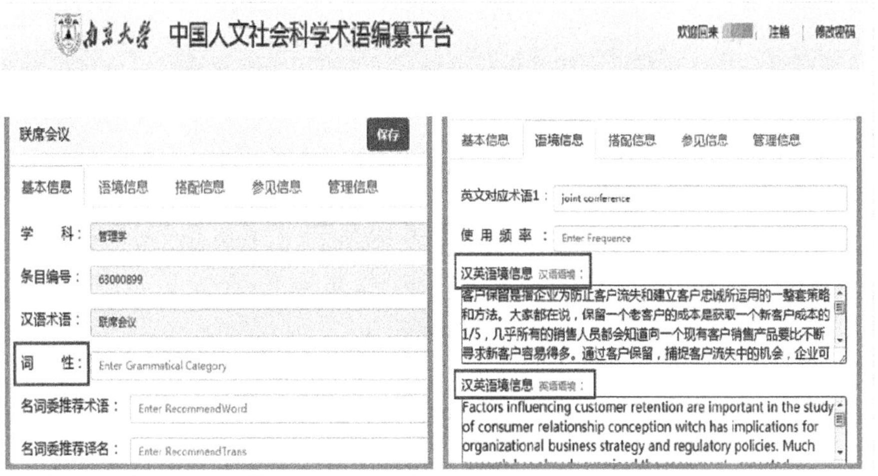

图 2-7 NUTERM 编纂界面示例

然而,就目前相关研究文献来看,该术语库主要收集和编纂当前社会科学领域的术语使用与规范化情况,较少涉及近代社会科学术语的生成与演变。事实上,从内省法(即通过译者的自我反思和意识分析)到基于统计分析的语料库研究方法的转变可以用来研究术语和术语翻译,可以开展对某一学科、某一领域或某一子概念系统的术语翻译状况的综合评价研究,综合分析术语构成比例(本土术语+外来术语+新创术语)、把握术语词性分布特征、评估术语定名规范化程度、考察术语翻译活动可能引起

---

① NUTERM 是指南京大学人文社会科学术语库,可点击 http://219.219.114.100:8080/DictionaryWorkspaces/(目前仅限校内用户)。该术语库是南京大学外国语学院双语词典研究中心担纲的国家哲学社会科学基金重点项目的部分成果,项目名称为"人文社会科学汉英动态术语数据库的构建研究"(编号:11AYY002)。

的相关语言生态、学术生态以及文化生态等问题。因此有必要学习和借鉴上述术语库的成功经验，建构严译术语库，考察近代汉译社会科学术语的演变与发展，深入分析严复社会科学译名的生成与接受。

南京大学胡叶博士（2015）通过对 1978—2014 年间所发表的 672 篇代表性研究文献的分析，发现关涉术语翻译的技术探索研究文献共有 28 篇，主要来自两大领域：一是计算机科学技术领域对术语处理系统的研究（如术语自动抽取算法、术语翻译获取方法、术语同义关系推荐方法等）；二是计算机辅助翻译领域对术语译名确立技术手段的探索（如翻译项目中的术语管理、运用现代电子手段提高术语英译水平等）。冯志伟（2011）总结了国际上知名的术语数据库研发情况，典型代表有 LEXIS 术语数据库（术语由德国国防部翻译服务处提供）、TEAM 术语数据库（德国西门子公司独立开发研制）、EURODICAUTOM 术语数据库（由欧洲共同体共同开发研制）、TERMDOK 术语数据库（瑞典技术术语中心开发研制）、TERMNOQ 术语数据库（加拿大魁北克法语委员会开发研制）、TERMIUM 术语数据库（加拿大蒙特利尔大学开发研制）和 GLOT 术语数据库（德国夫琅禾费研究院开发研制）。利用信息技术创建术语数据库，开展相关学科的深入研究，已成为当前一项重要趋势。

事实上，信息技术在术语建库及翻译研究等方面发挥了重要作用，术语数据库在术语实践、理论研究等方面越来越体现其强大优势。有效运用术语数据库能够让研究者把握术语的系统性和术语之间的层级性特征，有助于整体性研究。本课题结合语料分析和统计软件（如 EmEditor，AntConc 等），编纂完成严复社会科学术语数据库，包含社会科学术语的英文、中文、日文（日语汉字，即和制汉语）等多语言对照，并搭配中英文语境信息、参见信息等。根据国家质量监督检验检疫总局（简称"国家质检总局"）发布（2001）的《建立术语数据库的一般原则与方法》（GB/T 13725—2001）术语库的类型可以分为：面向概念的术语库，即突出概念体系的合理性与层次性，并包括概念的严格定义，且定义具有权威性的术语库；面向翻译的术语库，根据需要包含两种或两种以上语言的术语对应词，含有较多的语言学信息（如词性、语境、用例等）的术语库；面向特定目标的术语库，作为专家系统、知识库系统、机器翻译系统等的组成部分，为满足各种特定目标要求而建立的术语库；其他特殊用途的术语库，即根据实际需要进行设计的术语库，如通用词库等。

本研究通过语料加工与数据统计分析，创建面向翻译的术语库，即严译术语库，并结合严复译著双语对应文本库、相关历史报刊和词典文本数据库展开统计分析，探究严复社会科学术语翻译过程及结果，考察严复在术语翻译过程中的主导作用及受众的适应选择情况。

2.5 本章小结

本章为文献回顾，分别对本研究的部分关键词进行了界定，针对严复社会科学术语翻译研究的理论、实践及翻译史等层面的相关文献进行了回顾与述评，就严复社会科学术语翻译研究的现状做了较为全面的梳理，归纳与总结了相关研究成果，并对社会术语翻译的理论、实践与翻译史等进行了概述，同时对术语库的研究价值和统计分析方面的优势做了论述。

目前对于严复术语翻译研究涉及较多，但往往为重要术语个案的研究与分析，学界关注的焦点围绕翻译方法和译名思想研究、译名留存及其原因研究、基于语料库的严复译名研究，抑或基于新发掘史料的译名研究等方面，因此存在重复性较强、语料不足或语料处理欠妥等问题（王会伟、张德让，2018）。基于相关文献回顾，本研究提出有必要结合术语库的统计分析，收集、整理严译8部名著中的译名，并分门别类、条分缕析地展开统计与探究，对严复社会科学术语翻译的过程及其译名进行多维度考察，进而归纳严复社会科学术语翻译的适应选择机制，为严复翻译思想研究和术语翻译思想总结探索新知，并为我国当前人文社会科学术语翻译实践及其理论探索提供历史参照。

第三章
理论基础与分析框架

翻译即选择，任何类型的翻译实践活动都是译者主体自主选择与受众主体影响制约的互动结果，即所谓主体间性特征的体现。术语翻译也不例外。在术语翻译的实践过程中，译者与受众之间的交互影响往往可能制约翻译的结果。严复的译名实践同样如此。换言之，严复的社会科学术语翻译实践也是在特定历史文化背景下，其作为译者自主选择的过程，同时他的译者主体性也必然受到译语受众选择的制约。鉴于此，研究严复的社会科学术语翻译，尤其是其实践过程中的适应选择特征以及其译名结果被译语受众适应选择的交互机制尤为重要。而这方面，如前文所述，现有研究的关注与探讨尚不充分。本章拟从翻译适应选择论入手，着重阐述严复术语翻译实践中的适应选择特征与相应机制的解释力，以及所存在的局限性。具体说来，本章主要基于生态翻译学的适应选择论，从术语翻译实践的多维复杂性、主体交互性和过程动态性三个层次来阐述术语翻译实践的特殊性，尝试提出术语翻译适应选择机制研究的分析框架，涉及术语译者主体适应选择、术语受众主体适应选择，以及术语翻译实践的历时适应选择三个方面。本章将为后面几章基于术语库数据的分析和讨论作理论铺垫并构建分析框架。

3.1 翻译适应选择论概述

世界范围内的译学研究接受了语文学、语言学、文艺学、文化学、交际学等多学科领域的营养供给，不断发展壮大，后又经过解构主义、多元系统、目的论等学派的不断开拓，已然变成了一个具有跨学科性的研究领域。翻译理论的发展同样也从关注文本跨语转换实践经验的总结与提升，逐步拓展到对文本之外相关翻译活动影响因素的考察与追问。其中，中外翻译研究者从自身的学术文化背景或相关理论资源出发，为解释不同语言文化中的翻译实践现象与问题做出了各自的理论贡献。翻译适应选择论正是中国学者对世界译学研究所做的独特贡献，该理论的提出融合了西方翻译理论和中国翻译思想的精髓，是生态翻译学理论的起源与核心所在，对本研究具有独特的解释力。

作为生态翻译学的倡导者和理论创始人，胡庚申（2004，2006）提出,翻译适应选择论以达尔文"适应/选择"思想为基石,强调译者为中心,认为"翻译即适应选择"。翻译适应选择论将译者主体性问题进行了拓展,从翻译生态环境的整体视角来看翻译活动及译者在翻译过程中对具体翻译生态环境的协调与适应,并在翻译策略和翻译方法等方面做出相应调整。翻译适应选择论的提出是将科学与艺术相结合,跳出了翻译研究中的二元对立,如"直译和意译""形式和内容""忠诚和叛逆""归化和异化"等,从社会历史文化的总体框架中去考察译者、翻译过程和翻译结果,突出翻译对文化以及文化对翻译的作用(刘云虹、许钧,2004;蔡新乐,2006)。

3.1.1 翻译适应选择论的生态哲学基础

翻译不是在真空中进行的。译者总是在一定的历史条件下开展翻译活动,大到翻译策略与方法的选择,小到具体的遣词造句等方面都有译者的主观选择和取舍。而在译者的自主选择过程中,对特定历史条件、文化背景以及语言文化差异的适应是必要的前提。同样,术语翻译活动自始至终也都有适应与选择的过程,都是译者主观对客观的一种理解、判断、取舍、突破、融合及协调。对此,西方学者斯坦纳(Steiner,1975,2001)有过较为全面深刻的阐述,他曾从阐释学[①]角度提出翻译的四步骤,即信赖(trust)、侵入(aggression)、吸收(import)和补偿(compensation)。事实上,这四步中均有适应与选择的因素,其中信赖和吸收更注重译者的适应,而侵入和补偿则强调译者的选择。

相较而言,生态翻译学的理论表述更为直接,该理论通过隐喻隐射的机制,将自然生态环境中的适应选择拓展到翻译生态环境中,较好地阐释

[①] 斯坦纳(Steiner,1975,2001)提出翻译作为阐释的四步骤,即从信任开始,到侵入(也译为:侵占、进攻或者发掘,参见斯坦纳:《通天塔:文学翻译理论研究》,庄绎传编译,1987:69),再到吸收,最后是补偿。斯坦纳的相关表述原文如下:"The hermeneutic motion, the act of elicitation and appropriative transfer of meaning, is fourfold. There is initiative trust…. After trust comes aggression…. The third movement is incorporative, in the strong sense of the word. The import, of meaning and of form, the embodiment, is not made in or into a vacuum…. The final stage or moment in the process of translation is that which I have called 'compensation' or 'restitution'."(Steiner,2001b:312,313,314,415)。

了译学研究中的生态思维与理性。胡庚申（2004：39）指出，翻译适应选择论是从译者的"适应"与"选择"的角度来考察翻译过程，翻译活动是"译者适应翻译生态环境的选择活动"，具有自己的特点。这种特点源于其生态哲学的基础。具体来说，翻译适应选择论的生态哲学基础在于，译者是翻译活动的核心，是翻译过程的主导，而译者同时也是翻译生态中的一个元素，与翻译生态环境相互影响、相互作用，从而建构了一个动态、全面的翻译生态系统。从联系的角度来看，译者在翻译过程的适应与选择，不仅关注翻译文本，而且关注翻译过程，这是翻译适应选择论的一个特点，也是其生态哲学基础使然。

第一，生态翻译学从哲学基础上力求贯通中西。在上述定义中，生态翻译学明确指出"以东方生态智慧为依归"，注重和谐共生，同时借鉴了西方生态思潮中的对生态的关注与思考。

第二，生态翻译学在研究内容方面注重翻译过程的相关要素的平衡与制约。生态翻译学研究翻译生态、译者生态、文本生态以及翻译生态环境中的诸多要素，旨在从这些要素中寻求平衡，描述和解释他们之间的关联与制约，从而为翻译理论探索、翻译实践、翻译教学等提供借鉴与参考。

第三，生态翻译学将研究的出发点和落脚点均聚焦于译者。生态翻译学在诸多要素中以译者为中心，认为翻译研究需要从译者生态、译者的适应选择出发，进而讨论其他相关因素，并将相关研究发现反哺于译者的理论与实践。

第四，生态翻译学在研究方法上将动态考察与综合观照相结合。生态翻译学有别于多数翻译理论，侧重对翻译过程相关环境因素和译者适应选择进行跟踪式考察，将静态观察与过程评估相结合。

第五，生态翻译学在研究意义上力求实现描述、解释与指导三者合一。生态翻译学是描写翻译学的一个重要途径，然而，生态翻译学不止于对翻译过程和译者生态的描写，同时力求对翻译现象、翻译问题、翻译规律等进行解释，进而为翻译理论、翻译教学、翻译实践做出指导。

总之，作为生态翻译学核心的翻译适应选择论借鉴了达尔文生物进化论的"适应选择学说"，基本理念在于最佳翻译是译者对翻译生态环境多维度适应和适应性选择的累计结果，翻译本身就是以译者为中心的"适应与选择"。相应地,术语翻译便是术语译者在翻译过程中对术语概念、术语翻译环境、术语翻译策略与方法的多维度适应和适应性选择。

3.1.2 翻译适应选择论的理论内涵

翻译适应选择论是生态翻译学的核心思想。所谓生态翻译学(胡庚申,2013),是基于翻译生态与自然生态的同构隐喻,从生态视角综观翻译的研究范式,以生态整体主义为理念,以东方生态智慧为依归,以"适应/选择"理论为基石,系统探讨翻译生态、文本生态和"翻译群落"生态及其相互关系和相互作用。生态翻译学的核心思想是以译者为中心,聚焦其对原文作为典型要件的翻译生态环境的适应以及其作为翻译生态环境的身份对译语文本进行的最终选择。这种由译者主体出发,基于翻译生态环境中的诸多因素进行的整合适应选择观,对于翻译适应选择的实践过程研究具有较强的解释力。术语翻译作为跨语二次命名的过程,其实践同样涉及译者主体的适应选择,而且同样也是多维整合适应的结果。生态翻译学的翻译适应选择论对术语翻译的实践过程研究也具有积极的指导意义和借鉴价值。

众所周知,翻译适应选择论充分体现了生态范式下翻译研究的理论精髓。生态翻译学理论借助生态隐喻机制,为翻译过程中"译者""文本""语境"等实践要素赋予了全新的生态化内涵,对其进行了再术语化的重塑,产生了相应的生态翻译学术语,即"翻译群落"生态(译者)、"文本生态"(译本)、"翻译生态"(译境)(胡庚申,2013:88-93)等。其中,翻译群落指的是与特定翻译活动的发生、发展、操作、结果、功能、效果等彼此影响相互作用的、与翻译活动相关的"诸者"的集合体;翻译群落以译者为代表,同时包括原文作者、译文读者、译品评论者、译文审查者、译著出版者、营销者、译事赞助者或委托者等等。文本生态是指文本所处的生态环境及其自身的生命状态。从生态翻译学的理论视角来看,翻译的文本生态具有双重和多维的复杂性。所谓双重性,即翻译文本的存在既受源语文本生态系统,也受译语文本生态系统的影响。所谓多维性,即翻译文本的生命状态来自源语和译语两大系统的语言、文化和交际生态的共同作用,是一种复杂的文本生命状态。翻译生态环境是指原文、源语和译语所呈现的"世界",即语言、交际、文化、社会,以及作者、读者、委托者等互联互动的整体。翻译生态环境是制约译者最佳适应和优化选择的多种因素的集合。翻译生态环境有大环境、中环境、小环境之分;翻译生态环境既包括语言内部环境和外部环境,又包括物质环境和精神环境,还包括主体环境(如译者、作者、读者、出版商、洽谈商、审稿人等)和客体环境(如原文本、译本、文体功能、翻译策略、翻译规约等)。生态翻译学在翻译适应选择论的基础上,将翻译定义为"以译者为主导、以文本为依托、以跨文化信息转换为宗旨,翻译是译者适应翻译生态环境而对文本进行移植的选择活动"。生态翻译学理论强调"只有以译者为代表的'翻译群落',只有译者,才能够具体负责统筹协调'翻译环境'(译境)、'翻译文本'(译本)、'翻译群落'(译者)三者之间的相互关系,从而通过'译者责任'来体现'境、本、人'关联互动、平衡和谐的翻译生态整体观。"(胡庚申,2013:86-93)正如表3-1所呈现的,生态翻译学理论创始人胡庚申(2004:179-180)对翻译适应选择论的理论内涵进行了概述。

表3-1 翻译适应选择论概述

译论元素	主题描述
哲学依据	达尔文生物进化论的"适应选择"学说
基本理念	翻译即适应与选择;以译者为中心;最佳翻译是译者对翻译生态环境的多维度适应和适应性选择的累计结果;对于译者,适者生存、发展;对于译文,适者生存、生效
翻译实质	翻译是译者适应翻译生态环境的选择活动
翻译过程	译者适应与译者选择交替进行的循环过程
翻译原则	多维度适应与适应性选择
翻译方法	"三维"转换,即语言维、文化维、交际维的适应性选择转换
译评标准	多维转换程度、读者反馈、译者素质;最佳翻译是"整合适应选择度"最高的翻译

如上,翻译适应选择论在中西方译学思想的基础上,开辟了翻译研究

的新视野，没有囿于长期困扰学界的种种二元对立之中，促使翻译理论"在历经了丰富、细繁的研究"之后，回归到"翻译生态环境"，即社会、文化环境中去对翻译本质、主体、过程及诸多内容展开探索（刘云虹、许钧，2004）。因此，从翻译适应选择论的理论内涵来看，该理论对于不同类型的翻译过程研究均有一定的借鉴意义。

3.1.3 翻译适应选择论的分析模式

作为生态翻译学理论体系中的核心和关键理论，翻译适应选择论重点关注的是翻译的过程性以及译者作为主体的适应选择。对于翻译过程中的这种适应选择机制，胡庚申（2008：2）就"自然选择"的译文产生过程给出了图示（见图3-1）。

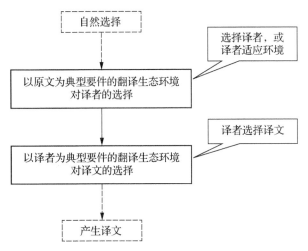

图3-1 "自然选择"的译文产生过程

通过图示，胡庚申指出，"翻译操作的第一个阶段是以原文为典型要件的翻译生态环境对译者的选择，即'天择'译者"；而"翻译操作的第二个阶段是译者在接受了翻译生态环境（即'天择'）的前提下，又转过来以翻译生态环境的'身份'实施对最终行文的选择，即'人择'译文"（胡庚申，2013：86-87）。而相应的，"适应"与"选择"的翻译过程则是译者对原文生态环境、译入语生态环境的适应，并在此基础上做出对译文的选择，如图3-2所示（胡庚申，2008：2）。

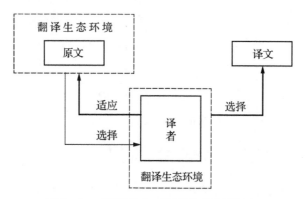

图3-2 "适应"与"选择"的翻译过程

如图3-2所示,翻译适应选择论是以译者为中心,分别面向原文和译文的适应与选择过程。与此同时,翻译适应选择论还关注翻译实践的过程特征。这个过程分析模式包括三个阶段,即译前、译中、译后。在译前阶段,主要是译者对原作的选择情况,即译者选择何种原文来进行翻译,为何选定某个原文,而不是其他作品,在此选择过程中译者考虑了哪些因素,译者如何处理与赞助人的关系,如何把握赞助人的要求。在译中阶段,译者如何理解和吃透原文,如何在措辞、句式、篇章、修辞等多方面下功夫,如何跨越语言文化差异,生成译文。译后阶段是指译文定稿或交付后,学界和社会大众对译作及译者的翻译态度、翻译能力、翻译思想的评价。而这种评价往往对译者本身及随后的翻译实践、翻译人才培养、翻译理论探索等有参照和示范的作用。

翻译适应选择论正是通过主客观的相互作用和影响而实现其理论价值和实践指导意义的。在译前和译中两个阶段,译者占主导,对翻译生态环境及相关因素进行多维度适应,并做出适应性选择,而在译后阶段,译者的所译和所为受到相关人员和机构的评价,从中获得启发,能够促使译者汲取经验教训,推动后续翻译事业的发展。

翻译适应选择论的分析模式具有一定的合理性,关涉翻译过程、翻译方法、翻译原则和翻译批评,涵盖译前、译中、译后三个阶段,能够对翻译过程、翻译方法、翻译原则和翻译批评做出理论分析与探索,其研究发现开拓了翻译研究的新视野,具有鲜明的研究特色,如提出以译者为中心的翻译研究观、适应选择论贯穿翻译理论探索和研究体系且注重演绎论证和实证研究(刘云虹、许钧,2004)。

第三章 理论基础与分析框架

翻译适应选择论问世以来，相关研究及其应用探索便随之兴起，褒奖者有之，质疑者有之，总体而言，用来开展实践探索者居多。然而在术语翻译领域，很少有运用翻译适应选择论来进行术语翻译、术语翻译实践者及术语译名策略方法的研究。

翻译适应选择论的思想精髓及其理论内涵能够对术语翻译的过程、原则、方法及评价标准提供一定的理论指导。就术语翻译过程而言，如何确定源语术语的概念，如何采取行之有效的翻译方法，如何确定术语的译名，并保持术语译名的一致性，这些问题都是译者在具体的翻译生态环境中展开多维度适应和适应性选择的过程中要考虑的，均属于翻译适应选择论的研究范畴。就术语翻译的原则来说，如何有效开展术语翻译，如何进行术语管理和术语建库的变量设置及相关因素分析等，这些是适应选择论关注的重要方面。至于术语翻译方法，翻译适应选择论可资借鉴以分析翻译生态环境中诸多要素，指导译者如何在适应选择过程中去对这些要素进行取舍和把握，从而为翻译实践提供分析思路，以做出最佳的术语翻译。关于翻译评价标准，翻译适应选择论从复杂的术语翻译过程（包含译名生成过程）和诸多术语翻译的结果（主要指术语译名）中判断最佳译名生成的过程，并遴选最佳术语译名。整合选择适应度越高的术语译名，其质量越高，反之则越低。总之，适应选择论的哲学基础和理论内涵为术语翻译过程的考察提供了理论视角和分析框架，对术语译名过程实践均有一定的解释力，能够为构建术语翻译研究的理论模型提供支撑。

然而，需要指出的是，术语翻译作为一种特别门类的翻译形式，在具备翻译普遍特征的同时，还具有其特殊性，而翻译适应选择论对术语翻译的过程机制不但具有一定的解释力，也有其局限性。换言之，术语翻译作为翻译的一个重要类别，在遵循翻译研究学理性的同时，也要遵循其本身的特点，即术语翻译的特殊性。例如，术语翻译的译后阶段并非简单的"译后追惩"，术语译名的演变与定型受历史文化的影响，而对于译名的评判也不能是静止和孤立的，应当是动态的和连续的。因此，对于术语翻译而言，适应选择论固然有其适用性，但必须同时充分考虑术语翻译的特殊性，只有这样才能做出全面而深入的考察与分析。

3.2 术语翻译实践的特殊性

术语是人类科学知识在语言中的结晶，是对特定专业领域概念命名的结果。术语不同于普通语词，它们是专业概念的语言表征。术语的特殊性在于其认知和应用的多维性。术语学研究从传统走向现代的理论发展历程，正是人们对术语自身特殊性认知逐步发展的过程。传统术语学创始人维斯特（Wüster）1979 年提出术语由术语概念和符号指称构成，其中术语概念具有单义性（univocity）。后来，术语研究被归纳在应用语言学领域（Kocourek，1981：217）。而戈丹（Gaudin，1993 年）首次提出"社会术语学"，将社会语言学的理论方法运用到术语学研究之中，注重考察术语变通和术语变异。卡布尔（Cabré；1999，2000，2003）提出了"Theory of Doors"的观点①，即术语学的"多门假说"（笔者译）。该理论强调，术语的认知可以分别从概念、语符和交际三个维度切入，不同维度的术语研究为术语的整体认知提供了不同的路径，三者具有互补性。法贝尔（Faber，2009：110，113，114，116）将术语学理论分为规定性的和描述性的两种范式，前者主要是一般术语学理论（General Terminology Theory），后者包括社会术语学（Socioterminology）、交际术语学（Communicative Theory of Terminology）及认知术语学（Cognitive-Based Theories of Terminology）等相关概念和理论。泰莫尔曼（Temmerman，1997）在 Wüster 对术语定义的基础上，拓展了术语概念和符号指称的对应关系，认为术语及其概念是世界、语言和人类思维之间互动关系的综合表征。现代

---

① Cabré（2003：186，195 - 196）指出："This theory is suitably represented by the image of a house; let us assume a house with several entrance doors. We can enter any one of its rooms through a different door, but the choice of the door conditions the way to the inside of the house. The internal arrangement of rooms is not altered, what does change is the way one chooses to get there."（"多门理论"将术语学比作是一栋房屋，有几扇入口门均可进入。从不同的门有不同的进入方式。房屋内部摆设没有变化，只是人们进入的方式有别。Cabré 此处针对术语学的多维度研究提出设想，进而为术语学的本体研究建构理论。）

术语学研究这种范式演进和视角变迁充分说明学界对术语的理解和认识不断深化。充分认知术语自身的特殊性是理解术语翻译实践特殊性的重要前提和基础。

术语翻译是术语的跨语应用,是相关概念跨语跨文化二次命名的过程。由于两种异质性语言和文化方面的诸多差异,术语自身在概念、语符和交际三个维度的特殊性在跨语的情境下变得更加复杂。这正是术语翻译实践的特殊复杂性根源。具体而言,首先,术语翻译实践的特殊性在于其多维复杂性。在术语跨语翻译过程中,译者要从概念、语符和交际三个维度去考量。其次,术语翻译实践的特殊性在于交互主体性。一方面,译者作为术语翻译的主体,其主体性体现在如何根据特定翻译生态环境去选择、调整、创造术语;另一方面,受众作为术语翻译的接受主体,既有共时维度也有历时维度的接受选择,这种适应选择也是主体性的体现。两方面构成了主体间性,也即本书提出的交互主体性,是双向的,或者说是主体间性。最后,术语翻译实践的特殊性在于术语翻译的过程动态性。术语翻译之所以有过程动态性,是因为对术语的认知具有过程性,术语的字面义相对稳定,内涵义会随着人们对概念的认知发展变化而变化,跨语应用过程中,源语术语概念在转换过程中会融入译者主体的主观阐释与解读,不同译者理解不同,不同时期的译者也会不同,所以术语翻译的过程就是适应选择的过程,是有动态变化的,体现在字面义,即对译术语的选择方面,其本质是术语概念跨语接受的动态变化。下面将结合术语翻译实例来进行具体阐述。

3.2.1 术语翻译实践的多维复杂性

如上文所述,术语的认知与应用具有多维性,即概念、语符和交际三个维度。我们把术语翻译视为术语的跨语应用,也应该充分考虑这种多维性特征,即在跨语翻译过程中要综合考量这三个维度的问题。术语翻译不仅要克服跨语言方面的障碍,也往往因其自身学科系统内外存在的各种问题而显得尤为复杂。"术语翻译的特殊性在于其浓厚的跨学科属性,以及跨语言、跨文化传播中的术语概念传递的复杂性。"(陶李春,2014)术语的特殊性导致了术语翻译过程中的复杂问题以及对译者的更高要求,术语翻译复杂性是翻译对象特殊性跨语的具体表征,译者所面临的选择也会更加复杂多样。正如尤金·奈达（Eugene Nida）在其《翻译新视角》（"A Fresh Look at Translation"）一文中曾经写道：

> A translator must engage in thousands of decisions involving both selection and arrangement to fit another culture, a different language, diverse editors and publishers, and finally a reading audience. ①
>
> （笔者译："译者在翻译过程中需要做出成千上万次事关选择与处理的决定，以适应另一种文化、另一种语言、风格各异的编辑和需求千差万别的出版商，最后还要适应目标读者群。"）

译者在语言转换与文化翻译中需要作出许多选择，术语翻译也是如此。换言之，译者作为跨文化交际桥梁的搭建者，承担着翻译生态系统中的生产者的职责，要充分认识到术语翻译这门学科的特殊性，从而在面对其复杂问题时妥善处理。翻译研究不仅需要考察语言转换问题，还要探究社会和文化问题（彭萍、卢青亮，2016），术语翻译研究也需要充分考虑社会和文化因素，而这主要起源于术语翻译实践的多维复杂性。具体说来，术语翻译实践的多维复杂性主要表现为概念、语符和交际三个维度。

首先，从概念维度来看，术语翻译实践关涉术语的概念划分与厘定，概念具有内涵和外延，而不同语言之间的概念划分与厘定不尽相同，这种情况尤其存在于差异很大的两种语言之间，如英语和汉语。同时需要指出的是，两种语言之间的差异也是动态变化的。具体说来，严复时代所使用的汉语语言中，很多概念所构成的语义网络、概念的内涵和外延在很大程度上区别于西方。因此，从英汉两种语言在 19 世纪末和 20 世纪初时的巨大差异来看，术语翻译实践的复杂性不言而喻。新文化运动中提出的口号"德先生"（democracy）与"赛先生"（science）一度分别音译为"德莫克拉西"与"赛因斯"（陶李春、殷健，2015）。当时的中国社会许多民众尚不能充分理解"民主"与"科学"的核心概念，或者对这两个重要概念的理解不够清晰。只有少数社会精英和知识分子接触过或理解这两个西学术

---

① 英文原文援引自 Allison Beeby, Doris Ensinger and Marisa Presas 收录编写的论文集，题为 *Investigating Translation: Selected Papers from the 4th International Conference on Translation*，本句节选自第一篇，即 Nida 撰写的论文 "A Fresh Look on Translation"，1998 年出版，第 7 页。

语。因此,这两个术语的汉译难度可以想见,音译自然成为权宜之计。五四以后,随着新文化运动的深入人心,中国社会渐渐理解并接纳了这两个概念,"民主"与"科学"自然也流行起来,之前由文化背景及价值取向的差异所导致的障碍也随之消除。其中的重要原因之一,就是汉语偏好意译,在恰当的意译文本和音译文本并存的情况下,中国人一般会选择意译术语。

严复在翻译《法意》和《社会通诠》中均出现的"council"(政务委员会)[①]一词时便面临着概念不对应的情况,即近代中国社会没有类似于英文"council"的体制和机构。因此将进行该术语概念从英文到中文的转换与传播,对于术语译者来说并非易事。严复在《法意》中给出了两个译名,即"考温什尔"和"考温斯尔"(孟德斯鸠,2014),而在《社会通诠》中给出另一个,即"庶长"(甄克斯,2014)。从《法意》到《社会通诠》,严复在概念转换手段和翻译方法上均有调整,这是对两种文化体系差异的一种适应,并做出的相应的选择。总之,从概念维度来说,术语翻译涉及概念跨语言和文化的传播。两种异质性语言和文化之间,概念的对应情况往往比较复杂。从绝对意义上来说,完全对等的概念并不存在。术语翻译所能寻求到的基本都是相对对等或对应的概念,此外还可能存在大量的概念缺失,尤其在人文社会科学领域。如何处理概念的不对应或者是概念缺失的问题,这是对术语译者的主要挑战,需要作出合理的适应和选择。

其次,从语言维度来看,英汉两门语言之间的术语翻译实践也存在一定的复杂性。众所周知,英语和汉语归属不同语系,前者是印欧语系,后者是汉藏语系;前者是表音文字,后者是表意文字。两门语言在术语构造、术语经济律、术语长度、术语演变等方面存在诸多不同。这些差异给术语翻译实践也带来了障碍,增加了术语翻译实践的复杂程度。需要指出的是,这种障碍和复杂程度会随着语言使用者的语言能力、认知水平等因素而变化。举例而言,近代中国社会的术语受众的语言能力(特别是对外

---

① 《柯林斯英汉双解大词典》的解释为:A council is a group of people who are elected to govern a local area such as a city,即政务委员会(相关链接为:http://dict.youdao.com/w/eng/council/#keyfrom=dict2.index)。

语的识别和了解情况）以及认知水平和视野往往没有当今受众的程度高，而这离不开时代背景的差异以及不同的文化经济往来的密切程度。

语言与文化息息相关，汉英两个语言所植根的文化（分别为中西文化）也存在许多异同。连淑能（2000）总结和归纳了中西文化的十大差异①，即伦理型与认知型、整体性与分析性、意向性与对象性、直觉性与逻辑性、意象性与实证性、模糊性与精确性、求同性与求异性、后馈性与超前性、内向性与外向性、归纳型与演绎型。这十大差异对术语翻译过程中的概念取舍、内涵确定及外延划分等均带来不同程度的影响。

同时，学科、历史、心理及语用等维度也对术语翻译的过程及术语翻译的结果及其评价带来了不同程度的影响。术语作为特定学科的知识凝结手段及载体，自然受到该学科的演变历史及学科特征等相关因素的作用，正如自然科学领域的术语与人文社会科学领域的术语存在一定差异，而人文社会科学领域的学科之间在术语构造、术语演变及术语定型途径等方面也存在千差万别，严复笔下的逻辑学、经济学、哲学、社会学等学科的术语在译前、译中、译后的各阶段均有学科特征的体现。此外，从译者及受众的心理和语用维度来看，术语翻译过程中的译名选择、对比、定型及流传均有相关性。

最后，从交际维度来看，术语翻译是术语的跨语应用过程，术语译者还应考虑交际语境因素的诸多影响。具体来说，术语翻译是跨语二次命名的结果，同样应遵循术语命名的普遍规律，即从定位、定义到定名的原则。第一，术语翻译过程中，定位是要考虑术语应用的概念系统语境，即概念的专业领域及相关概念系统。这是译者在术语翻译过程中的首要考虑，尤其是对于那些多义术语。比如在严译术语库中"law"全部出现在

---

① 连淑能（2000：259-287）认为："东方和西方属于两大不同的文化体系，因而形成两大类型的思维方式。由于不同的地理环境、生活方式、生产方式、行为方式、交往方式、历史背景、政治制度、经济体制、风俗习惯、宗教信仰、语言文字，以及不同的哲学观、伦理观、价值观、审美观、时空观、心理特征、表达方式等因素，东方和西方的思维方式从总体上看具有不同的特征，如东方人偏重人文，注重伦理、道德，西方人偏重自然，注重科学、技术；东方人重悟性、直觉、意象，西方人重理性、逻辑、实证；东方人好静、内向、守旧，西方人好动、外向、开放；东方人求同、求稳、重和谐，西方人求异、求变、重竞争等等。"

词组型术语中，而严复对于这个词的翻译则不尽相同，分别有"制""规""威""约""书""律""说""法""禁""例""法典""法论"和"定理"等。第二，术语译者还应考虑术语的文本交际语境，即术语文本交际受众的接受影响，即在具体文本中上下文对术语译名的影响，有关"evolution"一词的汉语译名问题，严复对"天演"和"进化"做了区别对待（第六章有相关论述）。第三，术语译者还应考虑术语交际的文化语境影响，即在不同的文化背景下，不同的受众之间，术语译名的接受与传播效果有别。

3.2.2 术语翻译实践的主体交互性

主体交互性是译者与受众之间的相互制约，其中不容忽视的环节是译者所选择的译名往往可能会受到受众适应选择的影响。在自然科学领域和人文社会科学领域，术语译名都需要充分考虑到受众对于译名心理期待和语言使用习惯。例如计算机术语"menu"原先在全国名词委审定时的译名定为"选单"，但受众在日常学习和工作中还一直用的是"菜单"。而受众的这种选择显然十分有影响力，最终使得现在通用的译名定型为"菜单"。不仅计算机领域的术语译名如此，而且社会科学术语的译名也很大程度依赖受众的适应选择。严复在8部译著中均存在有意（或无意）地使用和制汉字译名的情况，虽然其自身对于这些译名持否定态度。他译著中最明显的和制汉语译名应该数"进化"（第六章将展开论述）。

在术语翻译实践中，译前阶段和译中阶段的主体是译者，而在译后阶段，主体转变为受众。因此在整个实践过主体交互程中，译者和受众存在交互作用和影响的情况，这就是所谓的术语翻译实践的主体交互性。这种交互性表现为在各自阶段不同主体在适应选择方面的主观能动性，以及在适应选择时兼顾其他相关方面、相关因素的考量与行为。以法律术语"Miranda Warning"的汉译为例，译者和受众的交互作用或许应该是考量的重要因素。就当前术语使用情况来看，时常会出现一个英文法律术语有多个中文译名的情况，如果不对这些译名进行梳理和甄别，并最终确定一个最佳或者通用译名，往往会造成术语译名使用的混乱，不利于学术交流和日常表达。因此，与人们生活、学习和工作紧密相关的社会科学术语翻译问题，特别是其中如何确定译名的问题，值得深思和研究。而解决问题的重要一环在于跨越英汉两个语言的差异。至于"Miranda warning"应当如何翻译成中文，如何确定一个通用译名，需要从词源学确定该术语的内涵和外延，需要对比分析中文译名的词义范围及语体色彩，最大限度地实现英汉术语在词汇构造、修辞、语体等多层面的对等，最后还需要考虑到受众的心理需求、语言使用习惯和思维方式等因素，可以通过受众调查和访谈的方式来确定最佳译名。从众多可供选项来看，"米兰达警告"可以判定为众多译名中的最佳选项，因为这一术语译名能够最大程度上体现出英文术语的所表达的严肃、正式而又符合法定程序的提醒和警示，并且符合受众的语言使用习惯（陶李春、殷健，2015）。

需要指出的是，术语翻译实践的主体交互性主要体现在译者和受众在术语译名评价、使用和传播等方面的意见交流、价值取向、使用习惯以及喜恶态度的转变等。严复在1914年发表于《庸言报》的《民约评议》中将《天演论》和《名学浅说》等译著中对于"induction"的译名"内籀"一词与和制汉字"归纳"相提并论，旨在为了方便读者理解，而这从另一个方面说明了严复本人对和制汉字译名虽然排斥，但念及受众使用情况，又不得不用以表述思想，其对和制汉字的态度由"贬斥"转向"（被动）接受"（孙中原，1985：131，119）。这种态度转变正是主体交互性的一个有力证明。这种主体交互性的另一个历史佐证是严复与王国维在西学译名问题上的意见不合，以及在晚清学部设立负责统一审校术语译名的编订名词馆时，严、王二人便在译名审校和统一方面有个巨大分歧。简单来说，严复意图拓晚清译名之荒，王国维则主张借他山之石，这种在译名问题上的交互、交流与交锋可以说是十分尖锐，也体现了不同学者对外来文化冲击的不同心态（梅晓娟、吴颖，2018）。

3.2.3 术语翻译实践的过程动态性

过程动态性主要是指术语翻译的历时选择问题：一是术语概念自身内涵的认知可能会有历时的变化；二是术语翻译在语符层面的选择也可能会有历时的变化；三是从文化层面，术语概念的跨语接受也可能会有历时的变化。因此，不同时期的译者，甚至同一译者在不同时期都会有不同的适应选择。对于历经15载翻译了8部西学著作的严复而言，其术语翻译实践的过程动态性则不言而喻。

陈寅恪认为"凡解释一字，即是作一部文化史"，这一名论昭示了

第三章　理论基础与分析框架

"历史文化语义学"的精义（冯天瑜、刘建辉、聂长顺，2007：2）。历史语义学是从历史文化背景入手，探讨词语、术语、话语的生成、演变及更替。这种研究范式有利于从宏阔的文化视野来展开语言生态、术语生态、概念生态、语义演变的过程研究，有利于从历史发展的脉络，对术语的历时、共时进行语义分析。严复术语译名是中国语言发展史上的惊鸿一瞥，为世人留下了术语创译、格义、竞赛等主题研究的丰富素材。严译8部名著是翻译研究的宝藏，其中社会科学术语译名则是术语翻译的宝贵资料。从历史语义学着手，将严复术语译名置于历史文化背景的时空中开展探究，有助于对严复的术语翻译过程开展条分缕析的探索，有助于对术语译名的生成过程、与和制汉语的异同比较及术语在历史发展中的演变更替做共时与历时结合的分析。

术语受众对术语译名及术语翻译过程有一定的影响。术语受众可以是普通读者，可以是特定领域的专家、学生，不同的受众群体对术语概念及术语翻译标准的定位不一，所以对术语译名有着不同的期待和判断标准，在译名使用方面也有选择与适应的两个方面。当然，由于受众面对的是术语翻译的半成品或成品，往往有一个自主适应、理性判断与跟风选择的复杂过程。

术语翻译的适应选择具有过程性特征。具体说来，就译者而言，术语译名的生成及其概念的理解与确定均经历一定的阶段，需要时间的积淀与淘洗。换言之，译者对外来术语的翻译有一个对其概念的选择与确定的过程和一个对其译名的适应与斟酌的过程。而对于术语受众来说，理解术语译名、分析和确定译名所表征的概念的方式也存在千差万别，也会带来不同的接受效果。但无论如何，受众的一系列思考分析、心理接受活动及对译名的接受程度和评价都是一个过程性的一系列活动。从时间跨度来看，无论是译者的适应选择，还是受众的适应选择，均需要几周、几月、几年，甚至几十年、几百年的推演过程。鉴于此，有必要对术语翻译的适应选择进行历时考察，进而归纳适应选择机制。就本研究而言，严复对于西学概念的理解与选择，适应与斟酌需要通过历时的维度来分析，同时受众对于严复译名的适应选择与评价也需要进行历时探索。

需要指出的是，术语翻译过程的动态性也受到一定规律的制约，即术语翻译标准的问题。国内学界对术语标准问题暂未达成共识。姜望琪

(2005、2010)提出准确性、可读性、透明性等几条评判标准,并表示"当准确性与可读性不能兼顾时,我们主张'宁准而不可读'";同时提出了"约定俗成",让译者读者去评判,让时间去见证,等等。而侯国金(2009、2011)则明确了"准确性第一位"的要求,质疑"透明性"的可行性,并提出自己的"系统-可辨性原则"。换言之,若非遇到前人翻译中的词义缺失或偏差的情况,不提倡译者从个人理解出发重译,以尽量维护术语翻译的规范性。胡叶、魏向清(2014)通过对语言学术语的梳理和研究,提出术语翻译研究者应该更多关注术语翻译这一研究对象的本质属性和重要特征,高度重视术语翻译标准建构的理据复合性,即兼顾术语翻译的个体合理性和系统合理性。由此可见,术语翻译标准的难以确定从侧面反映出术语翻译实践在动态过程中的特殊性与复杂性不容忽视。

概括来说,在术语翻译的过程中,既要注重其科学性内涵,又不能忽略其人文性内涵;既要从准确性的角度严格要求,又要兼顾其系统性,反对术语翻译的随意性和无序性。术语翻译人员在以更高的标准来要求约束自己的同时,也不能完全抹杀创新性。译界有"Traduttore traditore"(翻译者即逆反者)的说法,如何同时扮演好忠实者和反叛者的角色,是需要术语翻译者长期思索和实践检验的难题。

术语译者是术语翻译过程的主导者,在术语翻译实践过程中,如何从源语生态环境和目标语生态环境之间进行多维度适应和适应性选择,如何应对术语翻译的复杂性和特殊性,是术语译者必须认真应对的问题。

综上所述,术语翻译实践的特殊性表征于术语翻译实践的多维复杂性、主体交互性以及过程动态性,而这均要求术语译者和术语受众在译前、译中、译后过程中适时发挥主体性,做出相应的适应选择。

3.3 术语翻译适应选择机制研究的分析框架

本书在借鉴翻译适应选择论的基础上,通过对其相关研究模式的分析和理解,同时结合术语翻译实践特殊复杂性的思考,进而对分析框架进行适应性调整和拓展,旨在为本研究后面的数据分析与讨论提供理论支撑,提出术语译者的适应选择机制(详见图3-3)。

第三章 理论基础与分析框架

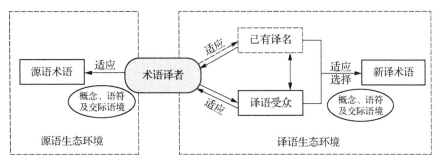

图 3-3 术语译者的适应选择机制

从图 3-3 可以看出，术语译者在进行术语翻译时需要进行一系列的适应选择活动，并且充分考虑到术语翻译的特殊性和复杂性，融入了概念、语符及交际语境的多重维度，在一定程度上区别于翻译适应选择的过程描述。具体说来，术语译者在对源语术语进行理解时，对源语生态环境需要做到熟悉，能够理解和掌握该术语及其概念在源语话语体系和知识系统中的位置与重要性，并对其进行概念、语言和交际语境的层层剖析。在对源语术语掌握比较充分的基础上，术语译者需要对译语生态环境进行一定的分析和把握，即从话语体系和知识系统的层面进行预设和调试，对译语受众的心理期待、思维习惯以及用词偏好等做好分析和准备，对于部分已有译名的术语还要进行译名斟酌与比较，并最终选择出新译术语的译名。从宏观层面来看，术语翻译者在两种不同的话语体系和知识系统中进行适应选择，这一过程涉及知识和话语的跨语言传播；从中观层面来说，术语译者在概念和思想层面，对术语受众进行预设和分析，进行概念梳理、重组、建构、比较、命名等一系列行为，并最终达到特定领域学术思想沟通与交流的目的；从微观层面来看，术语译者在理解源语术语的构造、内涵和外延的基础上，进行术语翻译即对译语词汇进行组织，并最终给出术语译名的语言转换活动。

就本研究而言，严复社会科学术语翻译研究的一个重要环节是适应选择机制归纳与分析。本研究通过对严复 8 部译著中的译名进行综合考察、对比分析和个案研究，进而归纳和总结术语翻译的双重适应选择机制。术语翻译的双重适应选择机制包括两个方面，即译者适应选择机制和受众适应选择机制。两者分别在不同的阶段发挥作用，前者以译者为中心，主要在译前、译中阶段发挥作用，后者以受众为中心，主要在译后阶段产生效果。

第一,术语译者是术语翻译过程的中心,在译前译中阶段起主导作用,在源语生态环境和目标语生态环境之间进行了多维度适应和适应性选择。具体说来,在译前阶段,对于原文术语的理解和分析是重要的一环。术语译者需要对原文术语的内涵、外延进行较为深入的分析,并划清界限。同时,术语译者须对术语翻译语境进行思考、分析与把握,以求能最大限度地做好术语翻译,并为相关外来术语提供理想的译名。在译中阶段,术语译者基于译前阶段的思考、分析与把握,需要开展具体术语的译名思索、对比与确定的一系列活动。这些活动往往需要消耗一定的时间,一系列的思索过程和字斟句酌的活动,正如严复所谓的"一名之立、旬月踟蹰"。其实,术语翻译的译前、译中阶段并非泾渭分明,时常有相互交织重叠的现象。但无论如何,译前、译中阶段,术语译者的主体性以及其主观能动性的发挥都是至关重要的。

第二,受众是术语翻译译后阶段的主体,对术语译名的接受、传播、竞赛、去留及定型起到关键作用。术语译名的价值在于其运用与传播,而在运用和传播过程中,受众始终是主体,因此其重要性不言而喻。诚然,受众是一个相对宽泛的概念,包含了不同的群体。而严复译名在译后阶段的受众主体有哪些群体,这是一个至关重要的问题,也是探索严复社会科学术语翻译的一项重要因素。术语受众适应选择机制是术语受众对术语译名的理解、评价及接受情况,往往受到传播途径、历史语境、语言规律、语用习惯、政策导向及社会规范等一系列因素的制约和影响。受众的适应选择主要在术语译后阶段,与术语传播和译后批评相关联。

第三,术语翻译过程涉及的除了译者和受众,还有利益相关方,如出版社、赞助人、评论家等等,这些利益相关方在术语翻译的译前、译中、译后阶段均对译名的生成、传播与运用发生一定的作用,因此也需要给予充分考虑。

第四,术语翻译过程的适应选择机制不仅与相关人员紧密相关,而且与特定历史语境下的语言、文化、社会等因素具有千丝万缕的关联。因此,考察严复社会科学术语翻译的过程和结果,均需要对语言因素、文化因素和社会因素等进行具体分析,以求对术语翻译过程的全貌有较为客观的把握,同时对术语翻译结果做出较为全面的认识。

本书基于上述过程与机制的模式,对严复社会科学术语的翻译过程及其译名进行总体考察和个案分析，从而对社会科学术语翻译的适应选择机制做出有益探索，并归纳其形成机制，为社会科学术语翻译、术语规范化使用、译名审定提供历史参照。

要而言之，术语翻译的适应选择有其自身的复杂性和特殊性，因此在归纳和分析其适应选择机制时也需要充分考虑到其复杂性和特殊性，可以分别从多维、双向及历时三个方面展开。其中多维体现在术语译者和术语受众的两个方面。一方面，术语译者主体适应选择表征于多个维度，即概念维、语符维、交际维等。另一方面，受众适应选择也有多个维度，包括语言文化、心理需求等。双向是指术语译者和术语受众之间的交互作用，并最终对译名生成、创制、对比、定型、流传等一系列环节产生影响。下文分别从术语译者主体适应选择、术语翻译受众主体适应选择和适应翻译实践的历时适应选择入手，探讨术语翻译适应选择机制 的构成要素。

3.3.1 术语译者主体适应选择

术语翻译是在两门（或多门）语言转换中，为了达到一定的交际目的而实施的交际行为，并且受到相关文化的制约。因此，术语翻译适应选择机制需要从概念维、语符维和交际维等多个方面展开，也即术语翻译适应选择的多维分析。本书拟从上述三个维度对严复社会科学术语翻译及其译名展开考察，探索严复在翻译重要西学概念时所考虑的因素、受制约的因素及其处理方法，进而归纳严复社会科学术语翻译的适应选择机制。

在术语翻译的译前阶段，译者需要对术语概念在知识体系中的位置进行确定，需要掌握术语的内涵，划清其外延，进而为译中阶段的译名生成做好准备，同时还需要结合翻译目的来确定目标受众，分析和掌握目标受众的思维方式、语言使用习惯及心理期待等。在译中阶段，译者基于自身的语言翻译观和政治观等一系列思想，需要对术语译名进行斟酌、选择和确定，就翻译方法而言，有创译、找译[①]、音

---

① 参见李亚舒、徐树德（2016），"找译译法"是依据原语术语的含义，通过适当的方法，直接从译语专业文献中找出与原语术语相对应的译语术语的翻译方法，其关键在于直接从译语专业文献中找出与原语术语相对应的译语术语，在概念意义上和语用效果上实现与原语术语的最大等值转换。

译、意译、格义①、音意结合等方式，并需要判断和确定术语概念在两种话语体系和知识体系中如何实现跨语传播，如何构成各自的概念系统，在概念系统中又分别处于何种地位等。在译后阶段，译者的主体性被消解，术语受众的主体性得以充分发挥，但术语译者可以与受众进行交流、沟通、辩驳或者引导受众的思考及其术语使用的倾向性。换言之，术语译者的自主适应选择在译前、译中阶段主要表现为术语翻译行为、术语翻译过程、术语译名等相关因素的计划、实施与监控，而在译后阶段主要表现为对术语翻译过程及术语译名的解释、说明、辩护与反思。严复在其社会科学术语翻译过程的译前、译中、译后是如何实现自主适应选择、有何适应选择机制，这些问题的探讨和回答能够为我们进行社会科学术语翻译研究提供真实的研究素材和历史参照。

术语翻译的过程及其结果均受到生态环境的整体制约，这是因为术语翻译不是在真空中进行，而是在一定的历史语境、一定的语言环境、文化背景下展开。具体说来，术语译者无论在译前、译中、译后均受到术语翻译生态环境相关因素的影响和制约，一方面术语译者基于自身的翻译目的、翻译原则选取了一定的翻译方法、概念处理策略和输入手段，但另一方面，术语译名还必须兼顾受众对术语译名的需求，包括语言、概念和交际等多个层面的需求，而这往往受制于诸多生态环境中的因素。以当前我国社会科学术语翻译为例，无论是国外学术思想引进来，还是中国文化走出去，均需要在术语翻译过程中，充分考虑到翻译生态环境对术语翻译的作用和影响。例如对中国传统文化关键词的英译问题需要对目标受众以及译入语文化和社会背景做深入分析，以求能够达到学术交流和文化沟通的最佳效果，而引进国外人文社会科学思想也是如此，一个重要概念如何定名，如何选取最佳的汉语译名，往往需

---

① 有关格义和正名的研究参见潘文国（2017）：格义存在于中译外和外译中的翻译实践过程中，格义存在于古今中外许多翻译过程中，在跨文化翻译和传播过程中，格义不可避免。而在"格义"之后则需要进行"正名"，以纠正"格义"之弊，准确进行文化传播的重要一环。所谓"正名"，就是在系统论思想的观照下，重新审视中华文化的译传历史，对重要的文化术语及其译名进行重新审查和厘定。

要充分考虑受众的意见和语言习惯,需要兼顾汉语译名的概念系统和相关学科领域的知识体系,而这些都是术语译者在适应选择时充分发挥主体性的表现。

翻译生态环境(胡庚申,2013:90)作为生态翻译学的关键术语之一,包括由原文、原语和译语所呈现的"世界",即语言、交际、文化、社会等诸多方面,同时涉及作者、读者、委托者等关联互动的各个主客体。方梦之(2011:1)指出,翻译生态环境可以定义为"影响翻译主体生存和发展的一切外界条件的总和",即从广义的角度对翻译生态环境进行了细分,指称参与翻译活动的一切生命体,具体包括原文作者、译者、读者、翻译发起人、赞助人、出版商、营销商、编辑等,同时外界环境可包括与翻译活动有关的自然经济环境、语言文化环境、社会政治环境等。对于术语翻译而言,上述定义同样奏效,具体说来,上文提及的这些方面、主客体,抑或生命体和外界条件或者外界环境所构成的翻译生态环境对术语译者也同样起作用。

术语翻译生态环境除了上述翻译生态环境的方方面面,还有一个重要的因素需要纳入考量之列,即术语构造、术语传播以及术语翻译的规律性问题。严复在其社会科学术语翻译过程的译前、译中、译后分别受到了哪些方面、哪些主客体、哪些生命体、哪些外界条件的影响,这些问题将在后文中逐一分析和回答,以探究术语翻译生态环境的整体制约情况。与此同时,严复译名在构造、传播、演变、去留等方面有哪些规律可循,有何经验教训,也将在后续章节进行探讨。以史为鉴,从严复社科术语翻译适应选择中可以归纳术语译者适应选择机制,为当前我国社会科学术语翻译实践和术语翻译理论探索做出示范。

3.3.2 术语翻译受众主体适应选择

术语翻译的过程在译前、译中、译后过程中均有术语受众的参与,其主体性发挥程度有别。在译前阶段,术语受众往往表现为对学科领域知识的需求和期待,对术语译名及其概念处于一个完全不知晓或知之甚少的状态,但其对术语译名的构造、类型以及相关概念系统存在一定的预设,对术语译者的身份、地位及能量水平也有一定的定位标准。在译中阶段,术语受众（未必是全体受众①）通过书信、面谈、辩论等多种方式进行沟通与交流，以期对术语译者在理解和表达源语术语时起到一定的影响。这种影响可能是积极的，也可能是消极的，其本身是受众对译者的一种期待、要求、谈判与协商，在此过程中受众和译者之间互动性很强，对于译名的生成和定型存在重要作用，甚至是决定性的作用。而在术语翻译的译后阶段，即术语译名初定，译名及其概念已然呈现在受众面前，译者的作用逐渐减弱，往往也由"进攻"改为"防守"，即为自己的译名进行宣传、佐证和辩护，而受众则对译名进行评价、试验，并伴随着译名的使用（抑或贬斥和抵制）而对可以备选的译名进行遴选、甄别，最终促成了译名的定型与传播。

在上述三个阶段，特别是在译后阶段，术语受众的语言文化观以及政治观等一系列思想对与译名评价、译名使用等均产生影响，而这正是术语受众在适应选择时发挥主体性作用的主要表现。之所以在术语译者适应选择和术语受众适应选择中均强调政治观，是因为术语翻译涉及术语概念的跨语、跨文化传播，其中不仅涉及学科领域知识的传递与交汇，而且关涉不同文化体系、知识体系和概念系统之间的异同与关联，而这些都与特点社会历史背景紧密相关，其中起主导作用的是政治立场和政治思想问题，故统称为"政治观"，这一点对于严复所处的近代中国社会而言，尤其重要。对于西方、日本和中国的各自国情持何种看法，对西学、中学、东学持何种态度，对于严复译名和和制汉字译名给予何种评价等等问题往往在很大程度上受到政治观的影响（具体分析参见 7.1.3 和 7.2.2，此处不展开论述。）

要而言之，在术语译名生成和定型的前前后后，即译前、译中、译后三个阶段，术语受众均参与和发挥作用，虽然不同阶段参与的程度和主体性发挥力度有别，但其重要性不容小觑。术语受众不同阶段的适应选择是术语译者必须考虑的因素，也是决定术语译名生成、演变、定型和传播的重要环节。

---

① 就现有文献来看，学界尚未对"术语受众"进行定义。似可结合传播学对"受众"的定义，即受众是信息的接受者，不只是技术的产物，也是社会生活的产物，其形成一直受到各种社会因素的影响（麦奎尔，2006：14）。术语受众则是指在术语翻译过程中对术语译名生成，术语译者的翻译决策，译名传播、演变和定型等一系列过程产生作用的个人或社会机构。

3.3.3 术语翻译实践的历时适应选择

术语翻译实践是在特定的历史文化背景下进行和完成的，其历时性不言而喻。因此，有必要在对术语翻译实践进行共时分析的同时，对其展开历时分析。这种是分析不仅从术语译者的适应选择情况着手，而且考察术语翻译所处生态环境、历史语境、社会文化对术语译者的影响，同时分析术语受众对相关译名的评价、分析及使用情况。换言之，历时适应选择包含了术语概念厘定、术语译名生成、术语译名对比、术语译名竞争、术语译名演变、术语译名定型和术语译名传播等一系列的过程。历时适应选择不仅考察译者在不同时期对翻译方法、翻译策略、概念输入手段等方面的调整与变化，而且分析社会文化事件和生态环境对术语译者和和术语受众在术语翻译过程和术语译名等问题上发挥的作用。

需要指出的是，这种对于译者和受众的双向分析能够使我们对术语翻译的过程做到较为全面的掌握，为术语翻译的适应选择机制归纳做好充分准备。同样，严复社会科学术语翻译关涉术语译者和术语翻译受众两个方面，各自均有适应选择的情况，因此有必要对其相关性和互动性进行历时考察。从当前术语翻译实践和理论探索的现实情况来看，学界往往倾向于从共时角度来展开研究。毋庸置疑，共时研究具有其合理性和实践价值，但共时和历时必须同时进行，方能全面掌握术语翻译实践的适应选择。陈大亮（2014：179）指出，术语共时性研究有助于准确把握术语的概念与名称之间的各种关系，为术语定名提供必要条件，而从术语的历时性看，考证术语的词源，追溯术语概念的演变与发展，探究术语译名的动态性变迁，有助于厘清学术思想的发展脉络，把握理论精髓。总之，在共时研究的同时，从历时角度梳理和考察严复社会科学术语的过程及其译名演变，进而总结和归纳术语翻译的适应选择机制，用以指导当下我国社会科学术语翻译实践，助推术语翻译的理论探索。

综上所述，术语译者适应选择机制和术语受众适应选择机制是相对独立的两个环节，分别有着自身的运行规律与特点。但从广义的术语翻译和传播来看，两者也有相互关联和影响的必然。术语译者适应选择是术语受众适应选择的前提条件，而受众适应选择对译者适应选择有一定的反作用，两者分别体现出译者和受众在适应选择中的主体性（这种相关性、互

为影响及主体性将在第七章展开论述）

3.4 本章小结

  综上所述，翻译适应选择论为翻译研究打开了一片新视野，找到了新视角，提供了新方法，其解释力和说服力不言而喻。但翻译适应选择论在具体的适应选择机制开拓和应用方面则有待加强，尤其对术语翻译这种特殊类型的翻译则几乎没有涉及，而如何探索和归纳术语翻译的适应选择机制及其相关因素显得尤为重要，不仅对生态翻译学的开拓创新，而且对术语翻译的理论探索均具有十分重要的理论价值和现实意义。实际上，术语翻译的译者也需要面对具体的翻译生态环境，受到社会、历史、文化、专业领域等多方面的制约和影响，因此有必要通过案例分析和理论探究，来整理和归纳术语翻译的适应选择机制，为术语翻译研究及术语学建设做出有益尝试。术语翻译实践的特殊性涵盖术语翻译实践的多维复杂性、主体交互性和过程动态性。术语译者主体的适应选择和术语受众的适应选择构成了术语翻译过程和术语翻译结果的重要环节，两者需要统筹考察和整合分析。

  总之，本研究基于严译术语库对严复译名进行全面考察和统计分析，进而尝试归纳术语译者的适应选择机制，并通过该适应选择机制结合具体个案，对严复译名的去留、多重选择、过程选择及交互选择等方面的制约因素进行考察。本章为严复社会科学术语的译名研究及其翻译过程的考察提出了理论框架和分析模型，旨在对严复社会科学术语翻译和术语译名的形成做全面、系统而深入的理论探讨，翻译适应选择论、历史语义学和术语学本体论为本研究的开展提供了理论支撑，是本研究框架的三大支柱。基于这个理论框架的严复社会科学术语翻译研究，探讨术语译者的主体适应选择、术语翻译受众主体适应选择以及术语翻译实践的历时适应选择，较为全面和深入地考察翻译社会科学术语翻译的过程及其术语翻译的结果，不仅能够为严复翻译思想与实践研究提供新的理论视角，而且能够为术语翻译研究、术语规范化应用、术语学等相关领域提供范式参考和历史借鉴。

第四章

研究设计

从术语数据库的设计、创建、统计与分析入手，为严复社会科学术语翻译研究提供原材料和数据支撑，这是本研究的一大特色。本研究设计的重要特征在于术语翻译理论结合术语翻译实践，术语翻译过程关联术语翻译结果，社会科学术语翻译考察基于数据统计分析。正是基于较为严密的设计，本研究对严复社会科学术语翻译展开了较为深入细致的探讨。下文分别从研究问题、研究方法、语料收集及语料分析四个方面对研究设计展开具体的阐述。

4.1 研究问题

严复社会科学术语翻译研究涵盖总体特征、过程特征和适应选择机制三大方面，具体可以表述为三大研究问题，即严复社会科学术语翻译与接受的总体特征为何，严复社会科学术语翻译的适应选择机制为何，严复社会科学术语翻译适应选择的影响因素有哪些。以下对这些研究问题逐一简要展开。

第一个研究问题为严复社会科学术语翻译与接受的总体特征为何，具体涵盖三个方面，即概念、语言和交际。具体说来，第一个研究问题围绕严复所译汉语术语在概念、语言和交际三个方面分别呈现何种特征，进而对严复的社会科学术语翻译结果（主要表现为译名）进行总体考察，为过程分析、历时分析研究译名思想和归纳严复社会科学术语翻译过程的适应选择机制提供佐证。该研究问题主要在第五章进行阐述，包含语言层面的适应选择特征、概念层面的适应选择特征以及交际层面的适应选择特三个主要方面。其中语言层面的适应选择特征细分为严复译名的结构形式、严复译名的用词偏好和严复译名的对应方法，概念层面的适应选择特征则分为严复译名的概念对等策略、严复译名的概念传播倾向和严复译名的概念系统建构，而交际层面的适应选择特征包含严复译名的文本语境影响和严复译名的概念系统影响等问题。

第二个研究问题为严复社会科学术语翻译的适应选择机制为何，涵盖严复译名适应选择的多重性、交互性和过程性。具体说来，多重性是指严复在适应选择过程中，如何对源语术语、译语受众和已有译名进行适应选择;交互性是指术语翻译主体和术语翻译受众的适应选择各呈现何种状态;过程性是指严复译名早期、中期、后期的适应选择有何变化,即考察复社会科学术语翻译的阶段性特征,如对不同阶段严复译名方法、译名思想有无调整和变化不仅从宏观数据进行分析,而且结合重要个案展开讨论,同时考察严复社会科学术语翻译的文本策略,即不同译著的同一术语在语境、语篇、语言等情况下在理解与表达方面呈现何种异同。本研究问题主要在第六章进行探讨,并分为三个章节展开,即严复译名适应选择的多重性、交互性和过程性。

第三个问题为严复社会科学术语翻译的适应选择的影响因素有哪些,具体包括严复译名适应选择的译者主体性、受众主体性以及生态环境制约情况。本研究问题主要在第七章进行剖析,分为三个小节展开论述,即严复译名适应选择的主体性、严复译名适应选择的受众主体性和严复译名适应选择的生态环境制约。

三个研究问题相互关联:第一个是从整体来考察和描述严复译名的特征,是后面两个研究问题的基础;第二个旨在从理论层面来对严复社会科学术语翻译过程进行概括和总结,进而提出适应选择机制,为术语翻译的理论建构做出探索,同时为第三个研究问题提供分析框架;第三个主要结合个案对翻译社会科学术语的翻译过程、翻译结果进行共时、历时分析,重在探索术语翻译过程中的译前、译中、译后三阶段中各个相关因素是如何作用,如何相互影响,如何形成合力,并最终促使了译名的生成、演变、竞赛、去留、沿袭与定型。

4.2 研究思路与研究方法

如前所述,本研究结合术语库的统计分析展开严复社会科学术语翻译研究。术语数据库(简称"术语库")的创建和统计是本研究的基础,是理论探索和个案分析的前提条件和数据来源。本研究的研究方法有以下几个方面。

第一,术语库的统计分析方法。本研究分别对创建的严复译著文本库、严译术语库、《新时代英汉大词典》[①]、《英汉大词典》[②]、《现代日汉大词典》[③]、『ジーニアス英和大辞典』[④]等工具书以及网络检索平台[⑤]进行检索、查阅和比对，并邀请英语、日语专业的专家学者进行译名审核，最终整理汇总严复社会科学译名、现今译名及和制汉语译名，以创建抽样概念三语对照表（详见附录四）。通过数据统计分析，重点考察的对象包括严复译名语境、频次、不同译著之间的一致性与灵活性等问题，结合术语学、历史语义学等视角来探讨译名特征及其背后的动因，实现术语库研究方法与理论思辨的有机结合。本研究的基本思路如图4-1所示：

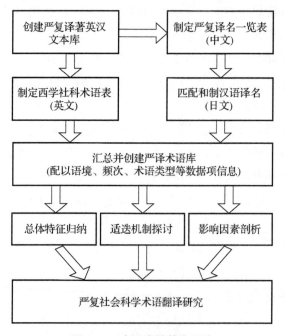

图4-1 本研究的基本思路

换言之，本研究通过收集严复译著及原著的中英文对照语料，对中英文语录进行适当加工标注，生成英文术语表，匹配严复译名及其相应的英

---

① 张柏然主编《新时代英汉大词典》，商务印书馆，2004。
② 陆谷孙主编《英汉大词典》上海译文出版社，2007。
③ 宋文军主编，姜晚成副主编《现代日汉大词典》，中国商务印书馆、日本小学馆，2009。
④ 小西友七编集『ジーニアス英和大辞典』，株式会社大修馆书店，1996。
⑤ 本研究参照的词典工具书网络检索平台有两项（前者为英汉词典，后者为英日词典），网站链接分别为：http://dict.youdao.com/，https://dic.yahoo.co.jp/。

文、日文对应词,汇集英日中三语术语表用以创建社会科学术语汉译数据库,对比分析汉语生态变迁中的对抗与竞赛。

第二,社会科学术语翻译的个案研究与对比分析相结合。本研究将以严复译名中"天""人""学""名""原"及"之"等字缀,以及"天演""进化""名学""群学""计学""物竞""天择""幺匿"和"拓都"等译名为个案,分别探索其译名思想与实践,并开展对比分析,进而结合语义学的研究范式,探讨严复译名在译语生态环境中的接受过程、适应程度及影响效果。

第三,理论思辨与综合考察相结合。本研究结合历史语义学的研究范式,从晚清历史文化语境入手,结合数据库统计数据加以分析,综合考察严复社会科学译名的历史文化背景,系统探究社会科学术语的汉译情况与容受程度。

第四,历史参照与借鉴方法。本研究通过对严复社会科学术语翻译过程与结果的考察、分析和总结归纳,从中汲取社会科学术语翻译、译名定型、术语规范等的经验教训,为我国当前丰富而全面的术语翻译实践、术语翻译理论建构和术语教育等事业提供历史参照,为之建言献策。

4.3 数据收集

数据收集方面包括严译术语库的构建目的、原则、方法、步骤及其相关语料的收集与筛选,并且介绍术语库中核心术语条目、术语基本数据项以及相关文献信息库等情况。

4.3.1 严译术语库的构建

如前所述,严译术语库的构建是本研究进行统计分析的基础。本研究根据《术语数据库技术评价指南》(GB/T 15625—2014)、《术语数据库开发文件编制指南》(GB/T15387.1—2014)以及《面向翻译的术语编纂》(GB/T 18895—2002)等相关文件创建严译术语库。

创建严译术语库的目的在于对严复术语翻译的结果及其主要表现形式(即译名)进行系统整理和归类,并对其译名方法、策略、概念转换方式等进行识别和标记,旨在对严复8部译著中的译名进行全方位的收集和统一处理,为数据统计分析做好准备。

建库原则方面,本研究在创建严译术语库严格按照"遵循国标要求、突出问题意识、力求考证准确"的三条原则。第一,所谓"遵循国标要求"是指本研究在创建严译术语库时,严格根据上述国标文件的精神,创建面向翻译的术语库。第二,"突出问题意识"是指在语料收集、整理、归类以及设定数据项和统计分析等环节中始终围绕研究问题展开,努力做到以研究问题指导术语库创建,术语库创建围绕研究问题的统一标准。第三,"力求考证准确"的原则体现在以下几个方面:语料收集整理进行多次核对,确保无遗漏、无错误拼写等问题;译名方法及策略的定义、判断基于权威专家的定义,并请业内同行(包括导师)对语料进行审核、评估和判断;与统计数据进行多次核对,确保统计分析无误差或遗漏。要而言之,严译术语库的创建遵循了相关国标文件精神,突出了本研究关注的三大问题,并通过多种方式和多次审校来确保语料的清洁、准确和统计分析的客观、科学。

就具体方法而言,严译术语库采用电脑录入 Excel 表格的方式来进行,建库之前的语料收集主要是通过对比分析来确定译名收集的主要来源,建库之后主要通过 Excel 表格检索、排序、提取和统计分析等一系列功能来完成。

严译术语库的具体创建步骤如下:第一,对严复译名的多个出处进行比对分析,基于权威性和科学性确定以北京时代华文书局的翻译版本为主要蓝本,并将严译8部译著丛刊文末的中西译名表进行文本提取和语料筛选,最终确定1 220条英文术语及与之相对应的1 403条术语译名,并收录入库;第二,初步创建严译术语库,即将中西译名录入电脑 Excel 表格之中,并附以译名出处(即译著名称),并进行两次审校和核对,确保全部译名录入无误;第三,对所收录的译名进行初步归类分析,确定哪些译名为人名、地名、书名、机构名等专有名词[①],哪些译名为相关概念的术语译名,并请同行专家进行审校和核对,确保归类科学准确;第四,对所收

[①] 如第二章(2.1.1)所述,人名、地名、书名、机构名等专有名词不在研究的范围内,但很显然,严复对于这些专名的翻译也花费了不少时间和精力,似可另行开展相关研究。

第四章 研究设计

录的术语译名进行多维度的标记，即附上更多的数据项，包括译名方法、翻译策略、概念输入、译著首版年份、时段划分等，基于同行专家审核意见进行修订和更新维护；第五，基于研究问题对译名的数据项进行相应的归类、提取、统计，并展开具体的分析与研究。

在建构完成严译术语库的基础上，本研究还尝试建构一个抽样译名表和一个文本语境对比库。抽样译名表（参见附录四）是指基于严译术语库中的单词型英文术语，提取出来进行另行处理，并对每一条英文术语进行多数据项目的匹配，具体包括严复译名、现代汉语译名（繁体）、现代汉语译名（简体）、和制汉字译名等相关信息，经过专家审定后，对相关匹配情况进行统计分析（具体数据统计分析参见 6.3.1）。文本语境对比库是指对一些个案进行文本语境的挖掘和对比分析，如对"天演"和"进化"的文本语境对比分析（参见 6.1.3）。抽样译名表和文本语境库均源于严译术语库，是严译术语库的拓展和补充，为相关研究问题的深入考察和个案研究提供了数据支撑。

语料搜集与筛选工作出现在建库前、建库中、建库后的三个阶段。建库前，主要是对译名的识别与判定问题，就目前图书市场和学界认可的译名表来看，语料搜集存在一定难度。本研究通过对比分析和专家论证，最终认为台湾商务印书馆和北京时代华文书局联合出版的严复 8 部名著丛刊在译名汇总和解释等方面最为全面，也最具有说服力。因此，选用该版本的严复译著作为蓝本，并主要参照该版本各部译著文末的译名来创建严译术语库。在建库中阶段，语料搜集和筛选主要取中西译名，剔除了一些背景信息和解释性短语，用以创建术语库的各个术语条目。建库完成后，基于研究问题，进行多次筛选，将表征重要概念的术语提取出来，围绕研究问题进行统计分析，并从中筛选出核心概念、频次较高的术语作为重要个案进行针对性处理，用以归纳译名适应选择机制及分析机制中的相关因素。

4.3.2 严译术语库的内容

严译术语库的主要内容包括社会科学术语条目及其具体数据项，这些社会科学术语条目是指通过上述语料收集汇总的英汉对照术语译名，共计英文 1 220 条、中文 1 403 条，分散在严复 8 部名著之中，涉及译著的相关学科领域。这些重要术语表示了西学相关领域中的重要概念，也是严复翻译西学著作时投入时间和精力较多的一个环节，也是本研究的主要对象。

术语基本数据项包括英文原名、汉语译名、译名方法、翻译策略、概念输入、译名出处、术语构成、术语类型、时段划分等多个数据项。本研究对每一条术语进行多个数据项的划分、归类，以便于后期基于研究问题进行统计分析。

相关文献信息库是指对重要概念中比较有代表性的术语条目进行深度加工和分析处理，配上频次统计及相关语境信息，为个案研究做好语料收集和数据分析的相关准备。

4.4 数据分析

如前所述，本研究采取基于术语库的统计与分析，展开严复社会科学术语翻译的过程与结果研究。语料收集方面主要通过对严复 8 部译著的 txt 文档及其相关原文的 txt 文档逐一处理，进而组建严复翻译平行文本库，并进行相应的文字检查或单词检查，确保文本的准确性和可靠性，为术语提取和语境抓取等准备原材料。

接下来，录入严复 8 部译著[①]附录中的相关译名及与之匹配的英文术语名称，分别统计翻译方法、术语类型、有无难检字等变量来标注和考察严复社会科学术语译名的特征及变化情况。各部译著的具体译名收集和整理情况分别汇报如下：

经过语料收集、清洁和术语译名的统计、整理和建库，从严复 8 部译著中，共收集 1 403 条社会科学术语译名，具体数量分布详见表 4-1。译名作为术语的一种形式，有较高的研究价值，能帮助我们研究原著与译著之间的关系以及翻译原则，本书将在后续章节从译名构成与特征、译名经济率、译名翻译方法进行等多角度进行解读。

[①] 目前市场流通的严复译著版本较多，本研究主要基于严复先生翻译名著丛刊（精装版），从台湾商务印书馆引进大陆，于 2014 年由北京时代华文书局有限公司出版发行，共分 8 册，即《天演论》、《原富》、《群己权界论》、《群学肄言》、《法意》、《穆勒名学》、《名学浅说》及《社会通诠》。

第四章 研究设计

表 4-1 严复 8 部译著社科术语译名数量表（升序）

译著名	社科术语译名数量/条
《群学肄言》	57
《天演论》	58
《群己权界论》	67
《法意》	88
《名学浅说》	131
《社会通诠》	134
《穆勒名学》	344
《原富》	524
总计	1 403

4.4.1 译名分类与处理

基于上述的译名对照情况配以和制汉字的译名，并对照英汉术语从平行文本库中抓取语境，且检查其上下文的匹配情况，为后续的统计分析提供数据支撑，现将各译著的译名处理与分类情况做样例展示，详见图 4-2 至图 4-9。

4.4.1.1 《天演论》及其译名建库

甲午海战溃败令近代许多文人志士扼腕，严复在这种万分悲痛的情境下，决心翻译赫胥黎的作品。赫胥黎的原著 *Evolution and Ethics* 是基于其在牛津大学的演讲稿整理而来的。严复基于赫胥黎的原作，融入自己对国难、时势的判断与思考，决心投身翻译，并将译作命名为《天演论》，译著约 6 万字。该译著一经问世，即引起巨大反响，严复笔下推崇的"物竞天择、适者生存"的理念便深入人心，得到了众多文人志士的响应与共鸣。胡适（1931）指出，《天演论》出版之后，不上几年，便风行全国，并且作为中学生的读物。胡适本人在学堂的名字是胡洪骍，胡适作为笔名则源于《天演论》（苏中立、涂光久，2011）。"'天演''物竞''淘汰''天择'等术语都渐渐成了报纸文章的熟语，渐渐成了一班爱国人士的'口头禅'。还有许多人爱用这种名词做自己或儿女的名字。"阅读《天演论》也是许多文人墨客的爱好，鲁迅（1926）曾言"一有闲空，就照例地吃侉饼，花生米，辣椒，看《天演论》"（苏中立、涂光久，2011）。《天演论》之所以获得如此大的反响，原因很多，不仅仅是作为严复首部译著而名声大噪，而且其中有关进化的西学进步思想为近代中国社会带来了精神食粮。1894—1895年，甲午海战中，清王朝的惨败给近代中国社会笼罩上了一层阴影，而《天演论》的问世对于晚清社会而言犹如久旱逢甘霖，一方面为沉痛中的国人带来心理的慰藉，另一方面让国人看到了救亡图存的希望与可能。需要指出的是，严复在《天演论》中的良苦用心也是译著得以流传久远的一个重要因素。然而，令人叹息的是，从译名来看，《天演论》中流传至今的译名寥寥无几，只有"乌托邦"和"天演"[①] 等术语沿用至今。

本研究将《天演论》（赫胥黎，2014）文末附录中的译名进行收集和整理，并建构《天演论》译名库，对相关条目进行遴选、专家审定，并最终确定58条术语译名。接下来对此58条术语进行译名分类、翻译方法确定、术语类型确定，以及术语字数、词数统计等标识，以方便后期统计分析，相关数据项可参见表4-2。

表4-2 《天演论》译名处理与分类举例[②]

英文术语	严复译名	概念对应	概念传播	翻译方法	术语类型	英语术语词数	汉语术语字数	译名出处	首版年份	时段划分
biology	生学	R	G	意译	单词术语	1	2	《天演论》	1898	早期
chalk	蜃灰	H	G	音译	单词术语	1	2	《天演论》	1898	早期
chimpanzee	青明子	H	Y	音译	单词术语	1	3	《天演论》	1898	早期
chocolate	勺古力	H	Y	音译	单词术语	1	3	《天演论》	1898	早期
creator	创造	D	G	直译	单词术语	1	2	《天演论》	1898	早期
crusades	十字军	H	G	直译	单词术语	1	3	《天演论》	1898	早期
directors	大董	R	G	意译	单词术语	1	2	《天演论》	1898	早期
economist	计学家	R	G	直译	单词术语	1	3	《天演论》	1898	早期

[①] 尽管"Evolution"一词通行译名为进化，但"天演"一词因其特殊内涵以及作为严复首部译著的标题，仍不失其研究价值。

[②] 在严译术语库中，充分考虑到术语概念的重要性，同时为了便于统计，将其中有关两个数据项（概念对应、概念传播）中的具体变量分别用字母来替代。具体情况如下：概念对应手段方面，概念直接对应输入为D；概念汉化为H；概念融合为R；就概念传播而言，归化为G，异化为Y，两者兼有为M，严复同时给出两个译名者用S代表，即异化、归化策略均有。8部译著的术语译名均进行统一标准处理和建库，特此说明。

第四章 研究设计

4.4.1.2《原富》及其译名建库

《原富》(*An Inquiry into the Nature and Causes of the Wealth of Nations*[①])是严复翻译作品中一部影响力巨大的译作,55万字。原著作者是英国经济学鼻祖亚当·斯密(Adam Smith,1723—1790)。此书被称为"经济学圣经",实乃经济学中资本主义的起源。此书包含大量关于经济学的专业术语。英国当时特定历史条件下的特殊经济政策与社会劳动关系给翻译带来了巨大的难度,此外近代中国经济学观念十分滞后,经济学尚不成为一个独立的学科,其翻译的难度,特别是核心概念的厘定和翻译中所遇见的障碍可以想见。因此,严复关于此书中众多译名的创制、选择及取舍,都值得翻译学界进行深度的剖析,也能够为今日经济学术语的英汉互译和跨语言、跨文化传播提供借鉴。

本研究将《原富》(斯密,2014)文末附录中的译名进行收集和整理,建构《原富》译名库,并通过遴选、对比和专家审定,最终确定524条术语译名,接下来对这524条术语进行译名分类、翻译方法确定、术语类型确定以及术语字数、词数统计等标识,详见表4-3。

表4-3 《原富》译名处理与分类举例

英文术语	严复译名	概念对应	概念传播	翻译方法	术语类型	英语术语词数	汉语术语字数	译名出处	首版年份	时段划分
abbot	阿勃	H	Y	音译	单词术语	1	2	《原富》	1901	中期
academy	阿喀德美	H	Y	音译	单词术语	1	4	《原富》	1901	中期
accept	照验	H	G	意译	单词术语	1	2	《原富》	1901	中期
accepted	受讫	H	G	意译	单词术语	1	2	《原富》	1901	中期
acceptor	受期付款之家	H	G	意译	单词术语	1	6	《原富》	1901	中期
acre	阓克	H	Y	音译	单词术语	1	2	《原富》	1901	中期
aides	爱底税	H	M	音意结合	单词术语	1	3	《原富》	1901	中期

[①] 现今较为通行的译本为《国富论》,亚当·斯密著,郭大力、王亚南译,1972年商务印书馆出版。

4.4.1.3 《法意》及其译名建库

严复所译著作《法意》是从英文版转译而来的①,全文约52万字,也是《论法的精神》第一个中文全译本,在中国流传了近半个世纪。晚清以降,中国人对孟德斯鸠学说的了解主要得益于严复的《法意》,这本书一经出版便引起了强烈反响,在民国时期已多次再版和加印。

笔者同样基于《法意》(2014)文末附录来创建译名库,并且将其译名进行分类,翻译方法进行界定,判断其术语类型,统计英汉语术语词数,以方便之后进行的译名分析与研究。

具体来说,本研究通过遴选、对比和专家审定,最终确定了88条术语译名,并逐一进行译名分类、翻译方法和术语类型确定以及术语字词数统计等标识(详见表4-4),以方便后期统计分析。

表4-4 《法意》译名处理与分类举例

英文术语	严复译名	概念对应	概念传播	翻译方法	术语类型	英语术语词数	汉语术语字数	译名出处	时段划分	首版年份
aristocracy	贤政	H	G	意译	单词术语	1	2	《法意》	早期	1904
ascendants	下奄	H	G	意译	单词术语	1	2	《法意》	早期	1904
bishop	毕协	H	Y	音译	单词术语	1	2	《法意》	早期	1904
century	佰	H	G	意译	单词术语	1	1	《法意》	早期	1904
choice	选	D	G	直译	单词术语	1	2	《法意》	早期	1904
collaterals	驰及	H	G	音译	单词术语	1	2	《法意》	早期	1904
consul	大都护	H	G	意译	单词术语	1	3	《法意》	早期	1904

4.4.1.4 《社会通诠》及其译名建库

《社会通诠》是严复的代表作之一,一经问世便撼动了中国传统思想在中国的主流地位,也将民权、自治等思想引入中国。同时,严复也将西方政治社会发展的问题带入中国,这些政治问题与他解决问题的努力都在一定程度上影响着中国思想文化的发展方向(本史华兹,2010)。在翻译

---

① 需要指出的是,严复所译《法意》并非来自法语,而是基于英译本,至于英译本出自谁人之手,学界一般认为是托马斯·纳琴特(Thomas Nugent),基于时间和内容来看比较符合,本书在此不赘述。

过程中，严复也根据实际情况，进行了大量增补与改变，特别是增加了按语，这也是严复为更好地翻译作品，让受众理解感悟所做出的努力。

俞政（2002）认为，严复翻译该书旨在启发国人对中西历史进行比较，启迪国人认清国情，从侧面阐明中国社会发展缓慢的原因。而在翻译风格和翻译态度上，王克非（1987，1997）指出：严复在引进新概念时从不图省事而袭用他人译名或望文生义，总要仔细斟酌、考订，即严复所定译名、所下界说，必包综原义，方才使用；严复治学谨严，于英文原词，细究词源、词义，于汉译文，则泛读古籍，以求贴切的对译。

严复所译《社会通诠》全文共 11 万字，斯宾塞原文共计 4 万词，严复在翻译该作时对其进行增删，且以增加内容为主，其中按语约占正文的 1/5（王宪明，2004）。严复此番增译旨在帮助读者更好地学习和理解西方政治体系。本研究以严译《社会通诠》与原著的 394 对英汉译名对照表为源数据，对译名的术语特征进行遴选、比较、分析和专家审定，最终确定了 134 条术语，用以建构《社会通诠》译名库，对其条目进行标注分类，详见表 4-5。

表 4-5 《社会通诠》译名处理与分类举例

英文术语	严复译名	概念对应	概念传播	翻译方法	术语类型	英语术语词数	汉语术语字数	译名出处	时段划分	首版年份
abbot	亚博	H	Y	音译	单词术语	1	2	《社会通诠》	中期	1904
acre	亚克	H	Y	音译	单词术语	1	2	《社会通诠》	中期	1904
aristocracy	亚理斯托括拉寺	H	Y	音译	单词术语	1	7	《社会通诠》	中期	1904
barter	交易	H	G	直译	单词术语	1	2	《社会通诠》	中期	1904
benefice	恩供	H	G	意译	单词术语	1	2	《社会通诠》	中期	1904
bishop	毕协	H	Y	音译	单词术语	1	2	《社会通诠》	中期	1904
bribe	赇	H	G	意译	单词术语	1	1	《社会通诠》	中期	1904

4.4.1.5 《群学肄言》及其译名建库

严复所译《群学肄言》全文共 22 万字，斯宾塞原文共计 8 万词，以严译《群学肄言》原著为基础，初期收录 438 对英汉译名对照表，并通过遴选、对比分析和专家审定等一系列环节，最终确定了 57 条术语。

本研究将《群学肄言》（斯宾塞，2014）中 57 条术语进行整理和归类，并建构《群学肄言》译名库，对相关条目进行译名分类、翻译方法确定、术语类型确定以及术语字数、词数统计等标识（详见表4-6），以方便后期统计分析。

表4-6 《群学肄言》译名处理与分类举例

英文术语	严复译名	概念对应	概念传播	翻译方法	术语类型	英语术语词数	汉语术语字数	译名出处	时段划分	首版年份
aggregate	拓都	H	Y	意译	单词术语	1	2	《群学肄言》	中期	1903
beef	羹脯	H	Y	音译	单词术语	1	2	《群学肄言》	中期	1903
commune	恭牟尼	H	Y	音译	单词术语	1	3	《群学肄言》	中期	1903
cook	谷格	H	G	音译	单词术语	1	2	《群学肄言》	中期	1903
data	今有（第佗）	H	G Y	音译	单词术语	1	4	《群学肄言》	中期	1903
discipline	缮性	H	G	意译	单词术语	1	2	《群学肄言》	中期	1903
ecclesiastical	宗教群法	H	G	音译	单词术语	1	4	《群学肄言》	中期	1903
egoism	为己	H	G	直译	单词术语	1	2	《群学肄言》	中期	1903

4.4.1.6 《群己权界论》及其译名建库

严复翻译《群己权界论》时主要的翻译生态环境就是当时的社会历史背景，随着鸦片战争和甲午战争的爆发与结束，严复翻译的早期作品——《天演论》，告诫人们，中国危机重重，因为列强在德、智、力三方面都比中国强，根据《天演论》中"优胜劣汰"的规律，近代中国面临被帝国主义吞噬的危险。1899年，严复初步完成了《群己权界论》的翻译（当时译作《自繇释义》），译著约8万字。而此后八国联军的铁骑，致使百姓流离失所，严复也曾一度奔赴上海，其间译稿遗失，直至1903年才失而复得。如此经历促使严复将译著改名，即将原来的译名《自繇释义》改为《群己权界论》。而严复后来谈及翻译动机时，表达了自身对积极上进青年在教育方面的期许，认为新思想亦有其适用范围，不适用于"狂愚谬妄之民党也"[①]。这表明严复已经深刻意识到个人自由的限度，必须受到理性力量的控制和监督，即社会权力。在这种背景下，重点显然不在于强调个人自由的不可侵犯性，而是明确群己两者之间的权界。

[①] 严复：《与熊纯如书（第七十封）》. 转引自王栻《严复集》第三册（书信），中华书局，1986，第687页。

第四章 研究设计

本研究将《群己权界论》(穆勒，2014a)文末附录中的译名进行收集和整理，遴选、对比分析及专家审定后最终确定67条术语，并将这67条术语进行数据项分析，用以建构《群己权界论》译名库，对相关条目进行译名分类、翻译方法确定、术语类型确定，以及术语字数、词数统计等标识(详见表4-7)，以方便后期统计分析。与其他译著一样，通过对《群己权界论》中的术语进行梳理、统计和分析，建立语料库，能够帮助研究者对严复的译名思想与实践做出较为深入的考察与思考。同时，基于适应选择论，对《群己权界论》中具体的个案进行归纳与提炼，可以对比分析严复译名生成机制，并从严复译名思想与实践中汲取经验教训，探寻术语翻译的规律，为严复译名思想研究做出有益尝试，为我国社会科学术语翻译实践提供有益的具体指导。

表4-7 《群己权界论》译名处理与分类举例

英文术语	严复译名	概念对应	概念传播	翻译方法	术语类型	英语术语词数	汉语术语字数	译名出处	时段划分	首版年份
abstinence	节俭	D	G	直译	单词术语	1	2	《群己权界论》	中期	1903
aristocracy	贵族	D	G	直译	单词术语	1	2	《群己权界论》	中期	1903
authority	节制	H	G	意译	单词术语	1	2	《群己权界论》	中期	1903
bodily	形体	H	G	意译	单词术语	1	2	《群己权界论》	中期	1903
calvary	喀尔华离	H	Y	音译	单词术语	1	4	《群己权界论》	中期	1903
christianity	景教	H	G	意译	单词术语	1	2	《群己权界论》	中期	1903
competition	竞争	D	G	直译	单词术语	1	2	《群己权界论》	中期	1903
custom	例故	H	G	意译	单词术语	1	2	《群己权界论》	中期	1903

4.4.1.7 《穆勒名学》及其译名建库

严复本就深谙中国传统文化，而留学英国两年也让其知晓了西方先进文化，深知与欧美相比中国很多知识体系非常薄弱，其中就有逻辑学，这是严复翻译《穆勒名学》的主要原因。而近代中国的逻辑学也因为这部译著才有了一定的发展。《穆勒名学》一书是英国著名哲学家、经济学家和逻辑学家约翰·斯图亚特·穆勒(1806—1873)，该书原名为《逻辑体系：演绎和归纳——一种与证明原理和科学研究方法有关的观点》(*A System of Logic*)。在严复之前，传教士傅兰雅曾提及《逻辑体系》一书，而该书没有像《穆勒名学》那样自成体系,影响也不及后者。无论是明辨真理,还是辩驳错误,都需要逻辑支撑,严复意识到"名学者所以定思想语言之法律",要强国最根本的是要改变国人的思维认识,因此,翻译《穆勒名学》以期促进中国逻辑学的发展(高航,2011)。译名对于一个学科能否广泛地为人所了解,为人所接受具有重要意义。严复对于译名问题也有着自己的看法和实践,这与他的翻译思想是相符合的。在本研究中,术语库的建立可以为《穆勒名学》译名探究提供直观的数据,揭示其翻译规律和风格。因此,本书以严复《穆勒名学》为语料,全书约29万字,在此基础上建立起中英文对照的名词语料库,分析其中每个名词所采取的译法并进行分类,以此探究严复《穆勒名学》中术语翻译的策略及其动机,旨在发现晚清时期中国知识界对西方社会科学术语的认识与接受方式,探究此种翻译策略与读者接受程度的关系,从而为当代译名翻译工作提供借鉴。

基于上述理解与认识,本研究将《穆勒名学》(穆勒,2014b)文末附录中的译名进行收集和整理,遴选、对比分析和专家审定后,最终确定了344条术语,并对这344条术语进行数据项分析,用以建构《穆勒名学》译名库(详见表4-8),对相关条目进行译名分类、翻译方法确定、术语类型确定以及术语字数、词数统计等标识,以方便后期统计分析。

表4-8 《穆勒名学》译名处理与分类举例

英文术语	严复译名	概念对应	概念传播	翻译方法	术语类型	英语术语词数	汉语术语字数	译名出处	时段划分	首版年份
actions	为	D	G	意译	单词术语	1	1	《穆勒名学》	早期	1905
active	健	H	G	意译	单词术语	1	1	《穆勒名学》	早期	1905
actual	效实	H	G	意译	单词术语	1	2	《穆勒名学》	早期	1905
adjective	区别字	H	G	意译	单词术语	1	3	《穆勒名学》	早期	1905
adverb	形况字	H	G	意译	单词术语	1	3	《穆勒名学》	早期	1905
agent	能	H	G	意译	单词术语	1	1	《穆勒名学》	早期	1905
analogical	引喻之义	H	G	直译	单词术语	1	4	《穆勒名学》	早期	1905
arithmetic	布算	H	G	意译	单词术语	1	2	《穆勒名学》	早期	1905

4.4.1.8 《名学浅说》及其译名建库

《名学浅说》,原著是西方作家 William Stanley Jevons(威廉姆·斯坦利·耶方斯)的 *Primer of Logic* 一书,严复8部译著中的最后一本,全

第四章　研究设计

书约 9.5 万字。该书系统全面地阐述了传统逻辑学这一概念，严复先生用严谨的治学态度翻译此书，首次将逻辑学引进中国，向中国民众传播了西方先进的学术思潮。书中倡导的科学思想和逻辑精神也对中国社会的发展影响深远。对《名学浅说》的研究有助于指引我们更好地吸收外来文化、发展本民族文化事业。国内外对严复先生学术主张的研究多集中于他对西方著作的翻译及其对当代中国社会的影响，对《名学浅说》的研究也多集中于书中倡导的逻辑学精神，而对于书中许多特定词句的中文译法研究还有很多值得探索学习的空间。《名学浅说》英文原文共 3 万词，严复先生的译文有 9.5 万字，译著夹杂文言文，属于半文言文语体，用语讲究。

与其他几部译著一样，本研究将《名学浅说》(耶方斯，2014) 文末附录中的译名进行收集和整理，在遴选、对比分析和专家审定的基础上，最终确定了 131 条术语，并将这 131 条术语进行多个数据项的考察和分析，用以建构《名学浅说》译名库，对相关条目进行译名分类、翻译方法确定、术语类型确定以及术语字数、词数统计等标识（详见表 4-9），以方便后期统计分析。

表 4-9　《名学浅说》译名处理与分类举例

英文术语	严复译名	概念对应	概念传播	翻译方法	术语类型	英语术语词数	汉语术语字数	译名出处	时段划分	首版年份
accident	寓德	H	G	意译	单词术语	1	2	《名学浅说》	后期	1909
adjective	区别之字	H	G	意译	单词术语	1	4	《名学浅说》	后期	1909
alibi	阿里排	H	Y	音译	单词术语	1	3	《名学浅说》	后期	1909
antecedent	提设	H	G	意译	单词术语	1	2	《名学浅说》	后期	1909
antecedents	前事（安梯西登）	H	G Y	直译	单词术语	1	2	《名学浅说》	后期	1909
argument	辨	H	G	直译	单词术语	1	1	《名学浅说》	后期	1909
bench	彭支	H	Y	音译	单词术语	1	2	《名学浅说》	后期	1909
board	布尔德	H	Y	音译	单词术语	1	3	《名学浅说》	后期	1909

4.4.2　译名统计分析

综上所述，本研究将《天演论》(赫胥黎，2004)、《原富》(斯密，2014)、《法意》(孟德斯鸠，2014)、《群己权界论》(穆勒，2014a)、《群学肄言》(斯宾塞，2014)、《穆勒名学》(穆勒，2014b)、《社会通诠》(甄克斯，2014) 及《名学浅说》(耶方斯，2014) 文末附录中的译名进行收集和整理，并建构译名库，对相关条目进行译名分类、翻译方法确定、术语类型确定以及术语字数、词数统计等标识，以方便后期统计分析。同时，将这些译名库汇总建构严复社会科学术语译名库（总库），并对相关译名基于时间顺序进行早期、中期、后期的分类，以便对严复社会科学术语翻译的时期做出一定的划分，为后期译名思想分析、策略考察及方法演变探究等打下基础。

具体说来，术语译名统计分析方面，主要考察严复译名的策略方法、术语类型、语境因素等相关情况，对严复社会科学术语翻译结果（即严复译名）进行多维度考察，分宏观、中观和微观三个层次，涵盖其总体特征、过程特征、译著特征和时段特征等几个方面。相关统计分析包括术语词频、词长、经济指数的计算，涵盖术语类型占比、译名方法占比、翻译策略占比以及概念输入占比、时段分期占比等多个方面，同时也有对频次较高的术语个案的研究，主要结合相关语境来展开考察。因此，本研究不仅对严复社会科学术语翻译展开了静态的描述，而且进行了动态、多维的考察，能够对严复社会科学术语翻译做全方位的诊断和分析。

4.5　本章小结

综上所述，本研究将个案分析与综合考察并举，统计分析与理论思辨融合，旨在深入剖析严复译名与近代汉语社会科学术语的生成及接受，归纳译名的选择与适应机制，进而探索总结近代社科术语英译汉的生成与接受规律。同时，严复社会科学术语翻译体现在其8部译著之中，时间跨度为15余载，正值中国近代社会文化转型、文白更替的重要时刻，因此有必要从术语学、生态翻译学的适应选择论及历史语义学等研究范式借用相关理论方法和原理概念，尝试从宏观、中观及微观三个视角来考察严复译名，进而归纳总结严复社会科学术语翻译的双重适应选择机制，即译名适应选择机制和受众适应选择机制，进而为严复社会科学术语翻译的深入研究提供理论基础。

本章重点介绍了研究问题、研究思路和研究方法及数据分析，注重术语数据库的统计分析。基于术语数据库的统计分析能为本研究提供数据支撑，从而为第五章、第六章和第七章的论述打下基础，为探索和解答本研究的三个研究问题做好准备。

第五章

严复社会科学术语翻译的适应选择总体特征

如前所述，本研究从严复翻译的《天演论》《法意》《群学肄言》《社会通诠》《原富》《穆勒名学》《群己权界论》《名学浅说》这 8 部译著出发，结合术语数据库中的数据统计情况，对社会科学术语的翻译过程及其译名进行综合考察与个案分析。本章将分别从语言层面、概念层面和交际层面入手，围绕严复社会科学术语翻译的适应选择总体特征展开统计分析，进而对严复译名的语言特征、策略方法和接受情况展开论述。

5.1 语言层面的适应选择特征

如前所述，本研究从严复 8 部译著中，共收集了 1 403 条社会科学术语译名，并对这些术语译名进行多方面的考察、分析和标注，用以建构严译术语库，为后续相关研究做好准备。在归纳汇总 1 403 条译名的基础上，对严复译名展开分析，从而洞察严复语言层面的适应选择特征，并进一步理解严复翻译思想。本研究分别从语言层面的适应选择研究、概念层面的适应选择研究，以及交际层面的适应选择研究，针对 1 403 条术语的总体特征进行分析，以期对严复在 15 年期间所完成的 8 部译著中术语翻译的适应选择情况做出较为全面的描述和把握。语言层面的适应选择特征主要包含以下三个方面，即严复译名的结构形式、严复译名的对译方法和严复译名的用词偏好。

5.1.1 严复译名的结构形式

英语术语按照形态可以分为两类：单词型术语与词组型术语。单词型术语，顾名思义为单个单词构成的术语，如 evolution、univocal、induction、deduction 等；而词组型术语，则为两个或两个以上的单词构成的术语，如 ordinary proposition、things which being applied to each other coincide are equal、the general laws of nature，也包括含连字符的复合术语，如 mother-of-pearl、non-connotative name。按照上述分类原则，本研究基于各部译著汇总术语构造的基本情况，对严译术语库中的 1 220 条英文术语、1 403 条术语译名开展统计分析，首先着手于译名的结构形式，其基本特征汇报如下。

如表 5-1 所示，在 8 部原著的 1 220 条英语术语中，单词型术语占总量的 45.16%，词组型术语占总量的 54.84%。可以看出，在严复选择的英

第五章 严复社会科学术语翻译的适应选择总体特征

文社会科学类著作中,词组型术语和单词型术语基本持平,前者略多,而汉译文本中的术语特征则不然。

在严译术语库中,纵览和考察 1 403 条汉语译名,其中单词型术语极少。将 8 部译著的英汉术语分别列表,并通过对比分析,可以发现:原著中的英语术语与严复汉译术语,呈现不同的特征。就词组型术语而言,原作中该类术语占比 54.84%,而译作中该类术语却高达 93.23%。(详见表 5-1)。这种英汉术语特征不一致的现象,主要是由英汉两种语言的差异造成的。英语单词常能表示汉语多字而成的语义,如"liberty"与"自由","profit"与"本息"。应该说,英汉语言在构词法上的差异为术语译名的选择与构造设置了障碍,特别是对于近代中国社会的半文半白的汉语言来说,这种难度则更大。

表 5-1 严译术语库英汉术语基本特征表

类别	英文术语数量/条	英文术语占比/%	汉译术语数量/条	汉译术语占比/%
词组型术语	669	54.84	1 308	93.23
单词型术语	551	45.16	95	6.77
合计	1 220	100	1 403	100

在收录的英文术语中,词组型术语比重较大。8 部原著的术语中词组型术语类别较集中,具有研究价值。词组型术语由一些词汇复合而成,构词能力强,是术语构成的重要方法。在本研究的术语表中,词组型术语大多为"形容词+名词"型复合术语,以及由简单词汇构成的词组型术语(表 5-2),尤以《群学肄言》和《穆勒名学》的两本原著中居多。词组型

表 5-2 译著词组型术语案例

构词法	英语术语	严译译名
形容词+名词	Political economy	计学
	Social Contract	民约
	Abstract Science	玄科
	Original cause	远因
	Organic Science	间科
	Objective difficulties	物蔽
	Major term	大端
	Minor premise	小原
	Inseparable accidents	不可离之寓

续表

构词法	英语术语	严译译名
分词＋名词	The inferring part	未得之推寻
	The registrating part	既得之默识
	Counteracting cause	破果之因
名词＋名词	Julian Law	尤利安律
形容词＋分词	Imaginary looking	心观

术语的使用，能够便于读者猜测词义，对语义进行推断，并对译者的翻译工作和受众对术语译名的理解均能带来便利。

最后，名词性特征突出。现代汉语术语具有名词性突出的特点，笔者设想本研究所用的8部译著译名或亦具有这一特征。为证实这一设想，将1403条汉语译名输入NLPIR（汉语分词系统）[①] 中，经除错处理后发现，8部译著的译名的确具有突出的名词性特征。在此基础上，将8部译著的译名分别逐次输入NLPIR，发现并非所有译著都具有这一特征。《法意》《原富》《名学浅说》这3部译著内的译名具有显著的名词性特征。

从《法意》内88条汉语译名在NLPIR生成的结果（表5-3）看来，其内的名词占比54.14%，超过半数，具体如下表所示。

表5-3 《法意》译名词性及占比

类别	数量/个	占比/%
名词	98	54.14
动词	39	21.55
形容词	28	15.47
其他	16	8.84
总数[②]	181	100

而且，《法意》汉语译名高频词图反映出，出现频率较高的词汇大多为名词，这也进一步印证了《法意》术语汉语译名的名词性特征，其中"精神"出现的频率最高，达到7次，能够反映整个译著的核心思想，详见图5-1。

---

① 张华平博士研发的NLPIR汉语分词系统（曾用名为ICTCLAS2013），主要功能包括中文分词、词性标注、命名实体识别、用户词典功能，支持GBK编码、UTF8编码、BIG5编码。该分词系统的网站链接如下：http：//ictclas.nlpir.org/nlpir/。

② 鉴于词组型术语由名词、形容词或者动词等词类组合而成，因此，标注后的词类总数比实际术语条目要多。在本节中，后续7部译著的相关表格总数情况相同，特此说明。

第五章 严复社会科学术语翻译的适应选择总体特征

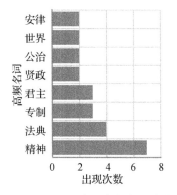

图 5-1 《法意》高频名词统计

《原富》译自亚当·斯密的 An Inquiry into the Nature and Causes of the Wealth of Nations，反映经济领域的知识与思想。在该部译著内，汉语术语也体现出显著的名词性特征，占比 46.15%（表 5-4）。名词性术语常由客观的词汇构成，能够体现经济学领域语体中立、表意客观的状况，在一定程度上能够摒除人为因素的影响。如"本位法钱""钞商楮币""第一次公息质借"等汉语译名，均体现出突出的名词性特征，符合经济学原著客观中立的特点，做到了忠实于原文语体。

表 5-4 《原富》译名词性及占比

类别	数量/条	占比/%
名词	354	46.15
动词	203	26.47
形容词	47	6.13
其他	163	21.25
总数	767	100

而在《原富》高频词统计中，仍然是名词居多，其中"级数""英伦"达到 4 次，能够反映原著中对于财富、劳动力的分层划分与剖析，并且烙上了英伦的印记，详见图 5-2。

在《天演论》中，译名词性占比仍然是名词性术语居多，达到 44.16%，即近半数的译名为名词或名词性短语，而动词

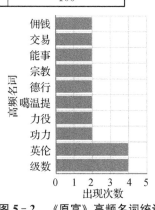

图 5-2 《原富》高频名词统计

和形容词的比例分别为 18.83% 和 9.09%，其他此类的比例为 27.92%（详见表 5-5）。但从高频名词来看（参见图 5-3），只有"力役"一词出现了两次，其余名词均为一次。究其原因，一方面该译著的术语条目本来就不多，只有 58 条；另一方面，该部译著的篇幅较短，但所涉及的话题范围较广。

表 5-5 《天演论》译名词性及占比

类别	数量/条	占比/%
名词	68	44.16
动词	29	18.83
形容词	14	9.09
其他	43	27.92
总数	154	100

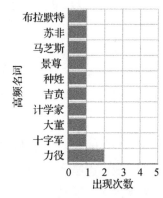

图 5-3 《天演论》高频名词统计

除上述两部译著外，《名学浅说》内的汉语译名也具有突出的名词性特征，占术语总数的三分之一以上（即 36.60%），详见表 5-6。这是由于《名学浅说》内逻辑学专业性词汇较多，这些词汇较客观，具有名词性突出的特质，如"工联社会""平行形力理""有力者真理""单及之端"等汉语译名，都体现出显著的名词性特征。

表 5-6 《名学浅说》译名词性及占比

类别	数量/条	占比/%
名词	142	36.60
动词	105	27.06
形容词	22	5.67
其他	119	30.67
总数	388	100

在《名学浅说》中，高频次的术语仍是名词，其中"公例"出现了 3 次，"内涵""统举"出现了 2 次，其余名词或名词短语只出现了 1 次，详见图 5-4。

第五章 严复社会科学术语翻译的适应选择总体特征

表 5-7 《穆勒名学》译名词性及占比

类别	数量/条	占比/%
名词	337	38.21
动词	224	25.40
形容词	38	4.31
其他	283	32.09
总数	882	100①

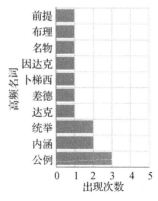

图 5-4 《名学浅说》高频名词统计

在《穆勒名学》译本中，名词术语占比为 38.21%，居首位，动词数量也比较多，居第二位，这符合逻辑学对事理的推导和归纳，因此动词性术语不在少数，详见表 5-7。而在高频名词统计中，"动物"一词居然达到 3 次（详见图 5-5），分别对应的是 the laws of motion、digitigrade 和 the law of motion，严复译名分别为"动物三例"、"趾行动物"和"动物例"，可见严复对于"law"这一术语的单复数颇有研究，在译名中通过数字加以体现。同时，需要注意的是，该部译著中的动词统计，频次较高的是"普及"和"对待"这两条术语，分别出现 4 次和 3 次，超出了高频名词的次数（详见图 5-6）。这体现出在《穆勒名学》中动词使用比其他译著相对来说频次要高一些。

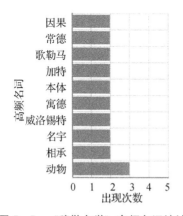

图 5-5 《穆勒名学》高频名词统计

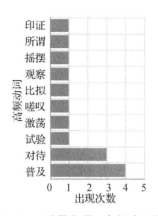

图 5-6 《穆勒名学》高频动词统计

---

① 本表中的占比数据均为四舍五入后的结果，合计为 100.01%，略等于 100%。

在《群己权界论》中，名词性术语占比超过40%，达到70条，动词占比不敌其他类型的术语，居第三位，详见表5-8。而在高频名词统计中（参见图5-7），"好恶""罗马""社会""景教""小己"和"宗教"5个术语频次最高，其中"好恶""小己"和"社会"这3个术语与该部译著的主旨息息相关，这样看来，严复译名与原文主旨较为贴近。

表5-8 《群己权界论》译名词性及占比

类别	数量/条	占比/%
名词	70	40.46
动词	36	20.81
形容词	14	8.09
其他	53	30.64
总数	173	100

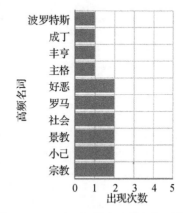

图5-7 《群己权界论》高频名词统计

在《群学肄言》这部译著中，名词性术语条目为59条，占比也同样超过了四成（具体为40.97%），而动词性术语不敌其他类别术语，占比仅为23.61%（参见表5-9）。高频名词统计中所有词汇均为一次性出现，即没有突出的高频词语。

表5-9 《群学肄言》译名词性及占比

类别	数量/条	占比/%
名词	59	40.97
动词	34	23.61
形容词	9	6.25
其他	42	29.17
总数	144	100

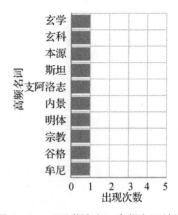

图5-8 《群学肄言》高频名词统计

在《社会通诠》这部译著中，名词性术语的数量占比近一半，达到了47.06%，数量为144条，动词性术语为83条，占比27.12%（参见表5-10）。

第五章　严复社会科学术语翻译的适应选择总体特征

表 5-10　《社会通诠》译名词性及占比

类别	数量/条	占比/%
名词	144	47.06
动词	83	27.12
形容词	19	6.21
其他	60	19.61
总数	306	100

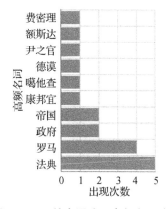

图 5-9　《社会通诠》高频名词统计

而在《社会通诠》的高频名词统计中，"法典"和"罗马"两个词的频率分列第一、第二位，分别出现了 5 次和 4 次，而"政府"和"帝国"这两词出现了 2 次，并列第三位（参见图 5-9），这 4 个高频词基本能够体现出原著和译著中所涉及的政治学的重要话题。

笔者通过对 8 部译著中的术语词性占比及高频词统计，能够对严复译名的结构形式有一个总体把握。接下来需要考察术语构成，即从"术语经济律"来探讨严复译名。冯志伟（1997）首次在术语学研究领域提出"术语经济律"的概念，通过比照源语及译入语术语的经济律，可以看出该术语翻译系统整体质量的优劣（胡叶、魏向清，2014）。

从汉语词组术语占据总量绝对优势的比例（93.23%，参见表 5-1）来看，严复所译的汉语术语可能具有较高的经济指数；而英文原文词组型术语占比 54.84%，其术语经济指数可能较低。为验证上述猜想的正确性，计算术语经济指数。术语系统的经济指数用 E 来表示，公式为：

$$E=T/W^{①}$$

本研究将严复译著术语与原文术语分别作为基础数据，统计"术语经济指数"。本研究中英汉两种语言的术语数 T 可以从术语库中直接得到，即英文术语数和中文术语数分别为 1 220 条和 1 403 条，不同单词（或单字）总数 W 使用 AntWordProfiler 软件进行处理，处理结果中的 type 值即为 W 的值，因此就不难得出英汉两术语系统的"E"（即"术语经济指

---

① 参见冯志伟（1988：9）在《FEL 公式—术语形成的经济律》一文中提出的计算公式。

数"),具体数据参照下表:

表 5-11 汉语译著术语系统经济指数

T	1 403
W	630
$E=T/W$	2.23①

表 5-12 英文原著术语系统经济指数

T	1 220
W	1 477
$E=T/W$	0.83②

从上面两个表可以看出:在严复所译 8 部译著的术语中,1 403 条术语由 630 个不同的汉字组合而成,因此平均 1 个字构成 2.23 条术语,该术语系统的经济效率高;而在 8 部译著英文原文术语中,1 220 条术语由 1 477 个不同的英文单词组成,即平均每 1 个单词只构成 0.83 条术语,该术语系统的经济效率较低③。

比较后得出,汉译术语经济率远远大于原文术语经济率,因此,译著汉译术语系统,较原著英文术语系统,经济效应更高,这表明严复在译入原著术语时注重汉字的构词能力,尽可能用少量的汉字来表达原著术语的概念,一定程度上体现出术语翻译结果(即严复译名)在构造方面所具备的理据性与系统性。

作为中国近代杰出的翻译人士,严复对近代中国社会的发展进步作出了突出贡献,他翻译的诸多著作帮助开启民智、救亡国家,是近代中国带领人民觉醒的先驱。如前所述,本研究以严复翻译的孟德斯鸠法学作品《法意》、斯宾塞的社会学作品《群学肄言》、甄克斯政治著作《社会通诠》、赫胥黎进化论著作《天演论》、亚当·斯密经济学作品《原富》、约翰·穆勒哲学方法论巨著《穆勒名学》、耶方斯逻辑学作品《名学浅说》、

---

① 本框中的数字为四舍五入后的近似值,保留小数点后两位。
② 同上。
③ 冯志伟(2010:11)指出:"在大多数术语系统中,$E>1$;如果 $E\leqslant1$,则说明术语系统设计的经济效应不高。"

第五章 严复社会科学术语翻译的适应选择总体特征

约翰·穆勒政治方面的作品《群己权界论》为参考，从中整理出 1 403 对英汉译名术语对照表，以其为源数据，从 8 部译著的总体与个体分别出发，由点至面，对译名的术语特征、翻译策略与方法、术语经济率进行分析考察。

经统计发现，8 部原著中单词型术语居多，词组型术语多，而在 8 部译著中，汉语词组型术语居多，专业性强，且名词性特征明显。我们将英汉两种语言的差异考虑在内可以发现，严复在翻译 8 部著作时，对其内的译名进行了比较忠实的处理，尝试将原文传递的专业性知识和概念信息用汉语术语表达出来。换言之，严复在处理 8 部作品中的术语翻译时，尝试使用富含中国特色的语言向国民传达西方先进思想与文化，便利了受众的理解，加速了西方先进经验在中国的传播。在术语的经济性处理中，通过经济率计算，发现英汉术语均具有合理的术语经济率，汉语译著术语经济率较高于英语原著术语经济率。因此可以说，严复的翻译使得汉语术语系统完全体现出术语翻译的合理性与系统性。

5.1.2 严复译名的对译方法

目前翻译学界对翻译方法的分类未下定论，有学者持"直译"与"意译"的宏观分类，有学者提出"音译""省译""零翻译"等微观分类方法。本研究中，对译名翻译方法确定前，经过大量查阅资料，并手动逐个对译名进行翻译方法甄别，最终归类并整理其中存的在四种翻译方法："音译""直译""意译""音意结合"[①]。下文针对 8 部译著分别进行术语翻译方法的分析与解读。

首先，考察《天演论》译名汉译方法，详见表 5 - 13。在《天演论》这部译著的 58 条译名中，占比最高者是"意译"的翻译方法，占比 43.10%，如 free trade（大通商法）、logic（名学）等。其次为"直译"的翻译方法，

---

① 陈宏薇、李亚丹（2013：76）将翻译的常用方法划分为音译法、意译法、直译法以及加注法。其中音译法是指基于语音来"移植"意义；意译法是指"舍弃了词语的语言形式和字面意义，着眼于传达词语的文化信息"；直译法是指填补词义空缺的一种常用方法，既能使得译文简洁明快，又能保留源语的原汁原味；而加注法则是通过注释补充说明的方式来弥补文化差异，促进读者更好地理解译文。本研究基于这种分类，并将加注法（与音译、意译结合等）统称为音意结合。

占比为 29.31%，如 money price of labour（力役佣钱），corporation of trade（工联）等。再次为"音译"的翻译方法，占比为 27.59%，如 mile（迷卢），nerve（涅伏）等。

表 5-13 《天演论》译名翻译方法数量与占比表

翻译方法	条目数量	所占比例/%
意译	25	43.10
直译	17	29.31
音译	16	27.59
音意结合	0	0
总数	58	100

第二，考察《原富》译名汉译方法。《原富》译名汉译方法。本研究手动对严复译《原富》的 524 条译名进行翻译方法归类，并进行穷尽分析后发现，译者主要运用了"音译""意译""直译"的翻译方法，除此之外，还采取了"音意结合"的翻译方法。对 524 条译名的译法进行整理后，统计出各翻译方法在汉译中所占比例，如表 5-14 所示：

表 5-14 《原富》译名翻译方法数量与占比表

翻译方法	条目数量	所占比例/%
意译	266	50.76
直译	154	29.39
音译	85	16.22
音意结合	19	3.63
总数	524	100

可以看出，《原富》汉译 524 条译名中，"意译"翻译方法占首位，达到了 50.76%；"直译"的翻译方法居其次，占比 29.39%；再次为"音译"翻译方法，占比 16.22%；而占比最少的则为"音意结合"的翻译方法，仅为 3.63%。

第三，本研究通过手动对严译《法意》的 88 条译名进行翻译方法归类后，统计得出各译名翻译方法数量与占比表（表 5-15）。

第五章 严复社会科学术语翻译的适应选择总体特征

表 5-15 《法意》译名翻译方法数量与占比表

翻译方法	条目数量	所占比例/%
直译	33	37.5
意译	22	25
音译	20	22.73
音意结合	13	14.77
总数	88	100

可以看出,《法意》汉译 88 条译名中,"直译"翻译方法占首位,占比为 37.5%,而"意译"方法居其次,占比 25%,然后为"音译"翻译方法,占比 22.73%,占比最少的为"音译结合"对翻译方法,为 14.77%。

第四,《群学肄言》译名汉译方法考察。对《群学肄言》内的 57 条译名进行翻译方法的甄别,发现多数采用"意译"的翻译方法,占比 50.88%(参见表 5-16)。

表 5-16 《群学肄言》译名翻译方法数量与占比表

翻译方法	条目数量	所占比例/%
意译	29	50.88
直译	17	29.82
音译	8	14.04
音意结合	3	5.26
总数	57	100

可以看出,《群学肄言》内的 57 条汉译译名中,呈现"意译""直译""音译""音意结合"翻译方法数量逐个递减的趋势。

第五,《社会通诠》译名汉译方法考察,《社会通诠》内的 134 条译名中,采用"直译"翻译方法的译名居多,占比 41.04%,意译方法占比居第二位,比例为 30.60%,音译和音意结合分别为 26.12% 和 2.24%,详见表 5-17。由此可见,在《社会通诠》中,音译译名也没有数量优势。同样地,直译和意译的数量和超过了 70%。

表 5-17 《社会通诠》译名翻译方法数量与占比表

翻译方法	条目数量	所占比例/%
直译	55	41.04
意译	41	30.60
音译	35	26.12
音意结合	3	2.24
总数	134	100

第六，《穆勒名学》译名汉译方法考察。笔者对严译《穆勒名学》的344条译名进行翻译方法的甄别，将其归类后发现，严复主要运用"意译""直译"的翻译方法，也采用了"音译"与"音意结合"的翻译方法，各方法占比如表5-18所示：

表 5-18 《穆勒名学》译名翻译方法数量与占比表

翻译方法	条目数量	所占比例/%
意译	224	65.12
直译	90	26.16
音译	28	8.14
音意结合	2	0.58
总数	344	100

从上表中不难看出，严复在翻译 A System of Logic 时，采用"意译"翻译方法的最多，其次是采用"直译"方法。

第七，考察《群己权界论》译名汉译方法。对严复所译的《群己权界论》按照上述翻译方法进行整理后，发现译者运用最多的是"意译"的翻译方法，其后依次为"直译""音译"及"音意结合"的翻译方法，各翻译方法数量与占比如表5-19所示：

表 5-19 《群己权界论》译名翻译方法数量与占比表

翻译方法	条目数量	所占比例/%
意译	44	65.67
直译	17	25.37
音译	5	7.46
音意结合	1	1.49
总数	67	100①

---

① 本表中的占比数据均为四舍五入后的结果，合计为 99.99%，约等于 100%。

第五章　严复社会科学术语翻译的适应选择总体特征

可以看出，严复在翻译 *On Liberty* 时，运用较多的翻译方法是"意译"与"直译"翻译方法，分别占比 65.67% 与 25.37%。其次运用较少的翻译方法为"音译"，占比 7.46%，而"音意结合"翻译方法运用最少，仅有 1 处。

第八，《名学浅说》译名汉译方法考察。将《名学浅说》的 131 对英汉术语进行翻译方法的甄别后，发现严复在翻译时主要采用"意译"的翻译方法，其次关注于对"音译""直译"翻译方法的运用，而"音意结合"的方法在该译著中没有使用，具体如表 5-20 所示。

表 5-20　《名学浅说》译名翻译方法数量与占比表

翻译方法	条目数量	所占比例/%
意译	78	59.54
直译	40	30.53
音译	13	9.92
音意结合	0	0
总数	131	100①

综上所述，对 8 部译著总体译名汉译方法统计与分析，即将 8 部译著中的翻译方法进行合并、归类和统计，进而对严复总体翻译方法的倾向性和趋势做全面把握和总结，具体如表 5-21 所示。

表 5-21　8 部译著翻译方法数量与占比表

翻译方法	条目数量	所占比例/%
意译	729	51.96
直译	423	30.15
音译	210	14.97
音意结合	41	2.92
总数	1 403	100

将 8 部译著进行合并处理后，对其内的翻译方法进行整理，发现 8 部译著中，"意译"与"直译"的翻译方法占优势（如表 5-21）。这是由严

---

① 本表中的占比数据均为四舍五入后的结果，合计为 99.99%，约等于 100%。

复的翻译目标而决定的，他翻译这 8 部译著是出于拯救国家与国民的意愿，为传播西方先进思想与文化而服务。因此，严复的译著不应拥有过多的客观色彩，应该是将原文转化为中国国民容易理解的语言，用符合中国习惯的方法进行传播。而且，中西方差异之大，用完全"洋化"的语言进行处理，对中国文化弊大于利，严复出于上述考虑，在翻译时尽可能多地使用"意译"和"直译"的翻译方法，以传播西学概念、输入西学思想和文化知识。

同时，从 8 部译著分别来看，根据翻译方法占比递减的顺序排列，对严复 8 部译著译名的翻译方法进行排序，如下表所示：

表 5–22 8 部译著译名翻译方法排序

译著	数量第一	数量第二	数量第三	数量最少
《天演论》	意译	直译	音译	音意结合
《原富》	意译	直译	音译	音意结合
《法意》	直译	意译	音译	音意结合
《群学肄言》	意译	直译	音译	音意结合
《社会通诠》	直译	意译	音译	音意结合
《穆勒名学》	意译	直译	音译	音意结合
《群己权界论》	意译	直译	音译	音意结合
《名学浅说》	意译	直译	音译	音意结合

由上表可以看出，有 6 部译著呈现出"意译、直译、音译、音意结合"递减的翻译方法，另外 2 部不一致的情况体现在直译和意译的多寡排序问题，即《法意》和《社会通诠》这 2 部译著中直译比意译的占比还要高，此两种译法分列第一、第二。从这个意义上来看，严复在翻译社会科学术语时，语言层面做出了对比分析，而不是依赖音译[①]的翻译方法，这也验

---

① 近代以降，学界在对严复译名的经验及教训进行分析时，往往会提出的一种观念是严复译名多为音译而来，很难传递西学的重要概念，如冯天瑜（2004）、陈力卫（2012，2014）、沈国威（2010）等。本研究通过数据统计分析发现，在专有名词层面（如前所述，没有纳入本研究的考察范围），的绝大多数的严复译名是音译而来，但实际上在社会科学术语（特别是其中重要概念）的汉译问题上，严复尽可能多地采用了意译和直译的方法。如表 5–22 所示，这两种翻译方法占比超过了80%。因此，断言严复译名因为音译过多导致失传，似乎不妥，有待商榷。

证了其"一名之立,旬月踟蹰"的艰苦探索。

5.1.3 严复译名的用词偏好

本研究通过对严译术语库存储的中文译名进行词频统计①和分析,得出了严复译名的用词情况,其中排名前十的汉字列表如下,词频最高的是"之"。毋庸置疑,文言文"之"的使用体现出严复语言特征,风格、文体和语体等方面的倾向性。

表 5-23 严译术语库汉语译名词频统计(频率最高的前十位字词)

序号	字词	出现次数	出现频率/%
1	之	209	4.734 9
2	学	50	1.132 8
3	词	46	1.042 1
4	法	43	0.974 2
5	名	39	0.883 6
6	理	37	0.838 2
7	制	34	0.770 3
8	物	33	0.747 6
9	特	30	0.679 7
10	主	29	0.65 7

从语言风格上来说,"之"字使用体现出严复对文言文的青睐与信任;从文体上说,严复主要想通过相对严谨和儒雅的文风来表达术语的核心含义,同时契合译著全文的行文风格;从语体上说,"之"字的使用体现出十分正式甚至僵硬的语体,增强了术语表达乃至译文的文言文特性,也体现了严复在术语译名的用词上倾向于秉承古雅风格,具体举例见表 5-24。

---

① 本研究使用的词频统计分析平台由爱汉语-语料库在线网站提供,该网站的链接如下:http://www.aihanyu.org/cncorpus/CpsTongji.aspx。

表 5-24 "之"字译名使用举例

英文术语	严复译名	译名出处
average wages of labour	功力庸钱之通率	《原富》
balance of trade	进出之差	《原富》
bursary	你助之费	《原富》
Catastrophists	地质学家之更始派	《穆勒名学》
Categorical proposition	径达之词	《穆勒名学》
Civil or social liberty	群理之自繇	《群己权界论》
civil power	使众之权	《原富》
collective term	摄最之端	《名学浅说》
Constructive injury	缔合之害	《群己权界论》
Contradictory proposition	互驳之词	《穆勒名学》

从表 5-24 中的例子不难看出，严复使用"之"字可以使得译名较为简洁，有利于理清译名内部相关概念的组合关系。笔者对严译术语库中"of"与"之"的匹配情况进行了统计和比对，进一步验证了严复在用词偏好上对于古雅风格的追求与坚守。

表 5-25 严译术语库中"of"与"之"匹配统计

术语构成字词	匹配条目数量	总条目数（及占比/%）	匹配词频统计	总词频数（及占比/%）
从之看 of	63	214（29.44）	82	245（33.47）
从 of 看之	64	205（31.22）	67	209（32.06）

从表 5-25 可以看出，严复在对于含有"of"的英文术语的翻译时，并没有完全使用含有"之"字的汉译术语与之匹配，其中相关匹配的条目数占比为 29.44%，总词频数占比为 33.47%。由此可见，严复在翻译英文术语时的措辞方面并非完全僵化和循规蹈矩，而是有一定的自由度和灵活度。

同时，在严译术语库中含有"之"的术语达到 209 条，其中只有 64 条英文术语含有"of"，其余 145 条术语均不含该词，这表明严复在汉语译名中对于"之"字的使用较多，用以表达相关概念之间的组合关系，而这种用词偏好呈现了其译名中彰显的古雅文风。

第五章 严复社会科学术语翻译的适应选择总体特征

5.2 概念层面的适应选择特征

概念层面的适应选择特征主要包括严复译名的概念对等方法、概念传播倾向以及概念系统建构三个方面。本节将逐一对此三方面进行统计分析。

5.2.1 严复译名的概念对等方法

严复在其译作中是如何处理社科术语,又是如何与中国文化概念对接的,这一点值得我们剖析。根据严译术语库的译名统计情况,现将严复在术语译名的概念对应方面的处理方法分为三种,即对应输入、概念汉化及概念融合[①]。基于严译术语库的相关统计分析,笔者发现严复在8部译著中对这3种方法的使用如表5-26所示。

表 5-26 8 部译著核心概念的对应特征统计表

概念特征	条目数量	所占比例/%
概念汉化	1 169	83.32
对应输入	184	13.11
概念融合	50	3.56
总计	1 403	100[②]

从上表可以看出,概念汉化是严复在出社会科学术语概念是使用最多的方法,相关条目数量达到 1 169 条,占比为 83.32%,可见严复在翻译 8

[①] 对应输入是指在术语概念译介过程中,中西概念基本吻合或相近相似时,译者可以通过直接引入的方式来处理;概念汉化是指通过中国的概念来加工处理西学概念;这种方法往往为了迎合目标语受众或者出于翻译的某种目的;概念融合则是指在中西文化之间找到一定的平衡点,进而将相关概念进行了合并分析和调整处理。在翻译过程中(包括术语翻译),概念融合往往会发挥出翻译的优势,"处于'杂合'状态的语言文化汇合了两种语言、文化的特征,经过吸收与融合过程后,常会获得一些本不曾具有的优点,实现对原来文化的优化与超越"(孙会军、郑庆珠,2003:296)。

[②] 本表中的占比数据均为四舍五入后的结果,合计为 99.99%,约等于 100%。

部西学名著时竭力在中西思想和知识体系之间搭建概念传递和译介的桥梁，尽可能用中学来阐释西学，用中国文化理念来解读西学理念。严复在中西之间对语言生态环境进行了对比分析，并且做出了概念对等方法的选择，即通过尽可能多地适应概念汉化，酌情使用对应输入和概念融合。从上表中的对应输入的数量和占比来看，相关条目为 184 条，占 13.11%。由此可见中西学术思想在概念层面对应的比例十分有限，这在近代中国社会实属正常，相较于欧美发达国家，当时国内的政治、经济、外交和学术基本处于被动、劣势、相对封闭和停滞的状态。而概念融合出现了 50 条，占比 3.56%，这是严复尝试在中西文化和学术思想之间寻求一种契合点，建构一种平衡，这些译名的推出是严复在自身深刻领悟中西文化的基础上，所做出的有益尝试。一方面，体现了他对中学和中国文化的信心与期许，另一方面，也表明了他对西学价值的肯定及其对于传播西学的决心。而这一点从严复对于洋务派所谓"中学为体、西学为用"①的论断持否定态度，并作了以下论述：

> 体用者，即一物而言之也。有牛之体，则有负重之用；有马之体，则有致远之用。未闻以牛为体，以马为用者也。中西学之为异也，如其种人之面目然，不可强谓似也。故中学有中学之体用，西学有西学之体用，分之则并立，合之则两亡。议者必欲合之而以为一物。且一体而一用之，斯其文义违舛，固已名之不可言矣，乌望言之而可行矣？
>
> ………
>
> 一国之政教学术，其如具官之物体欤？有其元首脊腹，而后有其六府四支；有其质干根荄，而后有其支叶华实。使所取以辅者与所主者绝不同物，将无异取骥之四蹄，以附牛之项领，从而责千里焉，固不可得，而田陇之功，又以废也。②

不难看出，严复注重中西文化对比分析，认为中学、西学均有各自的

---

① 一般简称"中体西用"，转引自张之洞著、李忠兴评注的《劝学篇》，中州古籍出版社，1998。
② 严复：《与〈外交报〉主人书》，转引自王栻《严复集》第三册（书信），中华书局，1986，第 558 - 559 页。

第五章　严复社会科学术语翻译的适应选择总体特征

体用,体用二者不可拆分。当然,严复在中西学思想层面也存在一定的前后矛盾和摇摆不定的情形。周振甫(1996)概括严复思想分为三个阶段,即"全盘西化""中西折中"及"返本复古"。就早年和盛年而言,严复主张全盘西化,而在晚年,他愈发感悟出中学的价值,临终前告诫晚辈和后学不可忘记中学之根本。黄克武(2012)对严复思想变化的评价较为客观,认为严复前后期思想虽有调整和迂回,但其思想精髓是统一的,激进时不忘传统理念,晚年保守却也不丢西方的自由民主。

5.2.2　严复译名的概念传播倾向

从概念传播的角度,对术语翻译策略进行统计分析,即考察术语概念在术语翻译过程中通过异化和归化策略进行跨语传播的占比情况和具体表现。异化、归化是韦努蒂(Venuti,1995:20)年提出的一对概念,是从文化研究视角来看翻译。王东风(2008)指出在韦努蒂之前中国就有类似异化和归化的思想出炉,鲁迅、刘英凯等提出了"异化"的思想,后者更是对异化和归化进行了对比。

对8部译著的原文及译文术语进行分析后,笔者发现二者存在异同之处。如前所述,严复翻译8部西方著作是出于救亡图存、唤醒民智的目的。要想将原著的思想与理论进行恰到好处的传达,势必要在翻译时,灵活运用翻译策略。目前学界针对翻译策略的分类不外乎"异化"与"归化",它们作为翻译的指导方向,对源语与目标语有不同的侧重。异化法(Foreignizing Translation or Foreignization)和归化法(Domesticating Translation or Domestication)是公认的描写翻译策略的两个术语。异化是指,抛开目标语语言,保留源语语言和文化,对目标语而言,做到"异"。而归化是指,抛开源语语言,传承目标语语言与文化,为目标语读者的语言习惯和思维考虑,对目标语而言,做到"归"。

异化和归化是国内外翻译学界比较关注的一对概念,也是译者在术语翻译时需要考虑的重要方面。严复在8部译著中的术语译名生成、选择和适应的过程中,采取了何种策略,有何价值取向,可以从严译术语库中进行统计分析。本研究对严复在社会科学术语翻译过程中的概念翻译策略进行了考察,根据相关统计显示,在8部译著的核心概念译名中,归化策略、异化策略、合并策略以及双重策略①均有体现，具体数据如表5-27所示。

表5-27 严译概念传播的翻译策略统计表

策略名称	具体数量	所占比例/%
归化策略	1 172	83.54
异化策略	188	13.40
合并策略	28	2.00
双重策略	15	1.07
总数	1 403	100②

经过查阅和对比分析8部译著中的汉语译名，手动进行翻译策略的归类，并请同行专家审核的方式，统计分析后发现严复主要运用"归化"策略传达原文思想。例如，严复笔下的《法意》作为介绍西方国家宪政制度的译著，用以传达西方法治体系与治国之道。要将此类思想传达给国民及统治者，就要运用符合国人用语习惯的话表达，因此严复在翻译时使用"归化"的翻译策略。同时，《群学肄言》、《天演论》与《社会通诠》也运用"归化"的翻译策略，如 Case laws（开事律）、Abstract science（玄学）、Organic Science（间科）、Minor patriarch（支长）等。这些译著中关涉的哲学、政治和社会学的思想，分别通过介绍个人与集体关系、政治发展规律与历史、进化论与学术思想向国人传达西方先进经验。严复运用"归化"的翻译策略，方便国人对西方理论的理解，有助于译著在中国的发行与流通。

严复在翻译《原富》（*An Inquiry into the Nature and Causes of the Wealth of Nations*）时，胸怀国家与国民的命运，意图是将国外的先进理论用国人容易接受的语言传达，因此，严复在翻译该书时，运用"归化"的翻译策略，以便于国人理解，进而易于西方资本主义经济先进经验在中

---

① 根据学界对归化、异化策略的界定，归化针对目标语读者，尽可能用目标语文化来阐释和表述源语概念及含义，而异化则更多地保留异域色彩，通过翻译来体现出文化的多样性和异质性。本研究中提出的双重策略是指在不同语境中译者使用了不同策略来对同一个术语进行了翻译，进而给出了不同译名，而合并策略是指在同一个术语译名翻译时将两种策略融合起来使用，多见于词组型术语的处理和翻译。

② 本表中的占比数据均为四舍五入后的结果，合计为100.01%，约等于100%。

国传播。严复是根据当时的社会境况与译者主体而采取了此番翻译策略。需要指出的是,逻辑学、哲学属于人文类学科,主观意识较强,因此严复在翻译《穆勒名学》(*A System of Logic*)时,秉持着为国人传播西方先进理念的意识,将约翰·穆勒的逻辑学思想用有中国特色的语言表达。严复运用这种"归化"的翻译策略,使得西方的逻辑学思想容易被国人接受。这种易于被读者理解的翻译策略值得学习和推广。同样,严复运用"归化"的翻译策略,将《名学浅说》(*Primer of Logic*)中的西方先进理论介绍给中国国民,用他们熟悉的语言,用容易被理解的词汇,表达出逻辑学的专业知识,充分体现其读者观照的意识。通过运用"归化"的翻译策略,严复将西方先进的自由主义思想,用中国国民易于接受的语言表达出来,便利中国人的理解,加速西方先进思想在中国的传播,有助于自由意识在中国的传播。

5.2.3 严复译名的概念系统建构

根据严译术语库核心概念术语,分别对英文术语进行词频统计(AntConc 软件)和中文译名进行词频统计(语料库在线网站,如前所述),现列表如下,用以对比分析术语译名概念系统特征。通过对比前 30 位词频较高的英汉术语不难发现,严译术语库在概念系统上与原文概念系统存在一定的对应关系,如中文汉字一列的学、法、名、物等与英文单词一列的 science、law、name、things 等基本吻合,但频次区别较大。从术语学对术语译名一一对应[①]的基本要求来看,严译术语库中概念系统没有做到在类别、层级上的一一对应。当然,在严译术语库中,英汉两类术语具备一定的关联性。这种概念系统的类别和层级的精确度不高、关联性一般,这也体现出严复在社会科学术语翻译过程适应与选择,即严复并非要将西学概念的原原本本、完完整整地译介至中国,而是有所取舍、有所保留地选择了与中国文化紧密相关,与近代中国社会的国计民生环环相扣的概念进行了诠释和译介。

---

① 术语命名理想状态是一个术语匹配一个概念,随之而来的术语翻译则也要求一个原文术语匹配一个译名,这种理论上的一一对应关系往往在术语实践和翻译过程中被打破。严复社会科学术语翻译过程亦是如此。

表 5-28 严译术语库术语概念系统对比表（频次前三十位）

序号	中文汉字	出现次数	英文单词	出现次数
1	之	209	of	245
2	学	50	law	60
3	词	46	proposition	28
4	法	43	general	21
5	名	39	government	18
6	理	37	name	18
7	制	34	price	17
8	物	33	term	17
9	特	30	trade	16
10	主	29	labour	15
11	自	28	nature	15
12	例	27	science	15
13	教	26	liberty	12
14	力	25	money	11
15	大	24	philosophy	10
16	公	24	political	10
17	斯	24	exchange	9
18	民	23	method	9
19	尔	22	property	9
20	税	22	things	9
21	者	22	difference	8
22	治	22	free	8
23	德	21	power	8
24	人	20	rent	8
25	术	20	system	8
26	通	19	cause	8
27	质	19	causes	7
28	宗	19	civil	7
29	国	18	conversion	7
30	罗	18	negative	7

第五章 严复社会科学术语翻译的适应选择总体特征

从上表可以看出，严复译名建构的概念系统主要围绕学、法、名、人、教、理、德、治、术等一系列重要概念而形成了一个庞大的知识体系和复杂的概念网络。对于近代中国社会而言，这种知识体系和概念网络不仅冲击了当时业已存在的思想体系，而且引入的许多新概念、新思想为西学知识和学术涵养的注入找到了切入点和突破口。译名的优胜劣汰、翻译的成败与经验教训只是术语翻译的一些方面，而通过术语翻译带来的知识冲击和概念建构为近代中国社会的受众和学界在开拓视野及发展学术打下了基础，也为随后的西学思想（包括借道日本的西学）的进一步传播铺平了道路。

5.3 交际层面的适应选择特征

术语翻译在语言层面和概念层面之外，还有交际层面的适应选择，本节将从严复译名的文本语境影响及严复译名的概念系统影响两个角度来探讨交际层面的适应选择特征。

5.3.1 严复译名的文本语境影响

下面将通过对重要概念的个案进行比照分析，考察严复术语译名的语境特征。"天演"和"进化"是《天演论》中的一对关键词。基于统计，在《天演论》（*Evolution and Ethics*）中 evolution 一词出现频次为 69，《天演论》中"天演"一词出现频次为 80。笔者将含有 evolution 一词的原文与相对应含有"天演"一词的译文进行匹配，将对等程度划分为"少量对等、基本对等、较多对等和完全对等[①]"四个层级，具体的匹配标准和结果如表 5-29 所示。

---

① 此处的对等主要是指术语及其译名所出现的英汉语境中的匹配情况，少量对等、基本对等、较多对等和完全对等分别是指在主题、思想和句子大意方面英汉两种表述相关度情况，大致匹配程度分别处于 20%、50%、70% 及 90% 的一个范围。需要指出的是，目前学界没有一个权威或者达成共识的量表，本研究旨在抛砖引玉，初步进行术语语境的比照分析。

表 5-29 "天演"与"Evolution"比对表

对等程度	对等程度说明	句/段对数	举例（英文原文）	举例（中文译文）
少量对等	原文与译文有少量具有实义的词语（主要是名词、动词、形容词）能对应，但整句/段含义相似度很低	13 对	They also have seen that the cosmic process is evolution; that it is full of wonder, full of beauty, and, at the same time, full of pain. They have sought to discover the bearing of these great facts on ethics; to find out whether there is, or is not, a sanction for morality in the ways of the cosmos.	六合之内，天演昭回，其奥衍美丽，可谓极矣，而忧患乃与之相尽
基本对等	尽管原文与对应译文表述上有所不同，但两者意思相近	1 对	In discussions on these topics, it is often strangely forgotten that the essential conditions of the modification, or evolution, of living things are variation and hereditary transmission. Selection is the means by which certain variations are favoured and their progeny preserved. But the struggle for existence is only one of the means by which selection may be effected. The endless varieties of cultivated flowers, fruits, roots, tubers, and bulbs are not products of selection by means of the struggle for existence, but of direct selection, in view of an ideal of utility or beauty.	自其反而求之，使含生之伦，有类皆同，绝无少异，则天演之事，无从而兴。天演者以变动不居为事者也。使与生相待之资于异者非所左右，则天择之事，亦将泯焉。使奉生之物，恒与生相副于无穷，则物竞之论，亦无所施。争固起于不足也。然则天演既兴，三理不可偏废。无异、无择、无争，有一然者，非吾人今者所居世界也
较多对等	表述方式和含义均大致相同	2 对	As a natural process, of the same character as the development of a tree from its seed, or of a fowl from its egg, evolution excludes creation and all other kinds of supernatural intervention.	故用天演之说，则竺乾、天方、犹太诸教宗所谓神明创造之说皆不行。夫拔地之木，长于一子之微；垂天之鹏，出于一卵之细
完全对等	表述方式和含义完全相同	0 对	—	—

第五章　严复社会科学术语翻译的适应选择总体特征

通过对比，我们不难发现，能够找到与原文对等的译文句子/段数量少，其中对等程度高的更是寥寥无几。在《天演论》构成的语料中，没有对应英译段落的中文文本占到了"75％以上"[①]。由此可推断，"天演"一词在文中并非主要用于逐字逐句翻译原文，严复用了大量的笔墨来解释"天演"之事、"天演"之说、"天演"之义、"天演"之秘等，而这些阐述里融合了他个人的思想，也就是说，他采用了变译的方式来处理原文，即"译者根据特定条件下特定读者的特殊需求，采用增、减、编、述、缩、并、改等变通手段摄取原作有关内容的翻译活动"（黄忠廉 2002：96）。从术语翻译的角度来看，严复更注重的是从中国经典文化中找到合适的字词来诠释西学重要概念，"天演"便是一个重要的例子。中国传统文化历来重视"天"，严复使用"天演"来表征"evolution"，旨在适应中国文化对"天"的推崇，"天演"译名十分符合当时士大夫阶层的思想观念和价值理念，也符合普通受众的思维方式。

5.3.2　严复译名的概念系统影响

通过对严译术语库的检索、比对分析，严复术语译名的历时考察结果呈现出总体一致性或高或低，但核心概念一致性比较强的特征。

第一，总体一致性不高是指，严复在多部译著中，相同或相近的术语译名能够做到基本一致，如表 5-30 中，严复对 proposition 的理解和表达，做到了统一，即使用词来定位，虽然其搭配没有做到完全统一。

表 5-30　多部译著译名历时特征举例（基本一致）

英文术语	汉语译名	译名出处
particular affirmative proposition	偏谓正词	《穆勒名学》
particular negative proposition	偏及副词	《名学浅说》
particular negative proposition	偏举负词	《穆勒名学》
particular proposition	偏及之词	《名学浅说》
particular proposition	偏谓之词	《穆勒名学》

---

① 75％的这个数据转引自黄忠廉：《变译平行语料库概说——以严复〈天演论〉为例》，《外语学刊》2009 年第 1 期，第 116 页。

第二，从历时角度来看，严复译名中有一些原文术语相同表达或相近表达，其中文译名没有做到前后统一，往往呈现出大多不一的特征，如表5-31中对politics（political）相关概念和术语的理解与表达未能做到统一。中文译名多半不一致。

表5-31　多部译著译名历时特征举例（大多不一）

英文术语	汉语译名	译名出处
political economy	计学	《群学肄言》
politics	治制论	《法意》
political liberty	自繇国典	《群己权界论》
political rights	民直	《群己权界论》
political representation	代表	《社会通诠》
politics	治术论	《社会通诠》
politics	治制	《社会通诠》
politics	波里狄思	《社会通诠》
political nature	群性	《天演论》
Political Reflections upon Commerce and Finances	商政录	《原富》

第三，从历时角度对比分析严复译名，尚有一些译名完全不一样的情况，如表5-32中，对于metaphysics的理解和表达出现了完全不一样的译名，无论在《穆勒名学》和《原富》两部译著之间，还是各自译著内部，译名均没有做到统一。

表5-32　多部译著译名历时特征举例（完全不一）

英文术语	汉语译名	译名出处
metaphysics	理学	《穆勒名学》
metaphysics	美台斐辑	《穆勒名学》
metaphysics	心学	《原富》
metaphysics	密达斐辑格斯	《原富》
metaphysics	神理之学	《原富》

第四，在对严复译名的历时考察中，本研究还发现部分译名也存在多部译著中较多一致的情况，如logic在《天演论》《原富》《穆勒名学》《名

第五章 严复社会科学术语翻译的适应选择总体特征

学浅说》中除了个别情况的音译之外，基本做到了在多部译著的一致，大多使用"名学"来对译。

表 5-33 多部译著译名历时特征举例（较多一致）

英文术语	汉语译名	译名出处
logic	名学	《名学浅说》
logic	名学	《穆勒名学》
logic	名学	《天演论》
logic	名理之学	《原富》
logic	名学	《原富》
logic	逻辑	《穆勒名学》

当然，从历时角度来看，deduction 和 induction 这两个术语在《原富》、《穆勒名学》及《名学浅说》3 部原著中是十分重要的概念，严复对于这类十分重要的概念，真正做到了"一名之立、旬月踟蹰"，而且保持了译名的前后统一性，详见表 5-34。

表 5-34 多部译著译名历时特征举例（完全统一）

英文术语	汉语译名	译名出处
deduction	外籀	《名学浅说》
deduction	外籀	《穆勒名学》
deduction	外籀	《原富》
induction	内籀	《名学浅说》
induction	内籀	《穆勒名学》
induction	内籀	《原富》

5.4 本章小结

本章题为"严复社会社科术语翻译的适应选择总体特征"，即主要结合术语库的统计分析，对严复 8 部译著中的社会科学术语组成类型、翻译方法进行梳理、统计与分析。具体说来，本章不仅对每一部译著展开相关统计分析，而且对 8 部译著的总体情况进行考察，从而对严复社会科学术语翻译的结果（即严复译名）展开了宏观与微观相结合的多视角、多层面的探讨与分析，涵盖严复术语译名语言形式特征、语言转换特征以及语言对等特征的三个方面，同时对严复术语翻译在概念层面的适应选择情况做了探究，包括概念对应特征、概念传播倾向以及概念系统特征三个维度，最后在交际层面展开了分析，分别探讨严复术语译名的语境特征及历时特征两个方面。

基于统计数据和相关分析，严复社会科学术语翻译的总体特征呈现为以下几个方面：名词性复合型术语居多，音译方法占多数，但严复在核心术语的概念翻译时十分慎重，并努力通过意译和格义相结合的方式来进行，尽量在汉语中找寻与原文术语相近、相关的对等词语，并不厌其烦地进行造词，以求译名的理据性、透明性及其对中国文化内涵的映射；严复在概念层面的适应选择，往往采用归化的翻译策略，尝试用中国古典文化思想来诠释和译介西学思想，概念系统方面没有与西学译著中的概念完全对等，主要是通过汲取其中主要思想，并融合自己对近代中国社会形势和急切需要的精神食粮来展开概念的重塑与建构；在交际层面，严复没有对所有术语译名做到前后完全一致，只是对其中核心概念做到了历时的一致性。严复在上述三个层面的适应选择有其主观的考虑因素，也有客观因素的制约，主客观因素的深入分析有待于第六章和第七章中展开。

第六章
严复社会科学术语翻译的适应选择机制

众所周知,严复著译丰富,其中尤以《天演论》《名学浅说》《原富》《法意》《社会通诠》《群己权界论》《穆勒名学》《群学肄言》等 8 部译著流传最广。在西学东渐的浪潮中,严复是第一批通过翻译直接译介西学思想的翻译家。严复对译名十分慎重,胡适曾对严复的翻译用心做出评价:"'一名之立,旬月踟蹰;我罪我知,是存明哲。'严译的书所以能成功,大部分是靠着'一名之立,旬月踟蹰'的精神,有了这种精神,无论用古文白话,都可以成功。"[①]

译名之慎重往往伴随的是翻译过程之艰辛。因此,研究严复译名对描述和阐释近代中国的西学翻译活动颇具意义,从大师的译作出发,能为今天的翻译理论与实践、术语翻译研究提供有益的历史参照。鉴于此,本章将从适应选择的多重性、过程性和交互性三个维度展开,探讨严复社会科学术语翻译的适应选择机制。

6.1 严复译名适应选择的多重性

严复社会科学术语翻译的适应选择机制具有其多重性,具体表现为对源语术语、译语受众及已有译名的适应选择,本节将逐一阐述多重性的三种具体表现。

6.1.1 对源语术语的适应选择

在严复的译著中,影响最大的当属第一部译著《天演论》,原著为英国学者赫胥黎笔下的 *Evolution and Ethics*,研究《天演论》中的译名,有助于考察当时特定历史文化背景,总结和归纳严复的翻译思想,并多角度分析严复社会科学术语翻译中的适选机制。当然,如前文所述,严复所译 8 部作品时正处于 19 世纪和 20 世纪交替之际,当时的中国社会也正经历着政治、经济、军事、文化等多个层面的变革,严复对于源语术语的适应选择方面有其自身的考量。

首先,严复在译例言中明确提出"信、达、雅"的三字方针,并表明

[①] 转引自欧阳哲生:《严复评传》,百花洲文艺出版社,2010,第 61~62 页。

第六章 严复社会科学术语翻译的适应选择机制

自己参照鸠摩罗什的译法,"取便发挥""随举随释"。严复翻译注重"达旨",既体现了适应与选择的思想,也历经了适应与选择的过程。例如,严复在文风上可以选择桐城派文风,抑或其他文风;在翻译策略上可以选择节译或者全译,抑或变译等;还可以选择音译、意译或者音译意译结合等方法来翻译译名。在众多选择过程中,严复应当是权衡了许多因素,所以其译名源于古代、取法先人、惠及时贤、别于西方(黄忠廉,2009;2016:197-206)。

其次,严复具有强烈的读者关照意识。近代中国社会不仅受到西方的电光生化、坚船利炮的强烈冲击,西方学术思想也为蒙昧的晚清社会带来了滋养。而如何领会和吸收这些新鲜的学术思想便是晚清社会面临的一大问题。严复深刻认识到国人在哲学、逻辑学、社会学、生物进化论等多方面的知识欠缺,例如在翻译《天演论》中特意添加了许多按语,并将原文中的两部分细分为卷上、卷下,分别包括18和17小节,且给各小节命名标题(详见表6-1),严复如此的铺陈安排都是为了给读者提供便利,给他们背景知识储备,引导他们理解译者的思路和用意。

表6-1 《天演论》卷别与章节编排一览

卷上		卷下	
察变第一	择难第十	能实第一	佛法第十
广义第二	蜂群第十一	忧患第二	学派第十一
趋异第三	人群第十二	教源第三	天难第十二
人为第四	制私第十三	严意第四	论性第十三
互争第五	恕败第十四	天刑第五	矫性第十四
人择第六	最旨第十五	佛释第六	演恶第十五
善败第七	进微第十六	种业第七	群治第十六
乌托邦第八	善群第十七	冥往第八	进化第十七
汰蕃第九	新反第十八	真幻第九	—①

最后,严复在《天演论》中遣词造句十分讲究,用心良苦,在音、形、义等多个层面尽可能做到"归化",即以中国古典文化来诠释、解读

---

① 注:表格中"—"的符号表示此栏为空。

和传播西学思想。所谓"一名之立,旬月踟蹰;我罪我知,是存明哲。"《天演论》全文沿袭桐城派文风,字的平仄也下了大功夫,音调铿锵,备受桐城派著名学者吴汝纶的称赞,"足与周秦诸子相上下"(苏中立、涂光久,2011)。

6.1.2 对译语受众的适应选择

本节以《天演论》译名为例,对比分析严复社会科学术语翻译的权重情况,借以阐述严复在社会科学术语翻译中对译语受众的适应选择。《天演论》作为严复的第一部译著,凝聚着严复的翻译思想,其译名策略、译名方法、译名结果等方面均体现其深邃的翻译思想。

严复译名中大多未能保存下来,只有少量译名沿用至今,如乌托邦(Utopia)和丹麦(Denmark)等。而对于核心概念的译名翻译来说,严复则没有首选音译法,而是将意译的方法作为首选,并且直译的比重与音译持平。由此可见,严复对于核心概念的重视程度很高,也尽心尽力为核心概念的翻译配以他认可的汉语表达。

从《天演论》全文来看,严复在译名方面做出了许多努力,呈现了自己的特色,如界定内涵、创立新名、寻根溯源、重新创译,不生歧异、译名统一等(杨红,2012)。另外,严复分别给译文卷上和卷下共35篇短文添加小标题,而且基本都是双字词,能巧妙地反映各篇的主旨大意,这是一种大胆的创新。或许这正是鲁迅佩服严复的一个独到之处,"究竟是做过赫胥黎《天演论》的,的确与众不同;是一个19世纪末年中国感觉锐敏的人"[①]。

《天演论》的译名影响深远,严复的许多译名及其方法极大丰富了汉语词汇的创制,推动了词汇意义的内部变化,唤起了人们对儒家学术思想的再度重视及中西融通的积极尝试,有效地推动了西学东渐的纵深发展。令人遗憾的是,从今天的汉语词汇来看,严复笔下的许多译名大多被历史封存,只有少量如"乌托邦""丹麦"等译名完全保留,而从日本流入近代中国的许多汉语译名取代了严复译名,并传播开来,且多数沿用至今。

---

① 转引自苏中立、涂光久:《百年严复——严复研究资料精选》,福建人民出版社,2011年第314页。

第六章　严复社会科学术语翻译的适应选择机制

基于胡庚申（2013）对生态翻译学的建构与研究，生态翻译学通过对翻译生态与自然生态的同构隐喻，尝试建构是一种从生态视角综观翻译的研究范式，注重生态整体主义的理念，彰显东方生态智慧，将翻译实践、翻译问题等置于"适应/选择"理论框架来考察，进而系统探讨翻译生态、文本生态和"翻译群落"生态及其相互关系和相互作用，旨在从生态视角对翻译生态整体和翻译理论本体进行综观和描述。严复译名在近代中国特定的历史环境下生成，具有鲜明的时代特色和倾向性，也融入了严复本人对翻译本体、译名策略与方法、中西文化接触等方面的深入思考。结合生态翻译学的研究范式探讨严复译名具有理论价值和现实意义。

如前所述，结合《天演论》翻译的社会历史背景，能为分析严复译名提供分析依据。严复翻译 8 部译著的时期已然有三类翻译群落，即来华传教士、中国本土翻译人员及日本汉学翻译人员等。所谓翻译群落是指与特定翻译活动的发生、发展、操作、结果、功能、效果等彼此影响相互作用的、与翻译活动相关的"诸者"的集合体。翻译群落以译者为代表，同时包括原文作者、译文读者、译品评论者、译文审查者、译著出版者、营销者、译事赞助者或委托者等等（胡庚申，2013：16，92）。

此外，晚清时期的特定历史文化语境造就了中国汉语的特殊生态环境。日本在明治维新以后的迅速崛起撼动了中国文化在汉字文化圈的核心领导地位，汉语生态也在悄然发生变化。而伴随汉语生态变化的则是翻译生态系统的演变。翻译生态系统涉及社会、交际、文化、语言等诸多方面的系统，一如自然生态系统，它具有一定的空间结构和时间变化，同时具有自动调控功能并且具备开放性。因此仿照自然生态系统的定义，翻译生态系统可定义为：在一定的时间和空间范围内，语言与语言之间、翻译要素和非翻译要素（如社会、交际、文化等等）之间，通过不断的物质循环和能量流动而形成的相互作用、相互依存的一个翻译学功能单位。翻译生态系统有广义和狭义之分：狭义的翻译生态系统可以理解为翻译生态环境。晚清社会的特定历史文化背景便是《天演论》的翻译生态环境，历史文化背景中的诸多因素都影响着《天演论》的翻译风格、翻译策略及译名生成等。

通过借鉴生态翻译学的研究范式，我们可以对严复译名进行系统探讨和深入研究，分析在严复译名生成过程中，严复作为译者与外界环境的相互联系、相互作用的状态。简言之，通过考察严复译文在语言、文化、交际等多维度的适应性选择，分析翻译生态环境因素如何具体影响译者的选择。一般来说，译作"选择性适应"和"适应性选择"的程度越高，其"整合适应选择度"也越高。从生态翻译学的角度来看，最佳翻译往往就是"整合适应选择度"最高的翻译（胡庚申，2013：19）。从大多数严复译名来看，其整合适应选择度不是很高，译名过于尔雅，并且大量的音译势必不利于读者接受和广为流传。

《天演论》作为严复的发轫之作，开启了严复通过译介西学"鼓民力、开民智、新民德"的奋斗历程。从译名来看，严复有许多考虑。首先，严复翻译《天演论》时心中的主要读者定位为知识分子和士大夫阶层，因此在文风选择方面，自然沿用桐城派的写作形式，用词审慎、平仄考究。其次，严复对中国传统文化的坚定信念，对儒家思想的大力推崇，也洋溢于译文的字里行间。就译名而言，严复用许多来自儒道佛等思想流派的用词用语，来构建和诠释中文语境下的"物竞天择、适者生存"的思想。译名之难不言而喻。在愚昧落后的晚清和文明高度发展的西方之间有一道鸿沟，如何达成思想的有效沟通、概念的跨文化传播以及中西文化的优势互补？或许并非一人之力所能为。而这种差异从日本译介兰学、西学与晚清译介西学的对比中可见一斑。日本兰学家、西学翻译人员数量庞大，而晚清时期，尤其甲午海战败北之后的两年中（也即《天演论》问世之际），严复可以说是孤军奋战。译员人数和时间投入的多寡自然造成翻译生态，特别是译名生态的悬殊。

6.1.3 对已有译名的适应选择

在对已有译名的适应选择方面，严复秉持着审慎的态度，即对于传教士译名往往持相对包容但力求完善的态度，而对于和制汉字译名总体持否定和怀疑的态度，虽然也会不经意间使用部分和制汉字。

严复对于和制汉字译名的态度首先体现在他对东学的态度，1905 年底写给曹典球（1877—1960）的信中也大力抨击东学，严复如是写道[1]：

  大抵翻译之事，从其原文本书下手者，已隔一尘；若数转为译，则

---

[1] 转引自王栻《严复集》第三册（书信），中华书局，1986，第 567 页。

第六章　严复社会科学术语翻译的适应选择机制

源远益分，未必不害，故不敢也。颇怪近世人争趋东学，往往入者主之，则以谓实胜西学。通商大埠广告所列，大抵皆从东文来。夫以华人而从东文求西学，谓之慰情胜无，犹有说也；至谓胜其原本之睹，此何异睹西子于图画，而以为美于真形者乎？俗说之悖常如此矣！

对于严复使用传教士译名，最明显的例子是"涅伏"，严复译自英文的"nerve"（现译为神经）一词，严复企图用自己的译名来取代早期传教士翻译的"气筋"和"脑气筋"，当时的《万国公报》与谭嗣同的《仁学》均使用"脑气筋"（黄克武，2012）。而对于严复使用和制汉字，最有力的证明是"进化"。如前所述，严复在《天演论》中均使用"天演"和"进化"来对译"evolution"，只不过在他看来，这两个译名有一定内涵区别，使用起来也有分工。天演主要是指整个自然界和人类社会的演变更替，进化则是指特定的某种变化和调整，而且"天演"和"进化"在译著中的位置显然不一样，译者对于这两个译名的认可程度及内涵定位、外延界定均有区别，具体可以参见下面的语境（表6-2）。

表6-2　"天演"与"进化"的文本语境对比

虽然，天运变矣，而有不变者行乎其中。不变惟何？是名"天演"。以天演为体，而其用有二：曰物竞，曰天择。此万物莫不然，而于有生之类为尤著	最后第五书，乃考道德之本源，明政教之条贯，而以保种进化之公例要术终焉。呜乎！欧洲自有生民以来，无此作也〔不佞近译《群学肄言》一书，即其第五书中之一编也。〕
言其要道，皆可一言蔽之，曰"天演"是已。此其说滥觞隆古，而大畅于近五十年。盖格致学精，时时可加实测故也	此洞识知微之士，所为惊心动魄，于保群进化之图，而知徒高睨大谈于夷夏轩轾之间者，为深无益于事实也
自达尔文出，知人为天演中一境，且演且进，来者方将，而教宗传土之说，必不可信。盖自有哥白尼而后天学明，亦自有达尔文而后生理确也。斯宾塞尔者，与达同时，亦本天演著《天人会通论》，举天、地、人、形气、心性、动植之事而一贯之，其说尤为精辟宏富。其第一书开宗明义，集格致之大成，以发明天演之旨。第二书以天演言生学。第三书以天演言性灵。第四书以天演言群。最后第五书，乃考道德之本源，明政教之条贯，而以保种进化之公例要术终焉	今设去其自然爱子之情，则虽深谕切戒，以保世存宗之重，吾知人之类其灭久矣，此其尤大彰明较著者也。由是而推之，凡人生保身保种，合群进化之事，凡所当为，皆有其自然者，为之阴驱而潜率，其事弥重，其情弥殷。设弃此自然之机，而易之以学问理解，使知然后为之，则日用常行，已极纷纭繁赜，虽有圣者，不能一日行也

续表

故用天演之说，则竺乾、天方、犹太诸教宗，所谓神明创造之说皆不行。夫拔地之木，长于一子之微；垂天之鹏，出于一卵之细	体合者，进化之秘机也。虽然，此过庶之压力，可以裕食而减；而过庶之压力，又终以孳生而增。民之欲得者，常过其所已有
设宇宙必有真宰，则天演一事，即真宰之功能。惟其立之时，后果前因，同时并具，不得于机缄已开，洪钧既转之后，而别有设施张主于其间也。是故天演之事，不独见于动植二品中也。实则一切民物之事，与大宇之内日局诸体，远至于不可计数之恒星，本之未始有始以前，极之莫终有终以往，乃无一焉非天之所演也	前言园夫之治园也，有二事焉：一曰设其宜境，以遂群生；二曰芟其恶种，使善者传。自人治而言之，则前者为保民养民之事，后者为善群进化之事。善群进化，园夫之术，必不可行，故不可以力致。独主持公道，行尚贤之实，则其治自臻。然古今为治，不过保民养民而已。善群进化，则期诸教民之中，取民同具之明德，固有之知能，而日新扩充之，以为公享之乐利
复　案：斯宾塞尔之天演界说曰："天演者，翕以聚质，辟以散力。方其用事也，物由纯而之杂，由流而之凝，由浑而之画，质力杂糅，相剂为变者也。"	论十七进化

从上表可以看出，在严复心中，天演和进化是两个层次的概念，"天演"作为译著的标题，统领全文，其内涵之深刻、外延之宽泛可以想见，囊括了自然界，并统摄人类社会，正所谓"是故天演之事，不独见于动植二品中也。实则一切民物之事，与大宇之内日局诸体，远至于不可计数之恒星，本之未始有始以前，极之莫终有终以往，乃无一焉非天之所演也"。而"进化"作为《天演论》中第十七小节的标题（论十七 进化），则指代具体的行为和事件，其概念的内涵相对具体，外延相对狭窄。严复此番表述，展现了其对 evolution 一词的分层次思考和具体化分析，合理性不言而喻。

6.2　严复译名适应选择的过程性

同时，严复社会科学术语翻译的适应选择机制具有其过程性，本节将从严复社会科学术语翻译的阶段分期和严译社科术语特点的历时比较来展开分析。

第六章　严复社会科学术语翻译的适应选择机制

6.2.1　严复社会科学术语翻译的阶段分期

如前所述，严复自1894—1909的15年间，翻译完成8部西学著作，学界对严复翻译做出了一个阶段划分，分为早期、中期、后期三个阶段。贺麟（1925）曾撰文探讨严复的翻译，并对当时学界在严复翻译问题上的褒贬不一提出了自己的想法：

> 傅斯年和张君劢所指责的是《天演论》、《法意》、《穆勒名学》三书，而胡先骕所称赞的是《群己权界论》及《社会通诠》。他们三人的意见，其实并无冲突。
>
> 平心而论，严氏初期所译备书如《天演论》（1898）、《法意》（1902）、《穆勒名学》（1902）等书，一则因为他欲力求旧文人看懂，不能多造新名词，使人费解，故免不了用中国旧观念译西洋新科学名词的毛病；二则恐因他译术尚未成熟，且无意直译，只求达恉，故于信字，似略有亏。他中期各译品，实在可谓三善俱备，如《群学肄言》，虽成于壬寅（1902）岁暮，但书凡三易稿；如《原富》几可算是直译，他于例言里说：'虽于全节文理，不能不融会贯通为之，然于辞义之间，无所颠倒附益。'又如《群己权界论》虽于1899年译成，但于1903年加以改削后才出版的。《社会通诠》亦成于1903年。这四种都算是严复中期的译品，比前后两期的都译得好些。到了1908年译《名学浅说》，他更自由意译了。①

贺麟（1925）认为，严复第一期（即早期）的3部译著（《天演论》《法意》及《穆勒名学》）注重意译，求信不足，而第二期（即中期）的4部译著（《原富》《群学肄言》《社会通诠》及《群己权界论》）直译为主，较为忠实于原文，第三期（即后期）的译著（主要为《名学浅说》②）则在翻译方法上更加随意。然而，本研究通过数据分析，对于严复在社会科学术语翻译方面的阶段划分及其译名思想、方法及策略做了系统而全面的考察，贺氏观点存在商榷之处。

---

① 转引自贺麟：《严复的翻译》，《东方杂志》，1925年第22卷第21号，第75-78页。
② 如前所述，本研究重点关注严译8部名著，鉴于译著的影响力及篇幅等因素，没有将贺麟提出的晚期译著中《中国教育议》没有纳入研究之列。

本研究基于严复译著的翻译出版时间，参考学界对严复译著的时间阶段划分，对严复社会科学术语翻译也进行了有时间跨度的统计，并据此作出了严译社会科学术语的阶段划分（详见表6-3）。

表6-3 严复社会科学术语翻译的阶段划分①

严复译著	时段划分	社科译名条目	翻译出版的时间跨度
《天演论》	早期	58	1894—1898
《法意》	早期	88	1903—1909
《穆勒名学》	早期	344	1900—1905
《原富》	中期	524	1896—1902
《群学肄言》	中期	57	1897—1903
《社会通诠》	中期	134	1903—1904
《群己权界论》	中期	67	1900—1903
《名学浅说》	后期	131	1908—1909

基于对严译社会科学术语的阶段划分，本研究对严译核心概念的译名方法及翻译策略分别展开统计分析，以分析和考察不同阶段严复译名思想、方法、策略的演变情况。

表6-4 严译社会科学术语翻译方法分期统计表

分期数据项	早期	中期	后期
译著数量	3	4	1
术语译名数量	490	782	131
意译译名数（及占比/%）	271 (55.31)	380 (48.59)	78 (59.54)
直译译名数（及占比/%）	140 (28.57)	243 (31.07)	40 (30.53)
音译译名数（及占比/%）	64 (13.06)	133 (17.01)	13 (9.92)
音意结合译名数（及占比/%）	15 (3.06)	26 (3.32)	0 (0)

从表6-4中，可以看出，严复在早中后期对于核心概念的理解和翻译都很审慎，尽可能多地使用直译或者意译的方法，很少使用音译的方法，毕竟音译的方法很难将术语背后的西学思想传入近代中国。从这个意义上

---

① 从目前学界对严复译著的翻译及出版的具体年份来看，尚未达成共识，彼此间存在一定的差距。本表基于王栻、欧阳哲生、皮后锋、黄克武等学者对严复译著时间的划分，形成一个大致的时间跨度，进而为严复译名在社会文化层面的分析确定历史坐标。

第六章　严复社会科学术语翻译的适应选择机制

说，严复对于当时中国社会的思想一方面存在信心和信任，期待用中国思想解读、诠释和传播西学思想；另一方面严复也期待能够将西学思想较好地融入中国社会，为"鼓民力、开民智、新民德"做出努力。由此可见，严复作为一名术语译者，注重适应当时的中国学术思潮，主动选择用中国文化直接对译、诠释和传播西学思想。

表 6-5　严复社会科学术语翻译策略分期统计表

分期数据项	早期	中期	后期
译著数量	3	4	1
术语译名数量	490	782	131
归化策略译名数（及占比/%）	405（82.65）	645（82.48）	122（93.13）
异化策略译名数（及占比/%）	64（13.06）	116（14.83）	8（6.11）
合并策略译名数（及占比/%）	12（2.45）	16（2.05）	0（0）
双重策略译名数（及占比/%）	9（1.84）	5（0.64）	1（0.76）

严复术语的翻译方法与其在概念处理方面的所思所为基本吻合，可相互印证。从表 6-5 可以看出，严复在概念的对接、转换，尽可能不用异化策略，而主要使用归化策略来处理。

从图 6-1 可以看出，在早中后三期严复对于归化的重视程度一直保持最高，归化策略的占比也从早期、中期维持在 82% 之上，直至后期达到 93.13%。从对归化法的注重和广泛使用、异化法的少量使用，可以判断出术语译者对用中国文化来诠释和译介西学思想的信心，也是译者希冀通过术语翻译、译名的创建与传播来建构和完善近代中国的学术话语体系。简言之，社会科学术语翻译中归化策略呈现上升趋势，彰显出严复对用中国文化解读西学思想的信心与决心。

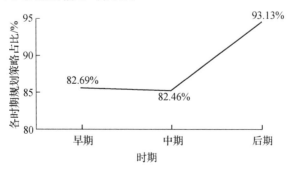

图 6-1　严复社会科学术语翻译的归化策略趋势

严复社会科学术语翻译在译名方法、译名策略等方面的早中后期均呈现不同特征，严译核心概念在概念层面的处理手段存在概念译介的灵活性和一致性并存的情况，详见表6-6。

表6-6 严复社会科学术语翻译概念处理手段分期统计表

分期数据项	早期	中期	后期
译著数量	3	4	1
术语译名数量	490	782	131
概念汉化（及占比/%）	439（89.59）	608（77.75）	122（93.13）
概念对应（及占比/%）	26（5.31）	149（19.05）	9（6.87）
概念融合（及占比/%）	25（5.09）	25（3.20）	0（0）

从上表不难看出，严复在早中后期均力求在西学概念和中国概念间寻找对等和转换，即概念汉化的手段始终是严复最注重和使用最频繁的方式。就概念对应的手段来说，严复在中期尝试多用这种手段来译介西学概念，但在后期又回到早期以"概念汉化"为主的方式。这是术语译者面对术语概念理解和翻译在灵活性和一致性之间寻求一种平衡的结果，也是译者多重选择适应的重要表征。

表6-7 基于学科的严译核心概念分期统计表

分期数据项	早期	中期	后期	译著数量	译名数量	译名占比/%
哲学	1	—	—	1	58	4.13
法学	1	—	—	1	88	6.27
社会学	—	2	—	2	124	8.83
政治学	—	1	—	1	134	9.55
逻辑学	1	—	1	2	475	33.86
经济学	—	1	—	1	524	37.35
合计	3	4	1	8	1 403	100①

从上表可以看出，在严复译著的选择及译名核心概念的处理方面，术语译者有自己的考虑和权衡，经济学和逻辑学的占比分列第一位和第二位，不仅体现出严复在译著选择时着重选择与积贫积弱的近代中国紧

---

① 本表中的占比数据均为四舍五入后的结果，合计为99.99%，约等于100%。

第六章　严复社会科学术语翻译的适应选择机制

密相关的学科,而且也体现出其兼顾政治学、社会学、法学和哲学的相关学科,进而力求通过译介西学思想来更新和完善近代中国的人文社会科学话语和知识体系,而这也正好与严复的初衷相吻合,"鼓民力、开民智、新民德"。

自甲午战败以来,严复忧国忧民之心即散见于其著译之中,在着手翻译《天演论》之前,严复便在《直报》上分别发表了《论世变之亟》《原强》《辟韩》《救亡决论》等发人深省的论述文,其中多次提及民力、民才、民德。在《论世变之亟》中严复对比分析了中国和西洋在格致和学问方面的不同,并提及日本在格致、引入西学方面的做法,叹息近代中国之贫弱的缘由,后在《天演论》等译著中也阐发了自己对于人类社会演变趋势以及弱肉强食的生态规律的忧虑与思考。

> 约而论之,西洋今日,业无论兵、农、工、商,治无论家、国、天下,蔑一事焉不资于学。锡彭塞《劝学篇》尝言之矣。继今以往,将皆视物理之明昧,为人事之废兴。各国皆知此理,故民不读书,罪其父母。日本年来立格致学校数千所,以教其民,而中国忽此终古,二十年以往,民之愚智,益复相悬,以与逐利争存,必无幸矣。《记》曰:"学然后知不足。"公等从事西学之后,平心察理,然后知中国从来政教之少是而多非。即吾圣人之精意微言,亦必既通西学之后,以归求反观,而后有以窥其精微,而服其为不可易也。①

在《原强》中,严复论及民智应当如何开启、民力应当如何提升,民德应当如何发扬时,均表示出自己的忧虑,并在《原强》续篇中阐发了自己的观点,而在译著《原富》中更是结合西方经济学的相关概念和原理来阐发自己对于福国利民的思考与见解。

> 夫自海禁既开以还,中国之仿行西法也,亦不少矣:总署,一也;船政,二也;招商局,三也;制造局,四也;海军,五也;海军衙门,六也;矿务,七也;学堂,八也;铁道,九也;纺织,十也;电报,十一也;出使,十二也。凡此皆西洋至美之制,以富以强之

---

① 转引自王栻《严复集》第一册·诗文(上),中华书局,1986,第1页;严复所著原文《论世变之亟》刊载于1895年5月1—8日的天津《直报》。

机，而迁地弗良，若亡若存，辄有淮橘为枳之叹。公司者，西洋之大力也。而中国二人联财则相为欺而已矣。是何以故？民智既不足以与之，而民力民德又弗足以举其事故也。颜高之弓，由基用之，辟易千人，有童子懦夫，取而玩弄之，则绝脰而已矣，折擘〔臂〕而已矣，此吾自废之说也。嗟乎！外洋之物，其来中土而蔓延日广者，独鸦片一端耳。何以故？针芥水乳，吾民之性，固有与之相召相合而不可解者也。夫唯知此，而后知处今之日挽救中国之至难。亦唯知其难，而后为之有以依乎天理，批大郤而导大窾也。至于民智之何以开，民力之何以厚，民德之何以明，二者皆今日至切之务，固将有待而后言。①

同样，在《辟韩》这篇论述文之中，严复通过对比分析西方强盛、中国贫弱的主要原因，提出必须克服和避免"害福""害强"的思想和行为，充分发挥民众的智慧与汗水，为之后选择相关西学译著进行译介埋下了伏笔。

民之弗能自治者，才未逮，力未长，德未和也。乃今将早夜以孳孳求所以进吾民之才德力者，去其所以困吾民之才、德、力者，使其无相欺相夺而相患害也，吾将悉听其自由……西洋各国，又当知富强之易易也，我不可以自馁，道在去其害富、害强，而日求其能与民共治而已……②

而在《论世变之亟》这篇发人深省的论述文中，严复通过古今中外发展态势的对比分析，直截了当地提出学术研究及学术思想传播的重要性，为今后翻译和传播西方在哲学、法学、社会学、政治学、经济学和逻辑学等方面的思想观念、话语体系和知识原理打下了基础。

尝谓中西事理，其最不同而断乎不可合者，莫大于中之人好古而忽今，西之人力今以胜古；中之人以一治一乱、一盛一衰为天行人事之自然，西之人以日进无疆，既盛不可复衰，既治不可复乱，为学术

---

① 转引自王栻《严复集》第一册·诗文（上），中华书局，1986，第15页；严复所著原文《原强》刊载于1895年3月4—9日的天津《直报》。
② 转引自王栻《严复集》第一册·诗文（上），中华书局，1986，第33-35页；严复所著原文《辟韩》刊载于1895年3月13—14日的天津《直报》。

第六章　严复社会科学术语翻译的适应选择机制

政化之极则。①

综上所述，通过对严复社会科学术语的阶段划分，可以看出严复在译著选择、译名方法、翻译策略及概念处理手段、学科构架与话语体系完善等方面的所思所为，体现出一位忧国忧民的翻译家、思想家试图通过术语翻译和西学译介来救国救民的决心和努力。

6.2.2　严译社科术语特点的历时比较

严复在《天演论》和《群学肄言》中均有使用"格致"，其对于这个词的青睐是深受儒家思想影响的结果，深刻反映了严复结合传统文化儒家经典的选择。"格致"，最早见于《礼记·大学》："欲诚其意者，先致其知；致知在格物。物格而后知至，知至而后意诚。"这句话的核心思想在于，但凡想要穷尽道理，必须通过探究事物才能获得对事物的一定认知。"格物致知"在儒家思想中具有十分重要的地位，是一个十分重要的哲学概念。南宋朱熹对《大学》曾作出了精辟的概括，提出："所谓致知在格物者，言欲致吾之知，在其物而穷其理也。"严复则在朱熹"格物致知"一词的基础上，把西方自然科学称为"格致之学"，将"scientific man"译为"格致之家"，体现了他对理学精髓的传承，告诫和引导国人需要在认识世界和改造世界的过程中不断积累知识、探索真理。

然而在严复翻译前后，有关"science"一词的汉语译名，已经有了来自和制汉字的译名"科学"。严复本人虽然总体上对和制汉字比较排斥，不主张学西方借途日本，但在科学与格致这两个译名上持较为包容的态度。换言之，他本人强调格致的重要性，并在大多数情况下用格致来翻译"science"，但也会在少数情况下使用科学这一译名，虽然这种指称与日本的和制汉字译名指称未必完全匹配。从某种角度上来说，严复在使用译名时一直秉持比较审慎的态度，并且极力主张用中国文化典籍中的语汇来翻译西学重要概念。

根据沈国威（2017：223-247）的研究，严复译著中很多地方使用了"科学"这一概念，具体统计如表6-8所示。

---

① 转引自王栻主编的《严复集》第一册. 诗文（上），1986年第48-49页，严复所著原文《论世变之亟》刊载于1895年5月1—8日的天津《直报》。

表 6-8 "科学"出现频次统计

术语及其频次	译著	出现频次
科学	《穆勒名学》	155
科学	《群学肄言》	57
科学	《原富》	17
科学	《名学浅说》	9
科学	《社会通诠》	6
科学	《法意》	6
科学	《群己权界论》	3

严复曾担任晚清学部设立的名词馆的总编纂，召集专家，商定并颁布术语的标准译词。对于"science"的中文译名，他本人倾向于使用"格致"，馆定标准为"学"，和制汉字译名为"科学"。无论结果如何，严复在自己翻译西学著作中的有益尝试和坚持不懈地主张使用"格致"，这一点是值得肯定的。从词汇构造上来看，格致为并列式动词词组，即强调探索事物和获取新知，注重动态。而科学则为名词性词组，意在表达学科领域或学科门类的划分及相关知识，注重静态。在急需西学知识输入和科学知识普及的近代中国，严复坚持用带有动态概念的"格致"，而不是静态的"科学"，可谓用心良苦，并对具体的学科分类提出了自己的设想：

> 夫格致之学，凡有三科：玄科一也，间科二也，著科三也。玄科者，理不专于一物，妙众体而为言；著科者，事专言其一宗，见玄理之用事；而科间，则介乎二者之间，所考者，岁存于形下，而其理则可及于万殊。玄科如名、数两门是已，著科若天文、若地质、若官骸、若动植，间科则总于力、质两大宗，声电光热，皆力之变也，无官有官，皆质之体也。①

就术语译者严复而言，"科学"没有"格致"那样能够传递动态感和紧迫感，但就术语受众而言，情况则不尽然。"格致"对于较为通晓文言文的晚清士大夫来说，固然容易理解，但对于新生代的留日青年学生则并不太受欢迎。相反，留日青年学生对日语中的众多汉字十分感兴趣，也常常在日常交流、书信往来及报纸杂志中使用这类汉字，从而使得"科学"

---

① 赫伯特·斯宾塞：《群学肄言》，严复译，北京时代华文书局，2014，第 156 页。

以压倒性的优势覆盖了"格致"一词的传播与使用,最终使得"科学"定格为固定译名,并流传至今。术语受众机制及其相关因素值得深入探索和综合分析(第七章将就此展开论述)。

6.3 严复译名适应选择的交互性

严复社会科学术语的译名生成与演变过程中除了上述多重选择机制和过程选择机制,还有一个重要的方面,即交互选择机制。换言之,严译社会科学术语是严复作为译者与受众、和制汉字的发起者、传播者之间的交流、互动的过程。正是这个过程决定了严复译名的去留,也将严译和日译社会科学术语进行了历时对比,并使得我国近代以来的社会科学术语得以定名并沿用至今。

6.3.1 严复译名去留考察

严复在社会科学术语翻译过程中,擅长使用"天""学""人""原"等字,大多数情况下坚持汉语的字本位原则,从而生成了"计学""群学"等译名,耐人寻味、发人深思。严复在译著《原富》中提出自己对Economy 一词汉译的思考:

> 计学,西名叶科诺密,本希腊语。叶科,此言家。诺密,为聂摩之转,此言治、言计,则其义始于治家。引而申之,为凡料量经纪撙节出纳之事,扩而充之,为邦国天下生食为用之经。盖其训之所苞至众,故日本译之以经济,中国译之以理财。顾求必吻合,则经济既嫌太廓,而理财又为过狭,自我作故,乃以计学当之。[①]

上文无疑是严复在术语翻译过程中的思路回放,体现出了严复在进行术语翻译时的思考与顾虑。由此可见,严复注重从中国传统思想文化中汲取养分,用以比照和考察西方的重要概念,并尝试通过创译新词的方法来完成译名的遴选与推敲。

[①] 严复:《译事例言》,载亚当·斯密《原富》,严复译,北京时代华文书局,2014,第19页。

基于术语库的严复社科术语翻译研究

"群学"一词是严复对社会学的创新翻译,在《群学肄言》中共计出现了 198 处(包含译注和标题)。严复在译《群学肄言》序中说:"群学何。用科学之律令。察民群之变端。以明既往测方来也。""群学者。将以明治乱盛衰之由。""群学"一词是对"sociology"的中文译名,它与儒学的关系也十分紧密。

"群学"者何?荀卿子有言:"人之所以异于禽兽者,以其能群也。"凡民之相生相养,易事通功,推以至于兵刑礼乐之事,皆自能群之性以生。就荀子看来,"群"不是一种社会学,而是一种社会哲学,是人类在人际圈中选择了相生相养,从而形成集体来共同面对身边的环境,包含了儒学关于社会的一般原理,在某种程度上相当于严复所创的"群学",同样是一种广义上的社会学,涵盖了封建等级秩序以及封建社会中的各个群体。严复在对中西文化进行转换和对比时,对中国儒家经典文化也进行了辩证的分析、批判的继承,肯定了儒学中唤醒民众的精华部分。

无论是计学,还是群学,抑或更多类似的译名,我们不难发现这类译名均有深层次的关联,即严复在翻译西学重要概念时,均努力从中国儒家思想经典中找寻相似、相近的概念,并斟酌使用相关字词,来进行重新组合(如计学、群学等),以期达到会通中西的目的,从而使得受众易于接受,且巧妙地阐发了自己对诸子百家的理解,为当时的社会问题、国家危难及百姓困苦寻找突破口。然而,令人扼腕的是,从严译社会科学术语的留存来看,严复译名绝大多数没有沿用至今。沈国威认为(2017:210),"严复创造了很多译词,有些曾风靡一时,严复的译词现代汉语在继续使用的只有'逻辑''图腾''乌托邦'3 个词。"

本研究基于严译术语库,从中遴选英文单词术语,并建构了抽样概念三语对照表(详见附录四),三语分别是指英语、汉语和日语,其中英语是指英文原著术语,汉语包括严复译名、现代汉语译名(分繁体和简体两种),日语是指和制汉字译名,经统计发现,三语之间的匹配数量[①]情况如下表:

---

① 注:匹配数量是指严复译名、和制汉字译名分别与当今常用术语译名(即常用汉语表达)的匹配数量。其中现代汉语一栏是指严复译名和和制汉语译名均未出现匹配情况,而是另外生成的术语表达,而完全统一是指严复译名、和制汉字译名、现代汉语等完全匹配。

第六章 严复社会科学术语翻译的适应选择机制

表6-9 严复译名与和制汉字译名对照情况表

英汉日三语对照	严复译名	现代汉语	完全统一	和制汉语	合计
术语条目匹配数量	3	6	5	225	239
匹配占比/%	1.26	2.51	2.09	94.14	100

从社会科学术语翻译的角度来看，严复社会科学术语译名的确大多数未能在现代汉语中流传至今，但也不止于上述3个词汇。事实上，"天演""物竞天择""适者生存"等译名在当今文化人看来仍是耳熟能详的语言表达，而且"天演"作为首部译著的名称传播甚广、影响深远。因此，断言严复译名只有3个词流传至今未免有些绝对。

本研究从术语的生成、演变的历时视角认为，严复社会科学术语的译名具有生命周期，而这种生命周期与其他社会科学术语一样，基于不同的语言生态环境和历史文化语境而体现出不同的生命力。术语的生命周期需要结合存在范围和历史阶段来展开分析，往往可以分为历史封存、有限留用、长期沿用3种类型。所谓历史封存是指术语（或者术语译名）只是在历史文献中出现，在之后的时代几乎不被提及，只具有一定的研究价值。而有限留用是指没有较大范围的流传使用，而只是在对相关历史文献研究时才论及的术语（或术语译名）。长期沿用则是指全面铺开使用，为受众广泛使用的术语（或术语译名）。毋庸讳言，对于严复译名的留存情况学界似应慎重待之，不宜用"绝大多数没有保存""几乎全军覆灭""完全被和制汉字译名取代"等等结论，而应运用更加细化的方式来考察和评价严复译名的留存问题。

基于本研究，严复译名的留存可以从上述3种方式来着手分析。首先，长期封存方面，就本研究关注的1403个译名而言，约99%的译名基本处于历史封存的状态。有限留用则有"群学""界说""名学""天演""内籀""外籀""物竞天择""计学"等，这些术语译名在严复8部译著中均处于核心概念的位置，有的是书名，如"名学""群学"和"天演"，有的是一对重要概念，如"内籀"和"外籀"此类译名约占0.6%。而对于长期沿用则有"逻辑""乌托邦""图腾"及"适者生存"这样4个译名，占比约为0.3%。如此细分可以让我们对严复译名的留存问题深入思考，并借以加深对术语使用寿命的思考。

6.3.2 严复译名与和制汉字译名对比

严译与日译社会科学术语的对比,体现出两种不同术语翻译策略的竞争与互补。单单从译名来看,局限于语言层面,还需要结合历史文化背景来展开分析,以求对两种翻译过程及其翻译结果进行系统而深入的对比分析。本研究通过对"天演""进化"在译著中的检索与统计,制成表6-10,进而展开"天演"与"进化"的统计分析,并从多维度展开研讨。

表6-10 "天演"与"进化"的频率统计

术语	原著	译著(含按语)	译著(不含按语)	备注
Evolution	69	—①	—	英文原词
进化	—	15	5	日文借词
天演	—	111	80	严复独创

从上表可知,严复独创的"天演"在译文(不含按语)中出现了80次,频率明显高于"进化"这一和制汉语。由此可见严复对于天演二字信心饱满。

从今天看来,"天演"远不如"进化"使用频率高,但天演这一译名在当时十分受欢迎,《天演论》也在近代中国社会引起了极大反响。从天演的"成败得失",我们可以作两方面的分析:

一方面,天演在当时中国社会是成功的,因为《天演论》及其宣扬的"物竞天择、适者生存"的思想家喻户晓,获得许多文人志士的推崇与肯定,其中包括梁启超、鲁迅等一大批大文豪。

天演的成功或许取决于其语言维的合理性和文化维适切性。"天",在中国传统文化中是神圣、敬畏的对象,"演"则表示变化、调整之意。天演成主谓结构,表示顺应天道、趋势而发生变化,这种构词表意方式契合了中国文化对天的定位,迎合了中国人的思维习惯,因此能够被世人所接受。

另一方面,从历史发展来看,天演未能传世,而只是停留在严复的译著和少数相关研究文献中,实在令人扼腕。同时,进化这一和制汉语却传

---
① 注:表格中"—"的符号表示此栏不涉及相关内容。

第六章　严复社会科学术语翻译的适应选择机制

播开来，并最终定型，流传至今。译名竞赛与对抗的背后或许是两个译名在交际维的博弈。

在语言维和文化维基本持平的情况下，交际维便成了关键。进化在语言维上，呈并列式，意指进步、变化，在文化维度方面没有天演那样具中国传统意味。但总体而言，进化从构词和达意来说，还算比较容易让人接受。因此，最终决定天演和进化这两个译名命运的便是其交际维了。

而交际维与语言维、文化维相关，但也有其独特性和复杂性，交际维主要是指语言和译名在交际使用过程中的传播与接受情况。从语言发展的历史来看，天演之所以让位于进化，有以下几方面的原因。

首先，从文言文到白话文转型的呼声高涨，如黄遵宪（1848—1905）、梁启超（1873—1929）等学者纷纷倡导白话文的使用，认为这种转型有助于更广泛地传播新思想、提高大众的接受度。大批的赴日留学青年学生使日语汉字批量进入中国读者视野；据统计，留日潮的黄金十年（1898—1907）基本与严复翻译和出版8部译著的时间相对应（1894—1909）。而这些客观环境给严复译名的接受与传播造成了不利条件，带来冲击与挑战。历史文化因素是严复译名的生存与传播环境，其中的不利因素给严复译名的传播与接受带来了负面影响。相反，和制汉语却较好地迎合了这一文化发展趋势，并因赴日留学生的大规模传播与运用而得以沿用至今。

其次，从生态整体主义视角来看，民族危机迫使知识分子有所作为，而严复作为译者，选择并翻译《天演论》等8部译著是对现实的积极回应；严复译名以中国儒佛等核心词汇为依归，体现了严复对中学的信心与坚守；然仅依赖经典文献中的词汇和概念来格义或诠释西学中的新概念未免有些不对称，因为就当时的时代背景而言，源语生态和译语生态的不平衡极为严重，不采取一定的掏空、补建、文本干涉等难以做到有效的概念转移。诚然，严复在译本中添加了许多按语、换例、解释等，但主要在语篇层面，就译名本身而言，未见相应的补建措施。除去大多音译词，创译手法及汉字新创等往往过于渊雅，不易理解和传播。而日文汉字的创译和创造取得了突破，并且因为受众多而广为流传，并最终被纳入中文汉字，生根发芽。

最后，从译者生态而言，严复心中的受众定位为当时中国社会上层的士大夫。严复翻译的一个主要目的在于激起社会上层的反应和行动，从而实现救国救民的抱负。因此，严复的译名及译文语言往往是比较古雅，较容易被上层文人志士所接受。这种取舍本身也有其代价，即因未能很好地观照普通大众的理解与接受情况，而导致译名很难口口相传，不易于大范围传播。简言之，严复对于当时受众生态的分析与把握有其合理性，但从长远来看，未免有失之偏颇、因小失大之嫌。

　　甲午海战至今已有130年，随即问世的《天演论》影响了几代中国人。《天演论》译名研究不仅是严复翻译研究的重要部分，也是挖掘译者在特定历史背景下如何生成译名、如何取舍翻译主客体等话题的宝贵资料。术语及其译名是专业知识在语言上的结晶，是科技创新成果的跨文化旅行。生态翻译学为术语翻译研究和严复译名研究提供了一个全新的研究范式，其视野开阔，层次分明，条理清晰，综合考察与个案分析相结合，将翻译与语言、文化、人类/社会及自然界有机联系在一起，构成了一个完整的生态序链（胡庚申，2013：41）。

　　译名过程是指翻译人员在特定生态环境下如何确定术语在原语中的内涵与外延，采用何种译名策略与方法确定其在目标语中的译名，译者如何发挥其主导作用，以适应选择相关的制约因素，来实现术语翻译过程的顺利推进，完成译者任务。严复在其译著中用心良苦，做出了种种努力。严译是一种翻译文化的特殊现象，是文化之译的典范（黄忠廉，2016：239）。

　　总之，严译名著是我国翻译史上重要的一页，以《天演论》译名为代表的众多严复翻译的概念和译词为我们留下了许多研究的空间。从生态翻译学的视角对译名展开考察与分析，有助于审视和述评严复如何跨越和补建中西生态差异，如何移植西学新概念的移植，其译名又是如何传播与接受。《天演论》轰动一时，而其译名因整合适应选择度不高而未能沿用至今，和制汉语因交际维胜出而得以广泛传播，这些都需要进一步结合译者主客观因素加以分析。

　　除了对比"天演"和"进化"，严复译名中尚有更多案例值得推敲。例如从名学与逻辑的演变更替，可以看出严译的原则性与灵活性。严复将logic一词始译为"名学"，后又译为"逻辑"，经历了一番斟酌与思量。而严复为何从"名学"转向"逻辑"，从意译的手法转为音译的方法，其术语翻译、演变、更替的过程值得探究。

第六章　严复社会科学术语翻译的适应选择机制

值得一提的是，严复在按语中对承载重要概念的术语进行了铺垫和解释，例如，严复在《穆勒名学》中提到对 logic 这一重要术语的理解与思考：

> 案。逻辑此翻名学。其名义始於希腊。为逻各斯一根之转。逻各斯一名兼二义。在心之意。出口之词。皆以此名。引而申之。则为论为学。故今日泰西诸学。其西名多以罗支结响。罗支即逻辑也。如斐洛罗支之为字学。唆休罗支之为群学。什可罗支之为心学。拜诃罗支之为生学是已。精而微之。则吾生最贵之一物。亦名逻各斯。（天演论下卷十三篇。所谓有物浑成字曰清净之理。即此物也。）此如佛氏所举之阿德门。基督教所称之灵魂。老子所谓道。孟子所谓性。皆此物也。故逻各斯名义。最为奥衍。而本学之所以称逻辑者。以如贝根言。是学为一切法之法。一切法之法。一切学之学。明其为体之尊。为用之广。则变逻各斯为逻辑以名之。学者可以知其学之精深广大矣。逻辑最初译本。为固陋所及见者。有明季之名理探。乃李之藻所译。近日税务司译有辨学启蒙。曰探曰辨。皆不足与本学之深广相副。必求其近。姑以名学译之。盖中文惟名字所涵。其奥衍精博。与逻各斯字差相若。而学问思辨。皆所以求诚正名之事。不得舍其全而用其偏也。"①

事实上，在 1896 年翻译完成《天演论》之时，严复已经提出有关内籀、外籀之辨，强调格物致知的重要性及西学在逻辑学上的分类：

> 及观西人名学，则见其于格物致知之事，有内籀之术焉，有外籀之术焉。内籀云者，察其曲而知其全者也，执其微以会其通者也；外籀云者，据公理以断众事者也，设定数以逆未然者也。乃推卷起曰：有是哉！是固吾《易》、《春秋》之学也。迁所谓本隐之显者，外籀也；所谓推见至隐者，内籀也。其言若诏之矣。二者即物穷理之最要途术也，而后人不知广而用之者，未尝事其事，则亦未尝咨其术而已矣。②

---

① 严复：《引论》，载约翰·穆勒《穆勒名学》，严复译，北京时代华文书局，2014，第 2 页。
② 严复：《译〈天演论〉自序》，载托马斯·赫胥黎《天演论》，严复译，北京时代华文书局，2014，第 26 页。

基于术语库的严复社科术语 翻译研究

从上面严复的自序中，不难看出严复对西方逻辑学的精神把握比较深刻，而且尝试着用内籀、外籀来剖析逻辑推理的重要方法。换言之，严复对于逻辑学的内涵与外延经过了一番学习、思考与分析，因此对 logic 译名的选择上比较审慎，并经历了从"名学"到"逻辑"的演化，这体现出严复对于术语的一种灵活性选择与有目的性适应。具体说来，灵活性选择是指严复在 logic 译名上，并没有完全拘泥于一种术语的翻译方法，而是在音译和意译之间不断斟酌，因此，在不同的语境和不同时期，严复选择不同的译名以适应翻译的目的性需求，这种变化在一定程度上反映了严复翻译策略的灵活性和适应性。应当指出，严复所处的社会语境较为复杂，既有中西思想碰撞的冲突，也有国民对新思想的迫切需求，除了国家政治上的内忧外患，最直接的便是自身致力于翻译西学启发国人，而众多青年学生及有影响力的学者和政治人物往往倾向于借途日本来学西方，并大肆宣传且广泛使用和制汉字译名。深谙翻译之道的严复也尝试为重要概念的术语给出两种可能性的译名，logic 的译名便是一个典型代表。简言之，名学与逻辑的演变更替是严复翻译思想在术语翻译过程中的集中体现，也是其对适应性选择和选择性适应的反复斟酌与长期推敲的结果，正所谓"一名之立、旬月踟蹰"。值得深究的是，"名学"这一译名现在往往只是停留在严复译著中或者相关的学术研究专著和论文中，人们日常使用较多或者最为认可的术语 logic 中文译名当属"逻辑"，而"逻辑"这一术语译名是严复原创，也是为数不多的流传至今的术语译名，严复之功劳可以想见。

同样，关于术语 rights 的汉译问题，也是严复翻译中的难点之一，严复认为"权利"作为译名不合适，而"值"是比较贴切的译名。对相关译名的历史背景问题进行深入研究，可以管窥严复译名思想，回溯和探究严复社会科学术语翻译的过程。

据考证（金勇义，1989；李贵连，1998），"权利"这一译名作为英文"right"的术语译名最早是由美国传教士丁韪良（W. A. P. Martin, 1827—1916）在翻译《万国公法》时提出来的。后来日本方面借用丁氏译名构成日文和制汉字（中文、日文的繁体字写法近似，分别为："權利""権利"），然后再从日语回流到汉语，并通过当时的报刊进行传播。

"权利"译名主要来自日本和制汉字译名，严复对该译名持反对态度，从一开始到后来，均提出 right 的译名值得学界研究和讨论，不宜使用

第六章　严复社会科学术语翻译的适应选择机制

"权利"译名。严复曾与梁启超探讨了 right 译名问题，认为"权利"与 right 在概念内涵上不对应，虽然梁启超并没有赞同"直"作为标准译名。从"权利"和"直"（包括后来严复"民直"等提法）的竞争过程来看，译名的对抗形式比较激烈，但总体还是倾向于和制汉字译名。最终，"权利"取代了"直"，成为 rights 的译名而流传开来。从过程中的曲折变化到结果的始料未及，这一历程验证了术语译名演变、定型的复杂性和多变性。其变化不仅体现了语言适应性的需求，更受到社会、政治、经济等因素的深刻影响，进一步凸显了术语翻译在特殊历史语境下的多维度演进特征。正如俄罗斯社会语言学家马克思·维恩莱希（Max Weinreich, 1894—1969）所言，"语言是拥有陆军和海军的方言（A language is a dialect with an army and navy）。"对于清末民初的中国社会而言，其外来术语译名的生成、对抗、竞赛、演变与定型无不受到当时的历史文化背景及中西日文化实力、经济实力、军事实力和科技实力的影响。近代中国积贫积弱，在甲午战败后许多文人志士奋发图强，争取国家独立和民族自由。西方坚船利炮背后，其学术思想之高深、科技进步之迅速令当时的中国、日本望尘莫及。然而日本早在明治维新时期（19 世纪 60—90 年代）即在学习中国的同时将注意力转向学习西方，并颇有建树，进而走上了强国之路、扩张之路。换言之，西方科技与经济实力强劲、日本发展迅猛对当时内忧外患的中国社会造成了极大的压力。日本和制汉字的诞生与传入中国是日本国力迅猛发展的重要表征（苏静，2015）。由于地理之便，众多中国学生青睐于去近邻日本留学，而不愿远涉重洋留学欧美。因此，和制汉字的使用频率及传播渠道显然高于严复社会科学术语译名。另一方面，当时的中国学者普遍有吐故纳新之愿，对与科举、八股文相关联的文言及其表现形式深表抵触，所以因文言和儒雅著称的严复术语译名得不到多数学者的认可和接受，其传播渠道受限、使用频率明显不足，便随着时间的推移而逐渐封存于旧书古籍。因此，为严复抱憾的同时，更应看到语言发展的规律及其社会经济科技等因素制约的本质。

如前所述，严复对于梁启超等人借途日本学西方的做法不满意、不赞成，认为其犹如隔靴搔痒，难得西学之精要。严复对于来自日本的东学一直持反对的态度，这不仅体现在他的译名思想之中，也体现在译名审定工作中。

在与东学思想对抗的同时，严复对西学十分推崇，而对西学的推崇也是基于其自身对中学的信心与坚守。文贵良（2011）提出，严复在翻译《社会通诠》时，对于西学概念往往秉持"六书乃治群学之秘笈"的观点：

> 且市肆有最重之义焉，则其中为局外之地也，殊乡异族之众，至于其中，皆平等无主客之异，故英语谓市曰马磔。其字原于马克。马克者，国土相际之地也。按：此与吾国'市'字造意正同。《说文》市从冂从之省从乁乁及也，邑之外为郊，郊之外为林，林之外为冂。市字从冂，其为局外之地，与西字之原于马克者不谋而合如此。故复谓六书乃治群学之秘笈也。①

诚如文贵良（2011）所言，"六书乃治群学之秘笈"的现代格义是严复长期翻译实践摸索出来的结果，也是严复翻译思想的一种，严复努力在英语与汉语两种语言之间博弈，找寻英语古义和汉语古义的契合之处。然而，如前所述，由于当时英汉两种语言之间的种种差异以及当时中西文化差异悬殊、学术互动与思想交流尚处于起步阶段等原因，严复翻译之难、障碍之多可以想见。严复提出的"一名之立、旬月踟蹰"，是对其翻译艰苦与坚守的高度总结。

同时，如前所述，严复被清廷任命为学部审定名词馆总纂，在此工作期间，严复试图扭转术语译名混乱的局面，并对和制汉字译名提出了许多反对意见。然而译名审定工作并非严复所愿，进展不佳，后来甚至到了只能废弃作罢的境地。原因是多方面的。第一，严复主观努力很大，但编纂馆内部意见尚不能统一，例如王国维对于严复的译名统一实施方案不甚赞同，并提出了许多反对意见。第二，更重要的是，清廷在当时内外交困的局面下，其社会政治影响力和制约力已丧失殆尽，因此审定名词馆的权威性和运作能力明显降低，所审定出来的译名自然难以推广和接受。第三，语言演变随着社会历史文化的变迁而不断往前。清末民初的汉语词汇和语法嬗变更替已经蓄势待发。这种语言内部的变化往往非个人所能左右，而是语言使用者的集体意志与行为同社会历史变迁共同作用的结果，而语言

---

① 爱德华·甄克斯：《社会通诠》，严复译，北京时代华文书局，2014，第 66 页及第 72 页。

第六章 严复社会科学术语翻译的适应选择机制

规律也在这种共同作用中扮演着引领方向的角色。

诚然,严复的东学观、西学观、中学观等构成了严复译名思想的重要方面,其东学观体现为对日本和制汉字的抵制,西学观体现为对西学概念的推崇及将其译介入中国的迫切,中学观体现为对中国经典史籍的信心,这些构成了严复社会科学术语翻译中选择与适应的主要指导思想。这种指导思想对于社会科学术语翻译及其随后的译名审定等起到了决定性的作用。

具体说来,严复的东学观、西学观和中学观构成了严复译名思想,这本身是严复对当时术语翻译生态环境的一种主观适应。就当时术语翻译生态环境而言,中西日三国之间互动与交流逐渐增多,但西学占上风,属于引领位置,东学从明治维新开始在大力学习西方,对兰学、西学颇有研究,并创译出了许多和制汉字术语,中学则处于较低位置,对西学或恐惧,或惊叹,或崇拜,对东学则给予了很大期待与殷切希望,意图借道日本学习西方。在这种纷繁复杂的环境下,严复结合自身的留学经历和多年所学所思,形成了自己的独特思维方式及翻译风格,在术语译名推敲和审定等方面均另辟蹊径、与众不同。客观来说,这种艰苦卓绝翻译西学的尝试有其合理性和社会价值,为后来的译者做出了表率,提供了经验和教训。无论如何,严复的译作均丰富了当时中国社会的学术环境及学术思想,也为当下的术语翻译研究及术语史追溯立下了丰碑。

同时,上述严复译名思想主要体现出了严复对术语翻译生态环境的适应,而在译名思想基础上对术语翻译实践、译名思想的形成以及术语译名审定工作推进等方面则体现了严复的自主选择。换言之,严复译名思想为其术语翻译实践、术语翻译思想、术语翻译方法、术语译名审定等一系列活动构成一个理论基础,即适应为选择做了理论准备,并为选择指明了方向。

6.4 本章小结

术语翻译适应选择研究结合了生态翻译学术语学的相关理论原则和方法,本章通过对严复社会科学术语翻译的适应选择机制进行分析,就其重要性、过程性和交互性的三个方面展开论述。

基于术语库的严复社科术语翻译研究

术语翻译作为翻译的一个重要类别，在遵循翻译研究学理性的同时，也有其本身的特点，即术语翻译的复杂性，如何理解、挖掘和阐述术语翻译的复杂性在翻译著作中显得十分重要。严复是近代中国翻译第一人，十分重视术语的翻译，他认为翻译任何文字，首先要确立正确的术语，否则翻译工作就无从谈起，因此在翻译过程中做好译名选择工作，十分重要。严复对于这种必要性和重要性了然于胸，其笔下的"一名之立、旬月踟蹰"便是最好的感悟和例证。

本章分析了几组重要概念的译名，相关统计分析和个案研究能够彰显严复社会科学术语翻译的适应选择特征，并从一个侧面展现了近代中国社会在政治、经济、文化以及语言方面错综复杂的关系。严复的著译相辅相成，其译名思想起源于其对近代中国社会迫切需要的忧虑与思考。虽然从译名传播结果来看，严复译名留存甚少，但无论如何，严复不提倡借道日本而直接翻译西学的做法具有其合理性与现实意义，并且在当时的中国社会引起了巨大反响，康有为、梁启超、胡适、毛泽东等一代代文人志士均盛赞严复翻译功劳之大、过程之苦。当然，严复翻译中也不乏许多经验教训值得今日学界总结和汲取，而有关严复社会科学术语翻译适应选择的译者主体性和受众主体性，以及生态环境制约情况等问题将在第七章展开论述。

第七章

严复社会科学术语翻译适应选择的影响因素

术语翻译过程的适应选择包括术语译者适应选择和术语受众适应选择两个主要方面，其中包含诸多影响因素。鉴于此，第七章将围绕严复社会科学术语翻译适应选择的影响因素展开论述，分别探讨严复译名适应选择的译者主体性、受众主体性及生态环境制约。

7.1 严复译名适应选择的译者主体性

在翻译适应选择论中强调"译者为中心"，术语译者是术语翻译过程的主导，在源语生态环境和目标语生态环境之间进行了多维度适应和适应性选择，即译者适应选择机制。在术语翻译过程中，译者适应选择机制如何发挥作用，使术语译者在翻译过程和翻译结果上彰显译者主体性，是一个值得深挖的议题。

7.1.1 严复翻译生涯与译名创制

如前所述，严复是我国近代著名的翻译家，传播西学的先驱人物。他向中国引进了一系列西方资本主义社会的政治、哲学、经济学方面的著作，宣传天赋人权和自由平等博爱精神以及科学、民主思想，在近代中国文化思想界和政治界均起了振聋发聩、开启民智的启蒙作用。他提出的译事三难"信、达、雅"，现已成为译者孜孜以求的三字箴言。鉴于严复在翻译及著述方面的卓越成就，康有为称严复为"中国西学第一者"[①]，梁启超称赞他"于中学西学皆为我国第一流人物"[②]，习近平（2001）赞同遵循"中西融汇、古今贯通"的学术传统对严复的学术思想开展系统而深入的研究[③]。

我国台湾地区学者黄克武将严复的一生概括为三个阶段：第一阶段1854—1879年，成长受教育时期；第二阶段1879—1900年，主要在北洋

---

① 转引自苏中立、涂光久《百年严复——严复研究资料精选》，福建人民出版社，2011，第275页。
② 同①，第267页。
③ 参见习近平主编《科学与爱国——严复思想新探》的序一，清华大学出版社，2001，第Ⅰ页。

第七章　严复社会科学术语翻译适应选择的影响因素

水师担任教席,包括发表《论世变之亟》《原强》《辟韩》《救亡决论》,并翻译完成《天演论》;第三阶段1900—1921年,从事各类文教工作,包括翻译完成另外7部西学作品(黄克武,2012)。基于学界对于严复翻译生涯的共识(虽然在具体时间方面尚存在一定分歧),现对严复8部主要译著、大致问世时间,原作者及主旨内容作简要归纳。

严复第一部译著《天演论》[①],译于1894—1898年(包括译本的修订与多家印刷出版),原作者为托马斯·赫胥黎,主要宣传达尔文的进化论学说,并将这一理论的适用范围由自然界延伸至人类社会。第二部译著《原富》,发表于1901年,是亚当·斯密的经济学专著,论述了劳动为国家财富的源泉,以及分工作为增进劳动生产力的手段,涉及交换与货币,探究商品的价格、价格构成成分等。《社会通诠》约发表于1904年;原作者甄克斯运用历史发展阶段的观点,把社会历史描述成从图腾社会向宗法社会,再向军国社会发展的一个过程。严复受其进化史观的影响,认为当时的中国终于迈入了军国社会阶段。《群学肄言》,约发表于1903年;原书是赫伯特·斯宾塞的一部关于社会方法研究的专著。严复在翻译过程中叙议结合,强调"天演为宗"的思想,以生物学规律应用于社会现象的研究,进一步论证了近代社会变法的依据。同年严复还分别将约翰·穆勒的《群己权界论》和《穆勒名学》的中译本发布于世。通过《群己权界论》,严复将穆勒在个人尊严、个人自由等方面的观点引入近代中国社会,开启了知识分子对于群体与个人关系的全新认识,推动了西方自由思潮在中国的传播。《穆勒名学》则是一部阐述西方资产阶级19世纪后期经验主义思想的代表性著作,包含了有关评价准则论证的研究。《法意》严复于1903—1909年间翻译该书,1904—1909年商务印书馆分七次印刷出版;严复借

---

① 需要说明的是,本段列举的译著发表时间只是大致时间,部分仍待进一步研究考证。例如王天根在其对《天演论》早期稿本考析时提到有观点认为《天演论》翻译始于1896年秋,1898年正式发行,王经过考证表示"现有史料说明最迟在1896年梁启超已读过《天演论》"(王天根,2002:68)。虽然要精确定位具体发表时间仍有一定难度,但不可否认的是,这8部译著中,《天演论》是严复的第一部,也可谓是最为著名、影响最为深远的一部译作。书中"物竞天择,适者生存"的疾走呼号喊出了那个时代的最强音,激发了能人志士的爱国情怀和唤醒了一大批知识分子。

助孟德斯鸠的这部作品，向近代中国引入了三权分立的原则和西方民主思想，进一步推进自由民主思想的影响力。《名学浅说》，发表于1909年。原作者为耶方斯，亦是一部研究西方逻辑学的作品。

从上述严复的翻译生涯来看，严复在社会科学术语翻译过程及其翻译结果的主要环节和表现形式即为译名创制，大致始于1894年，止于1909年。而正如严复本人所言，"一名之立，旬月踟蹰"，也就是说译名创制并非一蹴而就，可以想见在这15年时间里，严复为8部译著中的1220条西学术语做出了许多适应与选择，厘定概念内涵和外延、确定译名等一系列工作需要斟酌良久。事实上，译名创制是一个漫长而复杂的过程，术语译者在此过程中需要经历无数次的适应、抉择、取舍、判断等一系列环节，并最终确定心仪的译名。而译名创制之前、之中、之后，术语译者分别面临着译本选择、概念选择、译名方法选择、翻译策略选择及同类译名的对比与辨析等一系列思维活动。而译者的文化翻译观、政治观对于术语翻译的适应选择以及译名创制影响深远，严复社会科学术语翻译也是如此。

7.1.2 严复语言翻译观对译名的影响

适应选择论对社会科学术语翻译研究具有指导意义，主要体现在译者如何应对翻译生态环境，特别是在两种不同话语体系、不同概念系统、不同知识结构及语义范畴间，如何做到巧妙架构，以求达到概念传递、知识传播和文化沟通。"一般来说，语言并不因某一事件而发生剧变，但这一事件往往会给语言变化带来一定的契机。"（陈力卫，2014：2）术语译者的语言翻译观对于生态环境的适应选择、译名的遴选与生成均有重要影响。严复在社会科学术语翻译过程中，无论在译前、译中、译后阶段，还是早期、中期、后期的不同时段，均受其语言翻译观的影响。

对于术语译者而言，语言、翻译、文化是紧密相关的三个方面，语言翻译观则是译者在语文思想、翻译思想乃至文化思想方面的主要原则、核心观点以及思维方式。在严复对社会科学术语翻译的适应选择过程中，其语文思想、翻译思想及文化思想均对译名创制有着重要的影响。

从语文思想来看，严复提倡先秦文风，在译著中多用四字格，尤其首部译著《天演论》，正如梁启超1902年在评价严复译著《原富》时所言：

第七章　严复社会科学术语翻译适应选择的影响因素

> 严氏于西学、中学皆为我国第一流人物,此书复近数年之心力,屡易其稿,然后出世,其精善更待何言。但吾辈所犹有憾者,其文笔太务渊雅,刻意模仿先秦文体,非多读古书之人,一翻殆难索解,夫文界之宜革命久矣。况此等学理邃赜之书,非以流畅锐达之笔行之,安能使学童受其益乎?著译之业,将以播文明思想与国民也,非为藏山不朽之名誉也。文人积习,无能为贤者讳。①

从上文不难看出,梁启超对于严复在翻译《原富》时的艰辛表示肯定,并且盛赞其在西学、中学两个方面"皆为我国第一流人物"。但同时,对于严复刻意模仿先秦文体的做法表示遗憾,并自言不讳指出,严复在西学翻译时应摒弃"文人积习",力求用通达晓畅的语言来介绍西学思想,帮助国民、学童读懂学理,以深受裨益。毋庸讳言,梁启超的这一番话十分中肯,剖析了译者的功过得失。而这种观点也得到了胡适的印证:

> 严复译的《群己权界论》,像是在这时代读的。严先生的文字太古雅,所以少年人受他的影响没有梁启超的影响大。梁先生的文章,明白晓畅之中,带着浓挚的热情,使读的人不能不跟着他走,不能不跟着他想。②

胡适也曾赞扬严复翻译的成就及其影响,并称自己的名字便来自"适者生存",然而对于严复译著中的文字及其背后的语文思想表示不认同。上面的引文中,胡适对比分析了"严先生的文字"和"梁先生的文章",显然更认可和赞成后者,明白晓畅是主要原因。从严译术语库来看,严复译名中的确有不少生僻字、难检字③,还有少量严复自己专门创造的词汇。这样一来,术语受众,特别是古书读的不多的学童往往很难理解译著思

---

① 梁启超:《严复于西学、中学皆为我国第一流人物》,载苏中立、涂光久《百年严复——严复研究资料精选》,福建人民出版社,2011,第267页,(标题为编者加);原文《绍介新著,〈原富〉》,载《新民丛报》第1号,上海南洋公学印,光绪二十八年元月一日(1902年2月8日)。

② 胡适:《第一次读〈天演论〉和〈天演论〉的深远影响》,载苏中立、涂光久《百年严复——严复研究资料精选》,福建人民出版社,2011,第323页,(标题为编者加);原文节录自《四十自述,在上海(一)》(1931年3月18日),亚东图书馆1933年9月初版,据曹伯言选编《胡适自传》,黄山书社1986年11月版。

③ 详见附录四,难检字和生僻字在表格中均有标注。

想，这自然使严复译著传播及译名推广处于劣势。

从翻译思想来看，严复经历过一番历练。青年时期，严复留学英国两年（1877—1879），主修海军军事知识，但同时对西方人文社会著作及其思想兴趣浓厚，为后来翻译西学著作打下了基础。在《天演论》的《译例言》中明确指出：

> 译事三难：信、达、雅。求其信已大难矣，顾信矣不达，虽译犹不译也，则达尚焉。海通已来，象寄之才，随地多有，而任取一书，责其能与于斯二者则已寡矣。其故在浅尝，一也；偏至，二也；辨之者少，三也。今是书所言，本五十年来西人新得之学，又为作者晚出之书。译文取明深义，故词句之间，时有所颠到附益，不斤斤于字比句次，而意义则不倍本文。题曰达旨，不云笔译，取便发挥，实非正法。什法师有云："学我者病。"来者方多，幸勿以是书为口实也。
>
> 西文句中名物字，多随举随释，如中文之旁支，后乃遥接前文，足意成句。故西文句法，少者二三字，多者数十百言。假令仿此为译，则恐必不可通，而删削取径，又恐意义有漏。此在译者将全文神理，融会于心，则下笔抒词，自善互备。至原文词理本深，难于共喻，则当前后引衬，以显其意。凡此经营，皆以为达，为达即所以为信也。
>
> 《易》曰："修辞立诚。"子曰："辞达而已。"又曰："言之无文，行之不远。"三曰乃文章正轨，亦即为译事楷模。故信达而外，求其尔雅，此不仅期以行远已耳。实则精理微言，用汉以前字法、句法，则为达易；用近世利俗文字，则求达难。往往抑义就词，毫厘千里。审择于斯二者之间，夫固有所不得已也，岂钓奇哉！不佞此译，颇贻艰深文陋之讥，实则刻意求显，不过如是。又原书论说，多本名数格致，及一切畴人之学，倘于之数者向未问津，虽作者同国之人，言语相通，仍多未喻，矧夫出以重译也耶！
>
> 新理踵出，名目纷繁，索之中文，渺不可得，即有牵合，终嫌参差，译者遇此，独有自具衡量，即义定名。顾其事有甚难者，即如此书上卷《导言》十余篇，乃因正论理深，先敷浅说。仆始翻"卮言"，而钱唐夏穗卿曾佑，病其滥恶，谓内典原有此种，可名"悬谈"。及

第七章 严复社会科学术语翻译适应选择的影响因素

桐城吴丈挚甫汝纶见之，又谓卮言既成滥词，悬谈亦沿释氏，均非能自树立者所为，不如用诸子旧例，随篇标目为佳。穗卿又谓如此则篇自为文，于原书建立一本之义稍晦。而悬谈、悬疏诸名，悬者玄也，乃会撮精旨之言，与此不合，必不可用。于是乃依其原目，质译导言，而分注吴之篇目于下，取便阅者。此以见定名之难，虽欲避生吞活剥之诮，有不可得者矣。他如物竞、天择、储能、效实诸名，皆由我始。一名之立，旬月踟蹰。我罪我知，是存明哲。

原书多论希腊以来学派，凡所标举，皆当时名硕。流风绪论，泰西二千年之人心民智系焉，讲西学者所不可不知也。兹于篇末，略载诸公生世事业，粗备学者知人论世之资。

穷理与从政相同，皆贵集思广益。今遇原文所论，与他书有异同者，辄就谫陋所知，列入后案，以资参考。间亦附以己见，取《诗》称嘤求，《易》言丽泽之义。是非然否，以俟公论，不敢固也。如曰标高揭己，则失不佞怀铅握椠，辛苦迻译之本心矣。

是编之译，本以理学西书，翻转不易，固取此书，日与同学诸子相课。迨书成，吴丈挚甫见而好之，斧落徽引，匡益实多。顾惟探赜叩寂之学，非当务之所亟，不愿问世也。而稿经新会梁任公、沔阳卢木斋诸君借钞，皆劝早日付梓，木斋邮示介弟慎之于鄂，亦谓宜公海内，遂灾枣梨，犹非不佞意也。刻讫寄津覆翻，乃为发例言，并识缘起如是云。①

严复的《译例言》不仅是对《天演论》翻译之不易进行了淋漓尽致的分析，而且是从一个侧面对中西文化、英汉语言及术语翻译的原则和方法进行了探讨与思考。第一，严复指出翻译之难，即"信、达、雅"，并表明自身学习和借鉴鸠摩罗什的翻译方法，往往会"取便发挥"，追求"达恉"（现如今多表达为"达旨"）。第二，严复对比分析后指出西文中名目繁多，而中文往往难以找到与其相匹配的词汇，正所谓"新理踵出，名目纷繁，索之中文，渺不可得"，作为术语译者对于这种情况往往面临的不仅是术语翻译在语言层面的转换问题，而且是两大知识体系、两种学术话

---

① 严复：《译例言》，载托马斯·亨利·赫胥黎《天演论》，严复译，北京时代华文书局，2014，第17-19页。

语的对比与融通，其间的差异为术语译者设置了诸多障碍。严复企图在跨越障碍时实现自己的翻译宗旨，并追求译文尽可能做到"信达雅"。第三，严复同时还表达自己在译名问题上审慎的态度，以及对于翻译功过得失的责任心，即"一名之立，旬月踟蹰。我罪我知，是存明哲。"

语言翻译观的主要影响还体现在对翻译方法的选择。众所周知，严复翻译思想中最大的成就就是其在上面《译例言》中提到的"译事三难，信、达、雅"，而这三点成为后世广泛研讨及褒贬不一的焦点。就具体翻译实践而言，严复用古文翻译，译文秉承先秦文风，又由于中西文法的差异，为了表达原文的意思，严复的译文"词句之间，时有所颠倒附益，不斤斤于字比句次"，合乎"达"的标准，但于"信"字方面似有所亏（黄克武，1998：3）。这些充分体现出语言翻译观对于术语译者在翻译实践和翻译方法上的作用和影响。

此外，严复的语言翻译观中还有一个重要的因素——东学观，即严复对于借道日本而来的西学知识所持的观点。总体而言，严复对东学持否定和排斥的态度，认为借道日本学习西方，如同隔靴搔痒，效果甚微，因为"大抵翻译之事，从其原文本书下手者，已隔一尘；若数转为译，则源远益分，未必不害，故不敢也"①，即翻译本来就是一种转换，再通过第三方（日本）转来，原文中的益处丢失殆尽，此方法不可取。严复的东学观自然决定了他对和制汉字译名的态度，同样是抵制和排斥，这不仅体现在其自身进行社会科学术语翻译时尽可能创制译名，而且表现在后期对译名的审校统一工作，即后来受命担纲清廷所设学部审订名词馆总编纂。

综上所述，严复的语言翻译观影响了社会科学术语翻译的原则和方法。具体说来，在中西文化、知识体系和话语体系对比分析的基础上，严复秉持着对于社会科学术语翻译的严谨态度，深刻体悟到译名创制之难度，认为学习西方不宜借道日本，而应直接翻译西学，并通过身体力行完成了8部西学著作的翻译，倡导"信达雅"的翻译原则，同时也指出在翻译时往往会发挥自身的想象力，并辅以按语来解释说明，以求完成翻译任务，达到翻译旨趣。

---

① 转引自王栻：《严复集》第三册（书信），中华书局，1986：567。

第七章　严复社会科学术语翻译适应选择的影响因素

7.1.3　严复政治观对译名的影响

严复生活的年代正值太平天国运动方兴未艾之际，而后随第二次鸦片战争的爆发和甲午战争的惨败，中国半殖民地化程度不断加深，清朝气数殆尽，近代中国社会处于内外交困的窘迫局面，救亡图存成为有志之士的殷切期盼。换言之，当时的社会既面临列强的虎视眈眈，又困于清政府的腐败无能。对于留学英国、有志于回国施展才华的严复来说，忧国忧民之情涌上心头，救亡图存是当务之急。而如何救亡图存，这一切与严复政治观密切相关。在严复的政治思想中，士大夫阶层是救亡图存的中坚力量，可以起到引领潮头的作用，从郭嵩焘到吴汝纶、康有为、梁启超，再到李鸿章以及后来的袁世凯，严复对于这些朝廷大员、文人墨客等士大夫阶层一直寄予很大希望，因此从西学译著的选择、到译名创制和受众定位均是以士大夫阶层为主要对象。

就严复看来，士大夫这一阶层，即文人和官员这个群体，在之前的历朝历代皆是社会中的文化精英和经济精英。随着近代西方思想文化的传入，士大夫阶层往往还身兼传教士的教化职责。因此，严复试图通过直接翻译西学著作来救国救民，便将唤醒世人、率先垂范的使命寄托在了士大夫这一特殊群体之上。要而言之，严复在社会科学术语翻译过程中，对于主要的目标受众有自己的定位，即士大夫阶层。在严复看来，术语译名的斟酌、处理和最终定名将着重考虑士大夫阶层的接受能力、思维习惯和心理期待等重要因素。

为了探索严复社会科学术语翻译的过程，我们可以将严复的 8 部主要译著的发表时间作为研究对象，放入近代史时间轴进行观察。近代史上的重大事件无不影响和塑造了严复的政治观，从两次鸦片战争到洋务运动，再到甲午战争、戊戌变法、八国联军侵华、辛亥革命，最后到新文化运动的兴起和五四运动的爆发，这些均构成了严复所处历史时期的大背景，无不对其政治思想、翻译目标受众定位、术语翻译策略和方法以及翻译旨趣等产生了种种影响。

如图 7-1 所示，我们能够看出，1896—1909 年这一时期可谓是严复创作的巅峰时期，仅在 1903 和 1904 年这两年间就发表了《群学肄言》、《群己权界论》、《社会通诠》和《穆勒名学》这 4 部影响力深远的译作。正如上文中提到的,这个时间段也大致处于严复自身人生发展历程的一个重要时期(第二阶段:1879—1900年)。而一旦将严复的个人经历、创作历程和当时社会和重大历史事件统一在一起来看,我们便可发现,社会政治方面,这8部译著主要发表于戊戌变法时期和辛亥革命前夕,其间国家还遭受了八国联军铁骑的践踏蹂躏。严复充分意识到国家政治层面的问题严峻,亡国灭种并非危言耸听,此时急需有志之士引领国民救亡图存,士大夫阶层便是严复政治观中圈定的合适人选。

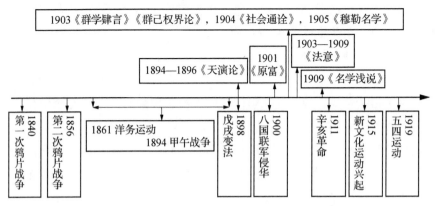

图7-1 严复译著与近代中国大事件对比时间轴

从这一轴线中不难看出,严复的整体翻译创作进程是随着历史的发展和时代的需要不断跟进、不断向前的。在戊戌变法前后,严复以一部当头棒喝般的《天演论》为国人敲响了落后挨打的警钟,为维新变法提供了有力理论支撑。变法失败后,严复仍笔耕不辍,为国人引进西方政治经济学说、科学民主思想。可以说,在一定程度上,严复这8部译著的风行也为后来的辛亥革命打下了思想文化基础。既然严复将社会科学术语翻译的目标受众聚焦在士大夫阶层的身上,自然其翻译策略、翻译方法、概念处理手段、措辞习惯等也将注重士大夫阶层的倾向和喜好,而对普通受众(包括留日青年学生在内)则并非其考虑的重点。

一方面,严复的政治观具有一定的合理性,但另一方面,其却忽视了近代中国社会的思想变革以及普通受众的价值取向和精神需求。具体来说,在思想文化层面,近代中国在世纪之交正处于由文言文向白话文转型、汉语语法走向变革的重要阶段。而严复在受众选择、语体选择、措辞选择等方面往往只是抓住了其中一些方面,而忽视或者未能注重其中重要

第七章 严复社会科学术语翻译适应选择的影响因素

的方面。换言之,受众选择,只是适应选择了士大夫阶层这一思想相对保守、影响力逐渐走向衰弱的一部分受众,而忽视了充满变革因素的年青一代;语体选择方面,也过于看重先秦文风,而没有考察和适应新文化运动前夕的语言改革的浪潮与势头;措辞方面,的确有"过于渊雅"的倾向,还包括一些生僻词、难检字,不利于受众理解、交流、使用,因此严复译名的传播十分受限。

7.1.4 术语翻译过程与译者主体性

国内学界对于译者主体性的研究由来已久,曾一度掀起热潮[①],而针对术语翻译中译者主体性的研究就目前看来则凤毛麟角,从CNKI检索文献来看,目前仅有胡庚申(2008)、仇蓓玲(2015)等学者从术语(学)角度论及译者主体性。而在术语翻译过程与结果研究中如何发挥译者的主体性是重要议题,而这对于术语翻译批评研究显得尤为重要,颇具理论价值和现实意义。译者在翻译过程中往往是比较慎重的,不能随意给出译名,而是在所处的历史、社会、文化、政治、经济等因素的影响和限制下,试图找到实现自身翻译目标的途径,因此需要深入考察和揭示影响翻译选择和译者适应选择的主客观因素,才能真正理解并科学评价译者的翻译过程及结果(刘云虹,2012:50)。有学者提出翻译博弈论来阐释术语译者的主体性,颇具新意,即将术语翻译研究重心从以往的术语"客体"转向译者"主体",突出术语译者在翻译过程中的主体性发挥,考察术语翻译过程中"译者主体"是如何做出的决策,如何做到译者所认可的均衡(仇蓓玲,2015:112)。

普通翻译实践和翻译批评如此,术语翻译实践和术语翻译批评也应当遵循这个原则和方法。在严复社会科学术语翻译过程中,其是如何发挥译

---

① 据不完全统计,国内就翻译主体性展开研究的学者有查明建、田雨(2003),穆雷、诗怡(2003),许钧(2003),袁莉(2003),胡庚申(2004),陈大亮(2004),辜正坤(2004),何自然、李捷(2012),刘云虹(2014),仇蓓玲(2015),蓝红军(2017)等对"翻译主体"这一主题展开了讨论,主体性由此成了我国翻译研究的一个热点。蓝红军(2017)指出,学者们主要围绕着译者展开翻译主体性的理论探索和建构,比较细致而深入地考察了译者的主体地位、主体性的表现和主体间性关系等话题,并逐步确立了以形式化、理性化为基础的主体性原则。

者主体性，是本节探讨的主要议题。如图7-1所示，严复作为术语译者，整个翻译过程的主导，需要做出一定的选择以适应原文的源语生态环境，同时也需要做出一些选择使其术语译名适应目标语生态环境。在这个过程中，译者与受众互动，统一于术语翻译生态环境中，译者的选择受翻译生态环境中的各个要素影响。

首先，在对源语生态环境的适应选择上，严复的选择主要体现在译前选材方面，严复所挑选的8部作品，均是带有进步意义、推动新思潮的经典之作。"严译八种"不仅涉及自然科学，同样涉及社会学、伦理学、政治学、经济学以及哲学等各类学科，从而引进西方的制度、思想、文化理论。严复挑选这样一些学术经典进行翻译和再加工，旨在启迪民智，向国人铺开一张社会变革的蓝图，鼓舞民众变法图存的决心。

其次，在对目标语生态环境的适应选择上，严复的选择则主要体现在在译文整体风格把握方面做出的一些特殊的适应选择。白话早在唐宋时期便已逐渐形成，至清朝末年时期，已有很长一段历史。明清小说的盛行，更是推动了白话文的普及发展。然而，针对近代社会的士大夫阶层，严复就特意放弃了白话写作，在修辞手法、构句方式等方面刻意模仿经史子集，文中经常使用排比和对偶等修辞方法。至于具体术语翻译实践中遣词造句，亦是译者精心选择的结果。考虑到受众亦多为文人志士，即便是术语译名也力求古雅。在当时的宏观语言环境下，严复的译文还是收获了大量的肯定和追捧的。《天演论》出版之后，迅速引起广泛关注，掀起了一股思想潮流，文中"天演""天择""物竞""淘汰"等术语都渐成报纸文摘中频繁出现的熟语和爱国志士津津乐道的热点。然而，译名求雅这一点，在现在看来，是否利于其顺应历史潮流从而适应翻译生态环境，仍颇有争议。

7.2 严复译名适应选择的受众主体性

根据适应选择论对术语翻译过程和结果的理论指导意义，本研究认为译者、受众和翻译生态环境的相互关联、相互适应、相互影响，构成了一个循环往复的互动关系链，具体可以用图7-2表示。

第七章　严复社会科学术语翻译适应选择的影响因素

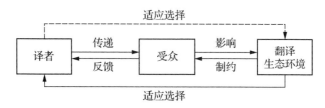

图 7-2　译者、受众和翻译生态环境三者互动示意图

首先可以看出，译者和受众、受众和翻译生态环境之间的影响是双向的。译者向受众传递信息，受众向译者反馈信息；受众群体可在一定程度上影响翻译生态环境，同时翻译生态环境又制约着这一群体。

进一步分析，翻译生态环境对译者具有一定的作用力。一方面，译者本身处于翻译生态环境系统中，需要调节自身翻译策略来适应性选择，或选择性适应翻译生态环境；另一方面，翻译生态环境系统中的语言、文化、社会环境等因素又制约着译者所面向的读者，而读者反馈给译者的信息，往往成为译者调整其翻译策略的主要依据。因此，翻译生态环境对译者具有双重作用力。

其次，翻译生态环境和译者之间的作用力又是双向的。译者面向翻译生态环境需要进行适应选择，同样，翻译生态环境面对译者也要进行一定的适应选择。

译者并非直接作用于翻译生态环境，而是首先对受众进行信息传递。随着读者范围的扩大和个体受众对信息接收程度的加深，译者及其译著对于集体受众的影响就会不断强化，而当受众群体扩大到一定程度的时候，就会引发翻译生态环境中某些因素的改变。此时，环境也需做出一定的变化，以适应该环境的译者和受众的需要。然而，这一作用是相对间接的、潜移默化的。

就以严复翻译过程作为案例研究：严复为译者，当时的士大夫阶层为主要受众，近代中国的语言、交际、文化、社会等各个要素构成的系统为翻译生态环境。严复试图把西方民主科学思想灌输给士大夫阶层，于是选择了翻译西方学术典籍，同时士大夫阶层的思想状态和审美观念又反馈给了译者，于是译者为了适应这一审美选择了文言文夹叙夹议的翻译手法；当时的宏观语境、社会背景等制约着读者的思想，然而一旦读者的思想发生转变，也势必会引起整个环境的变化。严复在进行选择以适应当时翻译生态环境的同时，由于宣传了西学先进思想，激励了大批有识之士，也在一定程度上推动了社会变革的发生。从这一角度上讲，社会发展的大致趋势符合严复翻译西学著述的初衷，这同样也可被视为翻译生态环境对译者的适应选择。

7.2.1　晚清民国时期的受众语言文化观

晚清民国时期是近代中国社会急剧变革的时期，这种变革涉及经济、政治、文化、语言、思想、科技乃至学术等众多方面。严复便是在这样一个充满变革的时期完成了8部译著，完成了社会科学术语翻译，而严复译名也是在这个时期从一度掀起追捧到逐渐淡去，再到评论褒贬兼有的变化过程。这期间需要充分考虑和细致分析的一项重要因素便是术语受众的语言文化观。

就晚清民国时期术语受众的语言文化观而言，可以从几个重要事件来分析。首先是八股文遭受诟病和科举制度的废除，而这归因于三方面的因素，即八股文考试僵化，选才用人不当，英日等国军事入侵及语言文化冲击，以及清王朝统治危机四伏、控制力衰弱（张亚群，2012：35-36）。内忧外患的情况下，封建王朝也将走到历史的尽头，与之相符的八股文、科举选才等语言文化制度、思想等都面临着变革。

第二个重要时间是晚清开始的留日学生潮。王晓秋（2006）将自1896年以来中国留学日本的情况做了系统梳理，认为可以分成五个阶段，即从13位中国青年受清政府官派留学日本开始，第一阶段为1896—1911年，留日潮的兴起和第一次高潮时期，第二阶段为1912—1930年，是留日潮的发展和风波迭起的时期，第三个阶段为1931—1945年，是中日战争和留日潮的曲折时期，第四个阶段为1946—1976年，是留日潮的低潮和萧条时期，以及最后第五个阶段从1977年到现在，是中国人留学日本的恢复和新高潮时期。与严复社会科学术语翻译紧密相关的显然是从第一至第三阶段，时间跨度为1896—1945，基本处于晚清民国时期。而其中1898—1907年这十年往往被很多学者定义为留日的"黄金十年"[①]，这时期青年留学生往往将日本和制汉字译名照搬回国，因此和制汉字译名一时间纷纷见诸报

---

① 参见许宪国：《"黄金十年"与中国近代留日潮》，载《日本问题研究》，2008年第2期，第57-59页及第64页。

第七章　严复社会科学术语翻译适应选择的影响因素

端，甚至在一定程度上压倒了传统译名，成为当时翻译界的主流趋势，使得曾在《劝学篇》中宣扬日本学术的张之洞，也被这种浪潮所困，并想方设法加以抵制，其在奏折中写道：

> 近来学堂新进之士，蔑先正而喜新奇，急功利而忘道谊，种种怪风恶俗，令人不忍睹闻。……至于论说文章、寻常简牍，类皆捐弃雅故，专用新词，驯至宋明以来之传记词章，皆不能解，何论三代？此如，籍谈自忘其祖，司城自贱其宗，正学既衰，人伦亦废。为国家计，则必有乱臣贼子之祸；为世道计，则不啻有洪水猛兽之忧。①

从上文可知，如同张之洞笔下所言，和制汉字如同"洪水猛兽"般地拥入从侧面印证了留日学生的语言文化观，其中饱含对日本语言及和制汉字的追捧与膜拜。

除了赴日留学的普通青年学生，还有学界权威和颇具社会影响力的人物，也曾逃亡或者留学日本，比如梁启超、王国维等，他们对于和制汉字则持肯定和认可的态度。其中王国维发表过相关学术文章，讨论新国语与新概念输入的问题，详见以下引文：

> 如上文所说，言语者，思想之代表也，故新思想之输入，即新言语输入之意味也。十年以前，西洋学术之输入，限于形而下学之方面，故虽有新字新语，于文学上尚未有显著之影响也。数年以来，形上之学渐入于中国，而又有一日本焉，为之中间之驿骑，于是日本所造译西语之汉文，以混混之势，而侵入我国之文学界。好奇者滥用之，泥古者唾弃之，二者皆非也。夫普通之文字中，固无事于新奇之语也；至于讲一学，治一艺，则非增新语不可。而日本之学者，既先我而定之矣，则沿而用之，何不可之有？故非甚不妥者，吾人固无以创造为也。侯官严氏，今日以创造学语名者也。严氏造语之工者固多，而其不当者亦复不少，兹笔其最著者，如 Evolution 之为"天演"也，Sympathy 之为"善相感"也。而天演之于进化，善相感之于同情，其对 Evolution 与 Sympathy 之本义，孰得孰失，孰明孰昧，凡稍

---

① 璩鑫圭、童富勇：《中国近代教育史资料汇编：教育思想》上海教育出版社，2007，第117页。

有外国语之知识者,宁俟终朝而决哉!①

从文中不难看出两点：一是王国维对于严复译名创制的努力比较肯定,但对其译名本身并非完全赞许；二是其对于日本所译汉字译名则主张采用。王国维的语言文化观不仅代表了许多留日学者的观点,而且对于年轻学人的影响巨大。而王国维之所以提出直接沿用和制汉字译名,原因在于创造译名艰辛不如因袭日本,这样可以加强中日学生交流,而且日本学者在译名创制时苦心孤诣,多用双字,其词义严密精准,完全可以借鉴使用（魏向清、赵连振,2012:117）。

综上所述,晚清民国时期术语受众的语言文化观比较复杂,且不尽相同,但其中的两个重要因素,即留日学生的增多和大量和制汉字译名的输入对严复译名,乃至严复部分译著的传播造成了一定的影响。

7.2.2 晚清民国时期的受众政治观

语言文化观是术语受众在译名评价和使用时重要的思想因素,但同时起作用的还有政治观。所谓政治观便是受众对近代中国及社会的政治地位和形势的判断,以及对欧美、日本等国的观点和态度问题。

近代中国社会,内忧外患,两次鸦片战争以及甲午海战使得清王朝岌岌可危,整个社会也逐渐沦为半殖民地半封建的状态,这一点绝大多数受众心知肚明。从朝廷到民众,都纷纷意识到问题的严峻,因此当时留学欧美、留学日本的做法也逐渐兴起。诸如京师同文馆、上海广方言馆、江南制造总局等官办学堂及工业生产厂相继在各地设立,这些都是当时有志之士为振兴国家、学习西方而做出的努力,得到了各地民众的响应,促使大量赴美、赴日及欧洲的少年和青年学生获得了更多深造学习的机会。

受众对欧美以及日本往往呈现比较复杂的情绪：一方面清廷不争气、国家挨打固然让人对欧美和日本产生抵制与愤恨的情绪,但另一方面,除了对清廷的昏庸无能表示无奈之外,对欧美坚船利炮、科技文明和人文学术思想又充满了向往和仰慕。而这种复杂的情感在受众对于日本的态度上则显得更加明显。

---

① 转引自王国维:《王国维文学美学论著集》,周锡山编校,北岳文艺出版社,1987。

第七章　严复社会科学术语翻译适应选择的影响因素

周围的许多事情往往会激发他们强烈的爱国热情,"几乎所有的留日生到日本后都会有突出的两点感受,一是对比一下独立自主的日本和世界发展大势,痛感中国的民族危亡……二是眼观日本的飞速发展,愤恨清廷的一蹶不振"。①

从上文可以看出,留日学生对清政府从失望走向了绝望,同时震惊于日本在明治维新后的快速崛起。从当时的实际情况来看,鉴于国力衰弱、国库因赔款而亏空等因素,借道日本以学习新知识、新思想,不仅在地理位置上胜于欧美,经济开支上也节约很多,因此在不少受众看来,近代中国社会学习日本的决心剧增,而这也是促成赴日留学"黄金十年"的群众基础。

综上所述,受众纷繁复杂的政治观,特别是对学习日本的复杂情感,给严复社会科学术语翻译及其译名创制与传播形成了不利因素,为严译的译后阶段创造了近乎恶劣的生态环境,毕竟就部分受众看来,现成的日本经验不学不划算,现成的日语汉字不用不明智。

7.2.3　严复译名与受众适应选择的主体性

严复社会科学术语译名没有沿用至今有两方面的原因:一方面,严复译名没有很好地适应目标语生态环境,过于求雅,受众狭窄,缺乏互动,不利传播。"严复这种追求译文语言本身的古雅是不可取的。'译须信雅达,文必夏殷周',这也是后世对严复有争论之处。"(霍光利,2002:116-118)学界对于严复译名的去留分析由来已久,相关研究也比较深入,如陈力卫、沈国威等,然而需要注意的是严复译名之所以只有极少数沿用至今,大多数封存于历史中,还有一个重要的原因即严复术语翻译的适应选择机制存在一定的排他性,即在严复15年的术语翻译生涯中,目标受众的定位相对狭窄、理据不足,而使得其译名未能贴近大多数受众的需求和思维习惯。

另一方面,受和制汉语译名冲击,部分译名在竞赛中惨遭淘汰。"明治维新以后,日语率先完成了向近代国语的转变,开始与西方文明连在一

---

① 转引自李喜所:《近代中国的留学生》,人民出版社,1987,第154~155页。

起，成为传递近代新知识的载体。"（沈国威，2010：122）国学大家王国维认为和制汉语译名比国人所创的译名更准确，且符合汉语双音节词的发展方向，例如，evolution 严译"天演"，日译"进化"；sympathy 严译"善相感"，日译"同情"。王国维（2009a）表示："日本人多用双字，其不能通者，则更用四字以表之，中国则习用单字，精密不精密之分，全在于此。"而这样看来，严复的译名依旧未摆脱国人翻译的旧疾，"创造之语之难解、其与日本已定之语相去又几何哉"。的确，严复的单字译名较日译更为复杂难解，而且单音词在读音上没有词组型术语那么朗朗上口，在传播方面竞争力略低。

此外，译者严复在对术语翻译生态环境做出多维度适应和选择时采用的翻译策略难以适应整个发展潮流。因此，严复社会科学术语译名地位的退化，可以视为翻译生态环境不断发展导致大量译名难以适应的结果。当然，也有生命力顽强的音译术语译名，例如 logic 这一术语，严复在不同语境中酌情使用了音译的"逻辑"和意译的"名学"这两种译名，反倒是前者"逻辑"如今广为流传。

7.3 严复译名适应选择的生态环境制约

术语翻译虽然分为译前、译中、译后三个阶段，但实际上三个阶段紧密相关，与之相应的译者适应选择机制和受众适应选择机制也相互作用，进而构成了术语翻译整个循环系统，促进了术语的跨语言传播与概念的跨文化旅行。

7.3.1 适应选择机制的相关因素

严复的社会科学术语翻译对近代中国影响深远，意义重大。19世纪末，严复作为翻译过程中心的译者，"不仅深深地沉浸在中国文化中，而且沉浸在中国的社会，政治和思想的特殊局面中。他的关注点是他那一代人的特别关注点。中国文化作为一种普遍存在与这样的局面和译者本人的反应密不可分。"（Schwartz，1964：4）在对源语生态环境和目标语言生态环境的适应选择方面，严复综合考虑了社会环境、读者群体、目标受众等

第七章　严复社会科学术语翻译适应选择的影响因素

诸多因素，在翻译题材、翻译风格、翻译策略等方面都做出了适应选择，也在当时引起巨大反响，从这一点来说，严复译名有其成功之处。然而，译者本身生活的时代背景和历史环境等又对其适应选择策略造成了一定的制约，使其不能完全适应整个语言环境剧烈深远变化的发展要求。若要以此为例归纳术语翻译适应选择机制，需要考虑的因素有以下几个方面：

第一，术语翻译标准问题。值得注意的是，要归纳相对成熟的术语翻译的适应选择机制，不仅需要分析术语翻译过程的本身，还需要参考术语翻译的标准，才能对翻译结果进行正确的评估。鉴于译名确立过程中所涉及的领域庞杂，术语的评价标准应该具有多样性。如前所述，在姜望琪和侯国金的论辩中，前者提出准确性、可读性、透明性等几条评判标准，并"主张宁准而不可读"（姜望琪，2005：80-83），而后者并不同意"准确性第一位"的要求，质疑"透明性"的可行性，并提出自己的"系统-可辨性原则"，认为按轻重缓急来排序"从他、从众、从己"，应该是"从众＞从他＞从己"，以尽量维护术语翻译的规范性（侯国金，2011：98）。

实际上，在术语翻译标准方面，姜望琪和侯国金二位的论辩是"彼此互补而非相互冲突"的，由于"术语及其翻译的本质属性不可能是单一，而是复合的"，他们二人的观点其实"分别强调了术语本质属性的不同方面"。胡叶、魏向清（2014：17）以严译8种中所涉及的人文社会科学术语为例，其主要属性有6种，即"单义性""系统性""简明性""理据性""稳定性"和"能产性"。魏向清（2010：165-167）考虑到这一特殊类别属性，对最终翻译结果的评判亦应从多角度出发，将"局部微观评价和总体客观评价有机地结合起来"（吴义诚，1997：5）。

第二，术语翻译的历史语境问题。术语翻译及相关概念的跨地域、跨文化传播不是孤立的事件，是在一定的历史条件下，译者对外来术语的内涵进行理解和外延进行把握，并转换成目标语表达的学术交流行为和文化迁移活动。以严复的社会科学术语翻译为例，他就是在近代中国的特定历史背景下，结合自身所见所闻及所学所思，将8部西学名著中的重要概念、人名地名等翻译成汉语术语及表达，将有关哲学、经济学、逻辑学、法学及社会学等相关学科的重要概念引入近代中国社会，成为西学东渐中学术性较强的跨语言与跨文化交流。正是在近代中国历史语境下，整个社会需要新思想、新观念，严复顺应历史潮流，响应时代号召，并身体力行将西学译介入华，有别于梁启超等人的借途日本学西方的思路。

再从术语翻译的受众来看，历史语境也同样重要，同样会带来影响。当时的中国社会在学科分类及学术思想等方面均不及西方，学科分类比较模糊，学术思想相对滞后，而西方学科门类已逐渐明朗化，学术思想活跃，注重分析、观察与实证相结合，善于抽象思维，擅长归纳推理，这些都是近代中国社会知识分子所急缺的重要素养和能力。因此，在理解和掌握西学重要概念及术语表达等方面，必然存在诸多困难和障碍，仅凭翻译者严复一人之力，恐难以扭转乾坤，至多带来了思想上的震撼与警醒，但在觉悟提升和执行力增强等方面尚欠缺火候。

相比之下，邻国日本经历明治维新之后，进步很大，无论在学术思想、在兰学翻译和西学译介等方面均有一批批学者做出的努力，因此已经形成了规模效应，并且取得了显著效果。以梁启超为代表的学者及同时代的青年学生或旅居日本，或留学东瀛，将从日本学来的一套套西学思想和理论搬入中国，同时也带来了众多和制汉字术语，与严复所译术语形成了对比和竞赛，并最终以压倒性优势在现代汉语中保留了大部分。

需要指出的是，这些和制汉字术语的保留与流传并非国人之羞，也并非严复的术语翻译能力不足。从术语翻译的跨语言跨文化传播来看，语言接触过程中的词语借用实属正常现象，在汉字文化圈时有发生。在甲午战争之前，中国一直是汉字文化圈的中心，在向日本、韩国、朝鲜及越南等地传播华夏文明的同时，也自然将众多汉字术语及其表征的概念传播到这些国家和地区。而在甲午海战后，随着经济、军事等方面形势的扭转，日本逐渐替代了中国在文化圈的核心地位，并开启了向包括中国在内的亚洲各国传播日本文化及和制汉字术语等。汉字文化圈内部千年的文化互动及语言接触促使了汉字的衍生与互借互用，这是人类历史发展进程中语言演变的规律使然。

同时，就严复的翻译能力与水平而言，在近代中国社会应属于一流水平，康有为、胡适、梁启超、毛泽东等著名历史人物均盛赞严复的翻译贡献。而且严复有选择性地完成了西学著作中约 200 万字的翻译文稿，本身并非易事，但客观条件的不成熟使得严译未能传播开来。严复与夏曾佑等人创办的《国闻报》第二年就因时局被朝廷勒令停刊，并最终被卖给了日本人。这对于翻译家严复及其译作、译名而言，可谓晴天霹雳，传播途径

第七章　严复社会科学术语翻译适应选择的影响因素

被断,受众覆盖面收紧,传播效果可想而知。相比之下,和制汉字频频见诸报端,并被青年学生广为传抄和使用,其影响力及传播效果逐渐超越严译。

第三,术语翻译受众的能力层次及现实需求问题。就当时的术语翻译受众而言,严复笔下以儒雅见长的术语译名对受众提出了很高的期待和要求,正如梁启超所言,"不是熟读古书的人,颇难索解"。而在当时社会实情来看,囿于经济条件和教育水平等因素,文盲、半文盲的比例不在少数,受众的能力层次参差不齐且总体水平相对有限,熟读古书或古文功底深厚者相对偏少。简言之,能够理解并参透严复译名的受众不在多数。同时,20 世纪初期以降,在废科举、弃八股的一片呼唤声中,受众更加期待和渴望简明易懂或通俗清新的文字表达,新文化运动之前的文白转换趋势也渐成气候。因此,从属于翻译受众的能力层次及现实需求来看,严复译名不占优势,而和制汉字译名较好地迎合了多数受众的现实需求,便得以传播开来。

7.3.2　译者、受众与翻译生态环境的相互关联

同时,在分析过程中,我们也要注意到:翻译生态环境对译者具有双重作用力,翻译生态环境和译者之间的作用力又是双向的——前者作用于后者较为直接,后者作用于前者则相对间接。译者和受众,受众和翻译生态环境这两对对象相互作用,且译者和受众最终有机统一于整个翻译生态系统中,互联互动。

在严复翻译适应选择的过程中,影响因素主要有:原文的内容体裁风格、源语语言环境、受众(包括第一批读者即赞助者、提出建议的友人等,其次士大夫阶层,最后影响扩散至全体受众)。而起决定作用的还是译者本身的相关因素:译者个人生平经历;翻译前期译者所做准备;翻译时译者的生活状态、生活环境及整个社会环境;翻译过程中所做的策略调整;译作问世后译者的自我评价与改进;译者所处环境的动态变迁;等等。

当然,对于译本的解读需要着眼全局,"不局限于语言分析,还要具体考证原文、原文文化、原文的社会、译者、译语文化和译语的社会等等",总之"要适应译者和译本所处的特定的翻译生态环境"(焦卫红,

2010：10）。如今的适应选择理论尚有更多空白待填补，我们在研究时应积极思考，把术语译者和受众代入翻译生态环境，辩证统一地分析各种翻译活动和翻译现象。针对术语翻译过程，以及不同种类术语的属性，展开更加具体的研究，使得术语翻译适应选择机制的归纳更加系统完善。

如前所述，严复的社会科学术语翻译对整个近代中国社会的思想、政治、教育等诸多方面产生了巨大影响。译者与受众均处于特定的翻译生态环境中。然而译者和受众对于翻译生态环境具有各自不同的取舍，即所适应的因素和选择的重点未必统一。对于力求通过翻译西学救国救民的严复而言，他所适应的因素包括中国文化本质上的可取之处，可以格义和比附西学先进思想，并通过中文汉字的创译、音译、意译等方式来翻译西学重要概念，以期传播西学中的重要思想。客观而言，严复的所思所为存在一定的合理性，也在当时社会引起了巨大反响，唤起了人们的民族意识和学科意识。此外，受众对于错综复杂的翻译生态环境往往存在避重就轻或注重省力的倾向，即受众在对众多译名的选择适应过程中，往往倾向于选择和关注当前较为流行、使用范围更广，且易于理解的术语译名，这也是术语命名和术语翻译过程注重经济率的一个重要理据。

学界目前对适应选择理论尚有探索的空间和应用的领域。我们在研究时应积极思考，把译者和受众代入翻译生态环境，辩证统一地分析各种翻译活动和现象，这一点对于术语翻译的适应选择机制研究尤为重要。

7.3.3　严复社会科学术语翻译的多层制约因素

严复的译著虽然在当时反响巨大，在如死水一般陈腐的思想界激起千层浪，但可惜的是，他的许多社会科学术语译名现今并没有留存下来，而是在与和制汉语译名的竞赛中被历史和社会淘汰了。根据团队调查统计显示，除了"逻辑""乌托邦"等少量术语译名至今广泛沿用之外，其余绝大多数译名往往只有翻阅古籍或者做相关研究时才会涉及。之所以出现这种局面，在很大程度上归结于严复社会科学术语翻译的多层制约因素，即宏观、中观和微观三个层面。

从宏观层面而言，前文提到严复翻译的 15 年是近代中国社会在政治、经济、文化和语言等多方面正发生重大变革的时期，政治上逐渐沦为半殖民地半封建社会，经济上清政府财库亏空、疲于应付赔款故大肆搜刮民脂

第七章　严复社会科学术语翻译适应选择的影响因素

民膏，文化上正酝酿着五四之前的"新文化运动"，以及随之而来的语言变革，即废弃八股文、终止科举考试，留学欧美逐渐为留学日本所取代，所有这些都构成了严复社会科学术语翻译的历史大背景和宏观条件。从严复术语翻译的策略、方法、手段来看，宏观条件对于严复在术语翻译问题上的所思所为显然是弊大于利，这也为严复译名的流传设置了重重障碍。

从中观层面来说，严复译名与和制汉语译名各自有着自身的命名理念和方法，也都是术语译者经过一定的思考、适应和选择而给出的结果，然而两者之间的对比、竞争与留存定型也形成严复译名在中观层面必须面对的一个主要制约因素。严复作为术语译名和主要推广者，与和制汉字译名、其译者及众多的推广者和使用者在推广力量上的悬殊，使得两类译名在对比和竞争的一开始就出现了一边倒的情形，即和制汉字译名在推广、使用等方面优势明显。

从微观层面来说，严复译名本身有着自身的理据和特点，但同时存在一些有待提升的空间，即常被人诟病的"过于渊雅"，生僻而不易理解，不通晓古书者往往很难理解严复译名的内涵与意义，更别说使用和传播这些译名。

尽管适应选择结果并非尽如人意，严复的部分译名仍具有重要影响力，值得赞誉和肯定。就《天演论》中术语译名的确立，严复在书中颇为谦逊地表示"他如物竞、天择、储能、效实诸名，皆由我始，一名之立，旬月踟蹰，我罪我知，是存明哲。"严复所首创的"物竞""天择""储能""效实"等术语译名，虽然有一部分没有保留下来沿用至今，但是他在钻研术语翻译方面苦心孤诣的治学方法、兢兢业业的治学态度，以及虚心虔敬的治学精神，都是值得当今术语翻译研究者思索与学习的。

严复译名之严谨，一字一句皆细究其义，力求用词贴切。就如《天演论》题目中，一个"天"字就可谓微言大义。严复自言，"以神理言之上帝，以形下言之苍昊，至于无所为作而又因果之形气，虽有因果而不可得言之适偶，西文各有异字，而中国常语，皆谓之天"（王栻，1986：921-922），只"天"一字便将西语中难以名说的玄妙道尽。"对'天'字，严复剖析甚精，划分出三意。但'天'字不论用何意，都能同时使人感到另外两意。因此'天演'虽用第三意，却仍可使人感到第一、二意。"（王克非，1987：53）这也是中华文化和汉语的博大精深之处。然而尽管"天演"二字玄妙，今人挂在嘴边的却是"进化"一词。

又如《群学肄言》中表示"群"与"己"的一对概念：total（aggregate）和 unit，严复就将其分别音译成"拓都"和"么匿"，虽然亦有些许意译的成分在内，但即便如此，在当时很多人看来仍不知所云。这往往是音译词的劣势所在，即意义透明性不足，译名读者或使用者对其往往不知所云，如果没有长期使用，则很难流通传播，更不用说流传久远。"源语语言和目的语语言的可分解性、造词者的分解能力等都将给新词带来影响。意译要求译者对源词的意义用法要透彻理解，融会贯通，然后在目的语中找出一个词语，能最大限度地保持意义上的近似。"（沈国威，2008：144）对于不熟悉源语言英语及对应源词的人来说，音译术语译名难以从字面上去理解，远不如"社会"和"个体"、"团体"和"单位"这样的释义更容易令人接受。这样的术语译名往往难以适应目标语生态环境，存活率和生命力较低。

7.4 本章小结

本章在第五章和第六章的基础上，对严复社会科学术语翻译适应选择的诸多因素进行了考察和分析，探讨了其中的双重适应选择机制，包括术语译者的适应选择机制和术语受众的适应选择机制两个方面，提出术语译者、术语受众及翻译生态环境三者之间存在相互影响、相互作用的互动关系链，并结合个案从宏观、中观、微观多个层面对严复社会科学术语翻译过程的制约因素展开了考察。

术语译者的适应选择机制主要作用于译前译中阶段，是术语译者作为术语翻译的中心并发挥主导作用的主要模式，相关因素涉及译者的目标受众定位、译者对源语生态及目标语生态的理解与把握，译者对源语知识体系和目标语知识体系的对比分析，以及术语译者对术语翻译所持的标准和原则等。术语译者试图在这些因素中做取舍和衡量，以期能够生成最佳的术语译名。

术语受众的适应选择机制则聚焦术语翻译的译后阶段，以受众为中心，主要关涉历史语境、语言习惯、术语语用、传播途径及文化心理等因

第七章　严复社会科学术语翻译适应选择的影响因素

素。需要指出的是，术语受众未必是术语译者的目标受众，这两种受众有时完全重叠，但大多数情况下并非完全等同，严复社会科学术语翻译的目标受众和译后阶段的术语受众就不完全对称，因为严复的目标受众主要是士大夫阶层，而译名传播过程中的术语受众则包含不计其数的众多社会阶层的人们，包括文人志士、青年学生、普通读者等。

同时，术语译者的适应选择机制和术语受众的适应选择机制有一定交互作用。具体说来，前者是后者的基础与前提，后者对前者施以反作用，这种相互作用对于术语翻译、术语规范化、术语译名统一等具有自我调节的功能，是语言发展和术语演变过程中的一种自我完善。

基于上述相关方面的多层次分析，本研究提出"术语翻译交互适应选择论"，即术语翻译过程中，术语译者和受众均参与译前、译中、译后的适应选择过程，各方参与的程度和作用有别，但均发挥一定的作用。术语翻译交互适应选择论缘起于翻译适应选择论，同时统筹兼顾术语翻译的特殊性和复杂性，不仅注重考察术语译者的主体性，而且将术语受众进行细分和归类，进而为术语翻译的过程研究和结果考察提供了更新的视角和方法。译者的语言翻译观和政治观对于译名生成与创制、术语翻译适应选择起到了支配作用，而术语受众的语言文化观与政治观在术语翻译过程中也发挥了一定的作用，并对译者施加了一定影响。将术语译者和术语受众结合起来综合考察，能够让社会科学术语翻译的过程研究和结果研究做得更加全面和深入。综上所述，本章结合术语翻译交互适应选择论，对严复社会科学术语翻译的考察做到动态与静态相结合，广度与深度兼顾，总体和个案并举。

第八章

结论:严复社会科学术语翻译研究的当代借鉴

本章为结论部分，将对本研究的主要发现进行整理和总结，并提出理论与实践方面的启示以及方法论方面的参照意义，同时也对研究的不足进行反思，最后将就未来相关研究提出建议和展望。

8.1 本研究的主要发现

如前所述，本研究通过建构严译术语库，对严复8部译著中出现的重要概念及相关术语进行拉网式的收集与整理，进而对严复社会科学术语翻译的总体特征、过程特征和双向特征进行了较为全面的考察与分析，归纳了严复社会科学翻译的双重适应选择机制，即术语译者适应选择机制和术语受众适应选择机制，探索了术语译者、术语受众及术语翻译生态环境之间的相互关联与相互影响，并在此基础上提出了术语翻译交互适应选择论。

8.1.1 严复社会科学术语翻译的总体特征

从相关统计分析来看，基于术语数据库的严复社会科学术语翻译研究能够对严复社会科学术语翻译的总体特征有较为系统的把握。严复社会科学术语翻译的总体特征主要体现在以下三个方面，即语言特征、译名方法、翻译策略、概念处理及历史际遇，其中前面两者属于译中阶段的主要因素，最后一个方面则关涉译前、译中、译后三个阶段。

首先，从语言特征方面来看，原著英语术语构成呈现出单词型术语数量众多、词组型术语比重大等特点，严复社会科学译名则呈现出词组型术语居多及名词性特点突出等情况，且严复译名注重汉语的字本位，多源于以儒家思想为主要代表的经典史籍。严复对中国传统文化，特别是儒家思想颇为推崇，认为中西文化之间虽然有差异，但可以会通交流。严复本人不赞成张之洞等提出的"中学为体、西学为用"的说法，他认为中学西学均有其精要，可以相互借鉴，清末民初的中国社会不仅需要学习西方的先进思想，更需要从儒家等经典史籍中寻找救国救民的良方。

其次，从翻译方法来看，严复译名总体呈现出意译、直译居多而音译较少的特征，就各论著中的核心术语而言，严复则采取了意译为主、音译

第八章　结论：严复社会科学术语翻译研究的当代借鉴

为辅的方法。由此可见，严复对各部译著中的重要概念在理解与传达过程中给予了较多的关注与思考，以免影响到译著核心思想的传达。术语译中阶段，严复始终秉承中西融通、相得益彰的思想，虽然一方面也饱受日文和制汉字的影响，以及梁启超等文人志士对其译作风格过于渊雅的诟病，但严复坚持用信、达、雅三字原则来统领自身的翻译实践。在术语翻译方面，严复注意区分核心概念和普通名词：核心概念主要通过格义、意译等方法，力求传达思想、结构合理、意思透明；而普通名词方面，碍于中西文化差异及英汉语言之间的词义空缺现象严重，主要通过音译的方法来处理。从翻译策略而言，严复主要采用归化的翻译策略来应对社会科学术语的翻译，即通过中国传统文化和学术思想来诠释和解读西学思想，试图在中西之间搭建融通的桥梁。从概念应对来说，严复主要通过概念直接输入、概念汉化及概念融合等手段来译介西学的重要概念，其中概念的直接输入和概念汉化的使用居多，体现了严复对中国文化的信心和融通中西、促进中国学术发展、构建话语体系的决心。从学科权重及原则选择方面来看，严复对比分析了中西在重要领域的差距，试图通过社会科学术语翻译来开启近代中国人群（特别是其目标受众：士大夫阶层）的智慧，革新思想观念，拓展思维方式。

最后，从历史际遇方面来看，严复在译名创制、审定及宣传推广等方面做出了巨大努力，也对和制汉语提出异议和反对，然而囿于传播途径受限及客观上文言文向白话文转变的历史进程，严复译名大多数被封存于旧书古籍中，未能传播推广。从当时的客观条件及语言生态环境而言，严复社会科学术语翻译面临着重重困难，如当时国人普遍文化程度不高，对西学有系统了解和学习的甚是寥寥，文言文向白话文转型已是大势所趋，甲午海战后借途日本学西方的做法受到许多年轻人的青睐和效仿，如此种种，均对严复社会科学术语翻译提出了挑战、设定了障碍，最终使得严复的术语翻译方法未能取得最佳效果，只有少数译名得以推广和留存。毋庸讳言，虽然严复社会科学术语翻译的结果虽然存在一些不足，译名去留方面也有许多遗憾，但严复的术语翻译实践及其理论思考为学界留下了宝贵的精神财富。

综上所述，严复在翻译 8 部译著的十余年中，对其中社会科学术语的翻译花了一番心血，体现了一位译者在中西文化之间搭建沟通桥梁的良苦用心。术语译中阶段,严复在术语译名的构造和翻译方法等方面形成了自己的一贯特色,十余年保持不变,虽然期间也间或使用和制汉字译名,但总体而言,他更多地使用由中文汉字创译的译名。在术语译后阶段,严复译名面临重重困难,最终未能得以推广,而和制汉字逐渐传播开来,并且大多数最终融入汉语,流传至今。

8.1.2　严复社会科学术语翻译的过程特征

译者在翻译活动中需要考虑诸多因素,包括文化立场的表达、翻译文本的文化重构,并对"异化"与"归化"这两种翻译策略进行取舍(许钧、高方,2004)。术语翻译过程中术语译者也需要考虑相关因素。严复在翻译社会科学术语的过程中体现出他的审慎态度,及其对译名在理解与表达中所做出的适应与选择。具体说来,在译中阶段严复遵循一定的适应选择机制,试图从中国经典文化史籍中寻找词汇和思想来比附西学概念,并尝试通过格义、创译、造词等手段来进行术语译名的探索。同时,在术语译后阶段,受众对包括严复译名在内的众多新术语、新表达存在适应、选择、评价和传播等一系列环节,也遵循一定的适应选择机制,以历史语境、语用特征、文化心理、传播途径和语言偏好等为主要考虑因素,从客观上对术语译者进行了反馈与回应。

从术语译者来说,严复社会科学术语翻译过程的特征主要体现在严复的主导思想,即以中国儒家文化为主导,以经典史籍为依托,注重汉语的字本位,力图以中解西、以西促中。正是出于这种对中国传统文化的理解与信心,对西学思想的尊重与推崇,严复充分发挥自身的文言文功底,致力于翻译和传播西学思想及其重要概念,旨在实现"开民智、鼓民力、新民德"的远大抱负。就其术语翻译过程而言,可以说是十分艰辛的,内心充满矛盾且思想斗争激烈。艰辛在于,十余年如一日,尝试在汉英语义词汇空缺间及中西文化差异中找寻会通的手段、沟通的桥梁。严复的内心矛盾及思想斗争主要体现在两个方面,即:中国传统文化思想如此博大精深,然却落入外受列强欺凌、内受昏庸王朝压迫的境地;尝试创译和生成了许多基于经典史籍的译名却遭遇和制汉字译名且自身作为译者面临部分受众的质疑与不解。在这一特定的历史时期,术语译者之难与苦在严复身上体现得淋漓尽致。

第八章 结论：严复社会科学术语翻译研究的当代借鉴

从术语受众来说，严复社会科学术语翻译过程的特征体现在以下方面，即：术语译后阶段遭遇和制汉字译名的对比与竞赛，而留日潮的黄金十年（1898—1907）为和制汉字译名传播提供了大批生力军，他们是和制汉字译名的使用者、爱好者和传播者，而严复译名仅因译著思想之振聋发聩而取得一定的认可和宣传，但又因过于古雅和生僻等故而未能得以推广。因此，从这个意义上来说，严复社会科学术语翻译不但经历了译前译中的艰辛与坚守，还遭遇了译后的冷遇与无奈。严复的社科术语翻译遭遇令人扼腕的同时也发人深省。当然，从学术研究和术语翻译探索的角度，不宜仅仅从结果来评判译名的孰优孰劣，毕竟严复十余年的刻苦钻研和笔耕不辍及其良苦用心，不仅仅是有据可查，而且严复译著及其翻译思想对清末民初乃至今天的学界均产生了深远影响，值得系统考察和深入研究。

8.1.3 严复社会科学术语翻译的双重适应选择机制

严复社会科学术语翻译的双重适应选择机制包括两个方面，即术语译者的适应选择机制和术语受众的适应选择机制。

就严复社会科学术语翻译来看，术语译者的适应选择机制为以西学著作为蓝本，以中国古典经史子集为主要参照素材，以士大夫为主要目标读者，对西学术语进行汉译的主要方法呈现总体以音译居多、核心概念以格义和意译为主的特征，旨在将西学中的众多重要概念译介入近代中国社会。虽然结果未能如严复所愿，但从严复初衷里不难看出他对中国传统文化十分有信心。正如严复晚年所言："西学有道理，中学也不可废云云。"适应选择机制的相关因素包括汉语生态、中国学术话语及其知识体系，英语生态、西学学术话语及其知识体系，同时还包括历史语境（即特定时期的社会文化、政治、经济、传播媒介、语言习惯）、目标受众定位及其思维习惯等。

具体说来，中西方文化差异悬殊，中国学术话语尚比较零散，且学科门类划分不明，而西学思想较为深刻，学科划分相对明晰。同时，就严复看来，目标受众主要为当时封建朝廷的士大夫。严复寄希望于这一类文人志士，以期通过改变他们的思想培育国人的学术素养。因此，严复在社会科学术语翻译的译前译中阶段主要围绕着这些因素来展开思考与分析，并最终形成了自身术语翻译的总体特征和翻译风格。严复在十余年里先后向社会及学界推出了8部西学作品的汉译本,并将相关译名展现在世人面前。

另一方面,术语受众的适应选择机制体现在历史语境、语言习惯、语用特征、传播途径等形成合力,影响并决定了术语受众在多个术语译名间进行遴选和甄别,并促使术语译名的推广与定型。在术语翻译的译后阶段,受众范围自然得以扩大,不再是译前译中阶段严复心中的目标受众,这对于严复译名而言来说显然是一种冒险和挑战。然而,术语翻译的译后阶段与译前译中阶段的最大区别在于,译后阶段是以术语受众的意志为主导,而不是译前译中时的以译者为中心。因此,严复译名与和制汉字译名一起成为了全体术语受众的可选项,只不过就传播途径而言,严复译名的传播途径较少,即多数术语受众能接触到严复译名的机会很少,往往仅限于"物竞天择、适者生存"等当时流行的口号或标语。而和制汉字译名则不然,当时多家报纸、杂志的广泛使用与传播,以及留日青年学生的争相使用,加上梁启超等社会公众人物的极力推荐,其曝光率远远高出严复译名,因此最后的传播效果可以想见。

术语翻译过程的适应和选择是一个循环往复的过程。在翻译过程中,"译者遇到一系列连续发生的情况,必须在一系列的选择中作出一个选择"(Lévy J, 1967)。谭载喜(1991:246)指出,译者的选择贯穿于翻译的全过程,并且各个选择又彼此相连,最先作出的选择为后来的选择创造了某种上下文。而选择本身也蕴藏着译者对于翻译生态环境的一种适应和自我调整,并且这种适应和调整往往受到多种因素的影响和制约。同时,从翻译的整个过程来看,所有相关的一系列选择活动和过程并不是一个严格有序的线性序列,而是呈现出不确定性、复杂性的非线性特征(宋志平,2012:13)。

翻译选材是译者最先需要考虑的事项。维新派思想家、政治家梁启超曾撰《变法通议》宣传改良思想,其中便有专门一篇为《论译书》。他在文中写道:"故今日而言译书,当首立三义:一曰,择当译之本;二曰,定共译之例;三曰,善能译之才"(梁启超,1984:11)。所谓"择当译之本"指的就是翻译的选材问题。以严复翻译《天演论》时所处的时代背景和社会环境为例:《天演论》发表时正值清朝晚期,甲午惨败,恰是遭列强瓜分、民族危亡之际。他选择 Henry Huxley 的 *Evolution and Ethics*(现亦译作《进化论与伦理学》)来翻译,阐述"物竞天择,适者生存"

第八章　结论：严复社会科学术语翻译研究的当代借鉴

优胜劣汰的自然法则，进而推演到人类社会法则，在当时可谓是振聋发聩，起到了启迪民智的效果。在特定的历史环境下，严复以警醒士人、救亡图存为动机，为适应社会环境及民众需求，最终产生了选择翻译《天演论》的结果。

在《论世变之亟》中，严复坦言了在交际方面遇到的障碍："夫与华人言西治，常苦于难言其真。"（王栻，1986：2）当时的国人才刚开始被迫"睁眼看世界"，西学理论的普及度远远谈不上广，而民众对西方思想体制的认知程度也完全谈不上深。即便是文化教育程度较高的士大夫阶层，也未必能很快接受西学的思潮。更重要的是，不少保守的旧儒和官员更倾向于当时被视为正统的孔教，对西学或多或少怀着抵触甚至不屑的心理。因此，面向这样的受众进行交际可谓困难重重。要想让这一群体撇开成见，以一种更为自然的方式接受文本所传递的信息，就要在反应过程中进行一定的"本土化"处理。"严复翻译话语在单音词的使用、词类的活用、语气词、句子的词组化现象、判断句的无系词结构、排偶句等方面都继承了先秦词法句法的特点，摒弃了先秦汉语的极个别不合时宜的落后方面，因而严复译文呈现出先秦文言的气象。"（韩江洪，2007：115）严复在自己理解的基础上，以中国传统的先秦古籍为典，用时人喜闻乐见的文言文方式对原文本进行了再创作。

然而，严复的术语译名并未很顺利地适应时代潮流和历史变迁。严复推行"物竞天择"的天演思想，影响启发了整整一代爱国先驱和有识之士，其中就有鲁迅。鲁迅在旅日后期的文章，在很大程度上都可看成是受进化论思想的启迪。然而，从他当时的作品中，却鲜见严复术语译名的痕迹。这一点可以从其作品中与进化论有关的术语的使用频率看出来：《鲁迅全集》中，和制汉语"进化"使用101次，而严复译名"天演"只有10次。由此可见，相比较而言，鲁迅似乎对和制汉语的译名颇为认可，对早先接触并视之若醍醐灌顶的严复译文却并没有过分强调，甚至可以说是忽视。

究其原因，其实涉及历史发展中译名的竞赛与对抗。以各个重大历史事件为节点，甲午中日战争于1894年爆发，这次惨败唤醒世人救亡图存之心，"康梁他们提出以强敌为师，开启留学生东渡之先河，随后兴起的'广译日书'则成为另一种新的冲击波，广泛波及晚清的政治、思想、文化。"(陈力卫，2014：2)；丧权辱国的《马关条约》于 1895 年签订；严复翻译完成《天演论》，并于 1896 年出版问世，可谓给国人一记当头棒喝，恰逢其时；进而随着民主革命的兴起，1915 年浩浩荡荡的新文化运动也拉开了帷幕。在不同时期的历史语境下，严复译名的境遇也不尽相同。

众所周知，鲁迅便是新文化运动的代表人物之一。他尽量避免"天演"这样的字眼，转用"进化"二字，或许是为削弱中国封建社会的人们潜意识里对"天"的崇拜，从而将注意力转回到"人"的自身来，鼓励人的觉醒与斗争意识；强调"人为"，而不仅是"天演"。例如在赫胥黎所著 *Evolution and Ethics*[①] 原文中有这样一句陈述：

> One year with another, an average population, the floating balance of the unceasing struggle for existence among the indigenous plants, maintained itself…

> （"年复一年，它们保持着一种稳定的类群数量——也就是说，通过内部不断的生存斗争，它们之间形成了一种动态平衡。"）[②]

严复译文中与此相对应的一句是"是离离者亦各尽天能，以自存种族而已"（赫胥黎，2014）。由此可见，严复将草木年复一年的"unceasing struggle"，涵盖在其"天能"之中。而在"天"的压倒性下，其中所蕴含的宣扬人之主观能动性的积极寓意，即鲁迅所倡导的由内而外的打破与革新，也就被弱化了。在新一波时代浪潮下，严复的译文未免还存着旧时读书人的守旧，这也是其译名难以长久留存、广泛传播的原因之一。此外，新文化运动中的一项重要任务就是打击"尊孔复古"的逆流，提倡白话文，反对文言。很有可能不仅"天"这种玄之又玄的字眼让鲁迅选择了刻意规避，严复译文的整体文言风格也不是新文化运动广泛推行的。因此，不难理解，相对于古雅深奥的严复译名，鲁迅宁用浅白新颖的和制汉字为载体去推行新兴思想和进步观念。即便是"进化"一词，在五四运动后，也"逐渐为'创造''革命'等字眼所替代，更突出了新旧、古今之间的隔绝与对立"（惠萍，2012：108）。在此类种种因素作用之下，严复

---

① 参见巴诺书店（Barnes & Noble）推出的 2006 年版本。
② 转引自赫胥黎《进化论与伦理学》（全译本），宋启林 等译，北京大学出版社，2010 年出版，第 3 页。

第八章 结论：严复社会科学术语翻译研究的当代借鉴

的许多译名自那时起便已开始逐渐淡出读者的视野。

从鲁迅对术语译名选择的重心偏移，可以管窥严复社会科学术语译名在语言环境变迁下适应选择的历程。但这也并不意味着对严复译著价值的否定，同一时期的"胡适与蔡元培都是支持白话运动的主将，但他们却能以同情的态度，了解古文对当时学者的意义，因而肯定严译的贡献"（黄克武，1998：89）。

结合近代历史文化语境，我们发现，严复术语译名的鲜明特色，在某一个特定的时代固然有其卓越成功的一面，但往往局限于整部译本（特别是首部译著《天演论》问世后所产生的轰动与影响力），而实际能够流传的术语译名则是凤毛麟角。就历史的迁移和社会环境的动态变化来说，原本值得称道之处又很可能成为制约其发展传播的桎梏。因此，分析社会科学术语翻译的适应选择过程有必要结合历史语境从多个角度展开，从而客观地、全面地去评价和审视。

8.1.4 术语翻译交互适应选择论

社会科学术语翻译与适应选择论结合具有一定的理论渊源和关联性。适应选择学说是达尔文生物进化论的基本思想之一。近年来，生态意识的普及也为学术界打开了新思路，一些专家学者试图用进化论中适应选择的原理来解读翻译现象和过程。如前所述，胡庚申（2004：11-12）在其专著《翻译适应选择论》中提出了三个假设：一、如果达尔文的"适应/生存"学说不仅适用于自然科学领域，且同样适用于人文、社会科学领域，那么其基本思想和原理也就能指导翻译理论研究；二、如果可以运用"适应/生存"学说和"自然选择"原理来描述翻译过程，则"译者为中心"的翻译观应该能够成立；三、倘使上述假设成立，"翻译适应选择论"便会对翻译现象和翻译活动具有解释力和可操作性。这三个假设相辅相成、互相联动，构成了"译者为中心的翻译适应选择论"的有机整体。

而随着生态翻译学和翻译适应选择论研究的不断深入，亦有学者将这种思想引入术语翻译过程的研究中。作为翻译研究中的一个特殊领域，术语翻译系统构成复杂，其中又包含经贸、人文社会科学、法律法规等各个种类。社会科学术语翻译属于术语翻译的一个分支，在利用翻译适应选择论对其进行研究时，可以得到一些新成果。虽然这一研究方法具有其普适性，但未能兼顾术语翻译的特殊性和复杂性。在研究过程中，还是要结合具体社会科学术语翻译实例具体分析，在利用这一视角观察和分析翻译活动的同时，探索其局限性和发展空间。

随着外来文献的不断引入和中国学术思想的外传，术语翻译在中西文化交流中作用的不断提高，术语翻译的研究亟待更深层次的挖掘。"术语的跨语际传播，自古有之且伴随着人类语言文化交流的始终"，其研究意义重大，"价值不仅仅在于其学术价值本身，而且也在于其文化意义方面"（魏向清、张柏然，2008：88）。需要指出的是，术语翻译作为一种特殊门类的翻译，需要"在不同语言间形成表示同一概念的等价术语"（冯志伟，1997：9），其兼具翻译的普遍性和其特殊性，而翻译适应选择论对术语翻译的过程机制具有一定的解释力，也有其局限性。换言之，术语翻译作为翻译的一个重要类别，在遵循翻译研究学理性的同时，也有其本身的特点，即术语翻译的复杂性。如何理解、挖掘和阐述术语翻译的复杂性是现今研究的一个难题。

国内外的许多翻译研究范式对术语翻译实践有一定的借鉴作用，但很难做到论述透彻。翻译适应选择论亦是如此。由胡庚申提出的生态翻译学，在国内外引起了较大反响，其中适应选择论颇受关注，许多学者援引适应选择论来解释翻译现象、分析翻译问题，取得了一些成绩。然而就术语翻译而言，生态翻译学视角下的适应选择论的解释力比较微弱，其局限性较为明显。换言之，适应选择论能解释众多翻译现象、解答一些翻译问题，但对术语翻译便有些力不从心。而这与术语翻译的复杂性向度分不开。这种复杂性向度涵盖多个方面，即术语翻译实践的特殊性，术语翻译在系统选择、过程选择及语境选择等环节的复杂性等。

因此，在术语翻译研究领域，仍旧存在着理论基础不够系统、指导思想不够完善的问题。本研究以严复译著中的社会科学术语译名为例，尝试用适应选择论的视角进行分析，从而归纳针对术语翻译较为具体化的适应选择机制。在翻译适应选择论中强调"译者为中心"，术语译者是术语翻译过程的主导，在源语生态环境和目标语生态环境之间进行适应选择（参见图3-3，术语译者的适应选择机制）。

本书基于适应选择机制，对严复社会科学术语的翻译过程及其译名进行总体考察和个案分析，尝试提出适用于术语翻译的交互适应选择论。交

第八章 结论：严复社会科学术语翻译研究的当代借鉴

互适应选择论是在翻译适应选择论的基础上调整修改而成的，主要针对术语翻译实践及其理论研究。术语翻译作为一种特殊门类的翻译实践形式，不仅有一般翻译的特点，还有自身的实践特征，即术语翻译的特殊性和复杂性。这种特殊性和复杂性主要体现在译者和受众的相互作用、相互交流和相互影响上，且以不同的方式方法表征于译前、译中和译后的三个阶段。交互适应选择论认为，术语翻译不仅仅是译者对于受众、翻译生态环境的适应选择，还包括受众对译名的适应选择，以及译者和受众的交互影响。因此术语翻译是一个译者与受众的交互适应和交互选择的过程。这种交互性对术语翻译实践、术语翻译研究和术语学理论建构提出了新的挑战和课题。

8.2 本研究的主要启示

本研究的主要启示体现在以下几个方面：社会科学术语翻译实践、社会科学术语翻译理论研究、严复翻译实践研究及翻译思想研究、术语翻译史研究以及术语翻译研究方法。

8.2.1 对社会科学术语翻译实践的启示

在国际学术交往日益密切的今天，社会科学术语翻译是一个重要方面。而如何有效地开展社会科学术语翻译实践，如何统一术语表述，并建立科学合理的术语管理系统，对于当代学术交流、翻译实践、术语翻译研究等各个层面来说，都显得十分重要。同样，社会科学术语翻译的理论研究也不容忽视，属于翻译研究的一个重要组成部分。

从严复的翻译实践来看，我国当前的社会科学术语翻译有必要进行一个全面的文化语境分析，可以从语言生态、术语语用、术语受众、语言习惯等多方面统筹兼顾，确定术语翻译的指导原则和评价标准，并在术语译名的传播和推广过程中重点考虑绝大多数术语受众的需求和习惯。在外译中时，尊重汉语语言的发展规律和术语语用特征；同样，在中译外时，也要充分考虑到特定外语的语言发展规律及其语言习惯等因素。此外，从在著述中辨析与抵制东学，到在清廷设立翻译名词编撰部门，严复在译名去留和统一方面所作出的努力，为我们提供了值得学习和借鉴的宝贵经验。

当前，我国在各学科术语译名审定方面也做出了许多有益探索和积极实践，并取得了一定的成效，但仍然在很多方面需要改进与完善。而这种改进与完善可以从我国术语翻译的实践历史中汲取经验和教训。全国科学技术名词审定委员会、中央编译局、中国外文局、新华社、中央电视台等众多国家部委设立的机构、单位等均涉及术语翻译及其译名审定等工作，因此，有效地进行译名审定与统一工作显得尤为重要。一个部门牵头统筹、多个部门联动协同或可成为术语译名审定、推广的一项主要原则，但具体如何进行角色分工、如何有序开展审定工作等尚待进一步细化与协商。以史为鉴、面向未来，无疑有助于我们当前的术语翻译及其译名审定推广与规范工作。

就具体译名的生成、对比及审定等工作而言，政产学研多个方面都需要充分考虑到术语受众的思维习惯、语言文化观念以及语言发展的基本规律，注重术语译者、术语审定者、术语受众在术语定名、术语使用和术语传播诸多环节的互动交流，力求多个环节、多个方面和多个阶段在适应选择方面达到最佳状态。社会科学术语翻译作为与人们生活、学习和工作紧密相关的学术话语，作为人文社会科学知识体系建构和完善的重要途径，更要注重受众的参与，充分尊重全体受众和主要受众的心理期待和语言使用习惯。这样不仅有利于术语翻译实践的有效开展，而且通过互动交流，能助推术语教育，提升全民术语意识。

8.2.2 对社会科学术语翻译理论研究的启示

从严复社会科学术语翻译的理论研究层面来看，我国当前社会科学术语翻译的理论研究有待进一步加强，可以结合术语库的统计分析，整合术语学、普通语言学以及翻译学的相关研究成果，借鉴相关学科的理论框架，开展点面结合的研究，即不仅关注社会科学术语个案的翻译与传播问题，更要考察特定历史时期和语言生态背景下，某一学科或领域的术语生成、命名、跨语传播与演变的话题。

如前所述，基于严复社会科学术语翻译考察，本研究尝试性提出"术语翻译交互适应选择论"，不仅融入了翻译适应选择论的思想，考虑到翻译研究的普适性特征，而且将术语翻译的特殊性和复杂性融入考察的范畴，将术语译者和术语受众作为考察对象的两个方面，注重探究术语译者

第八章　结论：严复社会科学术语翻译研究的当代借鉴

和术语受众的交互性及其对译名生成、演变、定型和传播的影响，为术语翻译的理论建构和深入发展提供借鉴。

交互适应选择论对于当前术语翻译理论探索而言，最重要的启示在于有必要对受众进行细分、调研、考察和分析，充分考虑受众的语言需求和思维习惯，形成术语受众研究的一系列理论成果，进而为术语翻译的理论探索、术语译者研究、术语翻译过程研究和术语翻译批评研究开拓视野。然而就目前学界对于术语翻译研究的成果来看，术语受众研究较少，对于术语受众的关注不多。未来有待学界加大力度，重视术语受众研究，特别是社会科学术语受众的研究。

社会科学术语受众对于术语译名有其自身的思考、心理需求和期待，有必要对这些思考、心理需求和期待进行条分缕析的考察，并对术语受众进行归类分析，进而为更好地开展术语翻译实践和审定工作提供理论指导，也为术语翻译研究从专注于翻译方法探索转向更大范围的社会历史文化考察。将术语翻译置身于历史文化语境中，结合时代特征、社会背景和语言发展规律以及学科知识来开展术语翻译理论探索，实现术语翻译研究从点到面的转变。

8.2.3　对严复翻译实践及翻译思想研究的启示

毋庸讳言，截至目前，严复翻译实践研究和翻译思想研究的相关成果可谓汗牛充栋，然而严复翻译思想及其翻译实践恰似一座宝藏，值得学界继续挖掘与考察。问题的关键似应在研究方法、研究视角以及研究内容等方面取得突破和发展。

就研究方法而言，传统的理论思辨固然有其理论价值，但结合当下的语料统计分析方法不失为一种创新，可以获得传统方法难以企及的效果。国内现有少量基于语料库的严复翻译研究，如黄忠廉（2009）、黄立波与朱志瑜（2016）等学者对《原富》进行了语料建库和理论考察，但目前尚未对 8 部译著进行全方位的建库与研究。当然，传统方法不可以摒弃，而是可结合新方法，以求开拓创新。

就研究视角来说，从概念史、历史语境、术语学、生态语言学及生态翻译学对严复的译著，严复在译前、译中、译后的所思所为进行考察，或可有许多新发现。

就研究内容来看，可以实现动态与静态研究的结合，即将严复翻译过程与严复翻译结果通盘考虑，并从特定的视角展开分析，似可对严复翻译思想有新认识。同时还可以进行语言、文化和交际等多维度来考察严复翻译实践与翻译思想。

8.2.4 对术语翻译史研究的启示

术语翻译史研究是术语翻译研究，乃至译学研究的重要组成部分。然而，就目前看来，国内外的翻译研究对术语翻译史的梳理不多，给予的关注不够，这值得国内外翻译界学者高度重视。通过本研究，我们发现对严复译名进行一个全方位的系统梳理，能够对严复的翻译策略及方法有一个较为全面的把握，能够对严复译名特征做出更为客观的考察与分析，这种纵向和横向的梳理对于翻译研究来说十分有意义，能够更好地建立翻译研究的历史学观。

在认识到术语翻译史的重要性的同时还需要掌握和改进翻译史的研究方法。在本研究中，通过对严复15年余的翻译历程进行考察，不仅对严复作为译者的翻译实践过程有了较为系统的把握，而且可以反观特定时期术语翻译特征，这种翻译特征构成了术语翻译史上某个节点的重要方面。换言之，见叶知秋，从术语译者的所思所为可以判断和分析特定术语翻译史的某些方面，为术语翻译史的梳理与考察提供佐证与素材。

8.2.5 对术语翻译研究方法的启示

翻译研究方法可以是理论思辨，可以是个案分析，也可以是基于统计数据，抑或是这几种方法的结合。近年来，翻译学业已成为一个独立的学科，而跨学科的翻译研究逐渐兴盛，其研究方法也在不断更新，其中基于语料库的统计分析取得了较为丰硕的研究成果，也开辟了翻译理论探索和实践分析的新路径。

术语库作为语料库的一种形式，也有其自身的理论价值和统计分析优势，无论是术语翻译实践，还是术语翻译研究，均可采取术语建库和统计分析的方式来展开。所建构的术语库，能够为理论探索掌握全方位的相关素材，能够对相关术语进行系统梳理和全面考察，并且为术语翻译实践提供翻译记忆，确保术语使用的一致性和准确性。

术语翻译研究因其特殊性和复杂性，跨学科的研究方法就目前看来比

第八章 结论：严复社会科学术语翻译研究的当代借鉴

较奏效，也得到了学界的认可并得以被广泛应用。社会学、认知语言学、语料库语言学、历史学、文化研究、人类学等学科领域不仅有自身的术语及术语翻译问题，值得系统梳理和深入考察，而且这些学科的研究范式和研究方法也可以为术语翻译的实践探索和理论建构提供方法指导。

8.3 本研究的不足

本研究将严复 8 部译著进行了系统梳理，对所涉及的术语及其译名进行了考察分析，获得了一些研究发现，但也存在一些不足，有待未来改进和完善。

首先，本研究没有较好地结合相关学科对每一部译著进行深入探究，因此相关领域的专业知识设计不强，有待进一步挖掘和考察。

其次，本研究所提出的双重适应选择机制是一种大胆的尝试，其适用性有待进一步检验，其解释力也有待进一步提高。就目前而言，术语翻译实践层出不穷，而术语翻译的理论探索相对较少，其理论分析框架的搭建并非一项研究所能完成，而双重适应选择机制的探索只能是一个有益的尝试，未来需要进一步开展深入研究。

再次，本研究虽然对严复 8 部译著中的译名进行了全方位的梳理和研究，但没有就具体学科的术语历史演变及跨语传播做深入探讨，因此学科关联性不强，比如没有结合社会学、经济学、法学等相关学科的术语演变情况展开具体研究，未能对比分析不同学科之间的术语翻译及传播的异同，这些有待后续研究的解决和完善。

最后，本研究未能对严复毕生所译的全部作品进行系统整理和分析。如前文所述，严复毕生著译颇丰，共计 200 余万字，其中包含其翻译的 14 部作品（详见附录一）。学界一般专注于台湾商务印书馆整理的 8 部译著，而很少或基本没有涉及其余 6 部作品，即《政治讲义》《支那教案论》《马可福音》《中国教育议》《欧战缘起》《美术通诠》。本研究也同样只是聚焦了 8 部作品，即通常所说的"严复先生翻译名著丛刊"[①]。虽然这种不足有一定的

[①] 台湾商务印书馆和北京时代华文书局于 2014 年共同推出"严复先生翻译名著丛刊"，其中包括了本研究涉及的 8 部译著。

客观原因,如其余6部作品相对篇幅较短,或者影响力较小,但毋庸置疑,另外6部作品也同样存在其研究价值。因此有必要在未来的研究中深入探索严复在此6部译著中的术语翻译过程和术语翻译结果。

8.4 对后续研究的建议与展望

严复翻译思想及译著是翻译研究的宝贵财富,对今天的术语翻译研究、翻译理论与实践等均有很多的研究价值。

首先,后续研究可以针对近代中国社会的核心概念及其在严复译著中的具体翻译与定型、传播而展开研究。同时,严复所处的历史语境对其术语翻译思想及实践的关联性与影响也值得进一步深入研究。此外,可以结合具体的学科,如逻辑学、社会学、经济学等相关学科的核心术语及其概念的演进来展开严复社会科学术语翻译研究,从而能够对该学科的术语史做系统梳理和深入探讨。

其次,后续研究还可以对严复译名的去留及其与和制汉字的竞赛展开分析与考察。此类研究似不应专注于"汰弱留强"的胜王败寇思想,而应聚焦不同译者对术语翻译的目标受众定位不同,不同译者在译前、译中、译后三个阶段,其价值取向、翻译原则、翻译方法及语言习惯等存在诸多差异,进而产生了不同的术语译名。换言之,专注于结果的研究不如聚焦过程的研究有历史意义和现实价值。

再次,有必要就严复所译的14部作品进行更加全面和系统的考察,对严复的翻译过程和翻译结果进行更加全面和深入的梳理与分析,进一步廓清严复翻译思想,并探寻和归纳严复近20年翻译生涯中的变通与坚守。

最后,术语翻译的理论探索和实践指导可以有机结合信息技术及相关统计分析工具。在信息技术不断推广并发挥作用的今天,未来术语翻译研究有必要采取术语建库、术语管理、术语维护等一系列的手段,充分发挥相关统计分析工具的优势,提高译者的翻译效率,确保术语的一致性。

参考文献

安崇丽，1990. 论严复的"正名"思想及其特点[J]. 思维与智慧（上半月）（1）：28-31.

本史华兹，2010. 寻求富强：严复与西方．[M]. 叶凤美，译. 南京：江苏人民出版社.

布莱特，1978. 社会语言学的诸方面[J]. 蔡富有，译. 语言学动态(2)：52-54.

蔡新乐，2006.《翻译适应选择论》简评[J]. 中国科技翻译，19(1)：58-59.

陈大亮，2004. 谁是翻译主体[J]. 中国翻译(2)：3-7.

陈大亮，2014. 术语译名的共时性与历时性及其规范化[J]. 沈阳师范大学学报（社会科学版），38(6)：175-179.

陈福康，2000. 中国译学理论史稿[M]. 修订本. 上海：上海外语教育出版社.

陈福康，2011. 中国译学史[M]. 上海：上海外语教育出版社.

陈宏薇，李亚丹，2013. 新编汉英翻译教程[M]. 2版. 上海：上海外语教育出版社.

陈力卫，2012. 围绕近代「新漢語」的一些问题[J]. 日语学习与研究（3）：29-38.

陈力卫，2014. 近代辞典的尴尬：如何应对洪水般的日语新词？[J]. 东北亚外语研究，2(2)：2-9.

陈树德，1988. "群学"译名考析[J]. 社会学研究，3(6)：74-78.

陈新仁，2003. 语用学术语汉译问题刍议[J]. 中国翻译，24(5)：86-92.

陈应年，陈兆福，1993. 哲学社会科学译名座谈纪要[J]. 中国翻译，14(5)：49-51.

陈原，1985a. 在全国自然科学名词审定委员会成立大会上的讲话[J]. 自然科学术语研究（1）：28-33.

陈原，1985b. 新技术革命和语言学的新观念[J]. 中南民族学院学报（哲学社会科学版），5(2)：101-109.

崔启亮，2015. 全球化视域下的本地化特征研究[J]. 中国翻译，36(4)：66-71.

代发君，2016. 贺麟"严复译介思想研究"述论[J]. 西南交通大学学报（社会科学版），17(2)：44-48.

董琨，2003. 术语三难[J]. 社会科学管理与评论（2）：38-39.

董琨，2010. 关于语言学名词审定工作的体会[J]. 中国科技术语，12(2)：7-8.

范守义，2002. 定名的历史沿革与名词术语翻译[J]. 外交学院学报，19(1)：83-94.

范文芳，汪明杰，2002. 对索绪尔有关语言符号任意性的再思考[J]. 外语教学，23(3)：3-7.

方梦之，2011. 论翻译生态环境[J]. 上海翻译（1）：1-5.

方维规，2003. "经济"译名溯源考：是"政治"还是"经济[J]. 中国社会科学（3）：178-188.

方新军，2007. 权利概念的历史[J]. 法学研究，29(4)：69-95.

费尔伯，2011. 术语学、知识论和知识技术[M]. 邱碧华，译. 北京：商务印书馆.

冯天瑜，2003. 明清之际西学与中国学术近代转型[J]. 江汉论坛（3）：57-59.

冯天瑜，2004. 新语探源：中西日文化互动与近代汉字术语生成[M]. 北京：中华书局.

冯天瑜，刘建辉，聂长顺，2007. 语义的文化变迁[M]. 武汉：武汉大学出版社.

冯志伟，1988. FEL 公式—术语形成的经济律[J]. 情报科学，6(5)：8-15.

冯志伟. 1989a. 中文科技术语的结构描述及潜在歧义[J]. 中文信息学报，3(2)：1-16.

冯志伟. 1989b. 中文科技术语中的歧义结构及其判定方法[J]. 中文信息学报，3(3)：10-25.

冯志伟，1997. 语言文字规范化对于语言信息处理的作用[J]. 中国语文（5）：322-325.

冯志伟，2001. 计算语言学探索[M]. 哈尔滨：黑龙江教育出版社.

冯志伟，2002. 计算机辅助术语研究浅谈[J]. 术语标准化与信息技术（3）：11-15，24.

冯志伟，2005. 关于术语 ontology 的中文译名—"本体论"与"知识本体"[G] // 苏新春，王惠. 第六届汉语词汇语义学研讨会论文集. 新加坡：第六届汉语词汇语义学研讨会论文集

冯志伟，2006a. 汉语科技术语中的潜在歧义[J]. 科技术语研究（1）：35-39.

冯志伟，2006b. 汉语科技术语中的潜在歧义（续）[J]. 科技术语研究（2）：14-15.

冯志伟，2006c. 术语学中的概念系统与知识本体[J]. 术语标准化与信息技术（1）：9-15.

冯志伟,2008. 概念的有序性:概念系统[J]. 中国科技术语,10(4):12-15.

冯志伟,2010. 术语形成的经济律:FEL 公式[J]. 中国科技术语,12(2):9-15.

冯志伟,2011. 现代术语学引论[M]. 增订本. 北京:商务印书馆.

冯志伟,2012a. 语言学中一个不容忽视的学科:术语学[J]. 山东外语教学,33(6):31-39.

冯志伟,2012b. 自然语言处理简明教程[M]. 修订版. 上海:上海外语教育出版社.

冯志伟,2014. 严复手批《植物名词中英对照表》原稿本的发现[J]. 中国科技术语,16(2):50-54.

傅敬民,谢莎,2015. 翻译技术的发展与翻译教学[J]. 外语电化教学(6):37-41.

高航,2011. 中西交融的严复逻辑思想探究[D]. 哈尔滨:黑龙江大学.

高柳信夫,2016. 中国"近代知识"的生成[M]. 唐利国,译. 北京:商务印书馆.

高名凯,刘正埮,1958. 现代汉语外来词研究[M]. 北京:文字改革出版社.

格里尼奥夫,2011. 术语学[M]. 郑述谱,吴丽坤,孟令霞,译. 北京:商务印书馆.

龚彦如,李竹,冯志伟. 1994. 英-汉计算语言学术语数据库[J]. 语文建设(7):33-37.

龚益,2003. 规范社会科学术语势在必行[J]. 社会科学管理与评论(2):35-37.

龚益,2009. 社科术语工作的原则与方法[M]. 北京:商务印书馆.

龚益,2010. 汉语社科术语证略[M]. 北京:社会科学文献出版社.

辜正坤,1998. 外来术语翻译与中国学术问题[J]. 北京大学学报(哲学社会科学版)(4):45-52.

辜正坤,2004. 翻译主体论与归化异化考辩:序孙迎春教授编著《张谷若翻译艺术研究》[J]. 外语与外语教学(11):59-63.

韩江洪,2006. 严复话语系统与近代中国文化转型[M]. 上海:上海译文出版社.

韩江洪,刘军军,2012. 生态翻译学视域下的严复翻译[J]. 合肥工业大学学报(社会科学版),26(2):75-81.

何自然,李捷,2012. 翻译还是重命名:语用翻译中的主体性[J]. 中国翻译,33(1):103-106.

何思源,2015. 严复的东学观与清末统一译名活动[J]. 北京社会科学(8):36-45.

贺麟,1925. 严复的翻译[J]. 东方杂志,22(21):75-85.

贺麟,1991. 谈谈翻译[J]. 中国翻译,12(1):19-21.

赫胥黎,2010. 进化论与伦理学[M]. 全译本. 宋启林,等译. 北京:北京大学出版社.

赫胥黎,2014. 天演论[M]. 严复,译. 北京:北京时代华文书局.

侯国金,2009. 语言学术语翻译的系统—可辨性原则:兼评姜望琪(2005)[J]. 上海翻译(2):69-73.

侯国金,2011. 语言学术语翻译的原则和"三从四得":应姜望琪之"答"[J]. 外国语文,27(3):94-99.

胡庚申,2001. 翻译适应选择论初探[C]. 香港:国际译联第三届亚洲翻译家论坛.

胡庚申,2004. 翻译适应选择论[M]. 武汉:湖北教育出版社.

胡庚申,2006. 例示"适应选择论"的翻译原则和翻译方法[J]. 外语与外语教学(3):49-52.

胡庚申,2008. 从术语看译论——翻译适应选择论概观[J]. 上海翻译(2):1-5.

胡庚申,2013. 生态翻译学:建构与诠释[M]. 北京:商务印书馆.

胡培兆,2002. 当辨《原富》与《国富论》[J]. 学术月刊,34(9):63-66.

胡适,1931. 中国文学史选例[M]. 北京:北大出版部.

胡叶,2015. 汉语语言学术语英译研究:基于术语库的系统考察[D]. 南京:南京大学.

胡叶,魏向清,2014. 语言学术语翻译标准新探:兼谈术语翻译的系统经济律[J]. 中国翻译,35(4):16-20.

黄克武,1998. 严复的翻译:近百年来中西学者的评论[J]. 东南学术(4):88-95.

黄克武,2011. 严复与近代中国的文化转型[J]. 华东师范大学学报(哲学社会科学版),43(1):83-89.

黄克武,2012. 惟适之安:严复与近代中国的文化转型[M]. 北京:社会科学文献出版社.

黄立波,朱志瑜,2016. 严复译《原富》中经济术语译名的平行语料库考察[J]. 外语教学,37(4):84-90.

黄忠廉,2002. 变译理论[M]. 北京:中国对外翻译出版公司.

黄忠廉,2009. 变译平行语料库概说:以严复《天演论》为例[J]. 外语学刊(1):116-119.

黄忠廉,2010. 我国外语界术语学研究综述[J]. 辞书研究(2):100-110.

黄忠廉,2011. 明末清初传教士变译特性之考察[J]. 求是学刊,38(4):148-153.

黄忠廉,2012. 严复变译的文化战略[N]. 光明日报,10-17(15).

参考文献

黄忠廉,2013."信达雅"与"达旨术"关系论[J]. 外语学刊（6）：80-84.

黄忠廉,2016. 严复变译思想考[M]. 北京：商务印书馆.

黄忠廉,陈元飞,2016. 从达旨术到变译理论[J]. 外语与外语教学（1）：98-106.

黄忠廉,李明达,2014. 变译方法对比研究[J]. 外语学刊（6）：88-91.

黄忠廉,李亚舒,2007. 科学翻译学[M]. 北京：中国对外翻译出版公司.

黄忠廉,杨荣广,2015. 变译之更改策略研究：以严译《天演论》为例[J]. 语言与翻译（3）：51-55.

惠萍,2012."天演"的进化：基于传播学视角的严复思想再考察[J]. 河南大学学报（社会科学版），52(3)：108-117.

霍光利,2002. 评严复"信、达、雅"翻译标准[J]. 燕山大学学报（哲学社会科学版）(S1)：116-118.

姜望琪,2005. 论术语翻译的标准[J]. 上海翻译（S1）：80-84.

姜望琪,2010. 再论术语翻译的标准：答侯国金（2009）[J]. 上海翻译（2）：65-69.

蒋骁华,2015. 大声不入里耳：严译新词未流行原因研究[J]. 外国语文研究，1(3)：62-67.

焦卫红,2010. 严复译著《天演论》的生态翻译学解读[J]. 上海翻译（4）：6-10.

焦飓,2006. 从"翻译适应选择论"看严复《天演论》的翻译[J]. 成都教育学院学报，20(12)：157-158，160.

金勇义,1989. 中国与西方的法律观念[M]. 陈国平,韦向阳,李存捧,译. 沈阳：辽宁人民出版社.

柯平,1993. 英汉与汉英翻译教程[M]. 北京：北京大学出版社.

蓝红军,2017. 译者主体性困境与翻译主体性建构[J]. 上海翻译（3）：21-27+93.

郎宓榭,阿梅龙,顾有信,等,2012. 新词语新概念：西学译介与晚清汉语词汇之变迁[M]. 赵兴胜,等译. 济南：山东画报出版社.

冷冰冰,2014. 从"言语术语"之语言属性释术语误译[J]. 中国科技翻译，27(1)：1-4，11.

冷冰冰,王华树,梁爱林,2013. 高校MTI术语课程构建[J]. 中国翻译，34(1)：55-59.

黎难秋,1996. 中国科学翻译史料[M]. 合肥：中国科学技术大学出版社.

李长林,1993. 中国武术术语汉译英浅谈[J]. 中国翻译，14(5)：23-26.

李贵连,1998. 话说"权利"[J]. 北大法律评论，1(1)：116.

李国南,2013. 试评《语言学名词》中的修辞学部分[J]. 当代修辞学(4):88-95.

李海峰,2010. 论经贸术语译名的统一与规范:一项基于经贸英汉词典的研究[J]. 中国翻译,31(2):65-69.

李寄,2008. 鲁迅传统汉语翻译文体的历时考察[J]. 中国现代文学论丛(2),136-148.

李寄,2007. 晚清译述风尚的形成及其原因[J]. 广东外语外贸大学学报,18(1):33-36.

李健民,2011. 术语翻译与术语标准化的相互助益之策[J]. 中国科技术语(2):27-31,40.

李喜所,1987. 近代中国的留学生[M]. 北京:人民出版社.

李喜所,1996. 近代中国的留学生[M]. 北京:中国少年儿童出版社.

李晓丹,2014. 文字学术语及其英译规范研究[D]. 重庆:西南大学.

李晓红,卫乃兴. 2012. 汉英对应词语单位的语义趋向及语义韵对比研究[J]. 外语教学与研究,44(1):20-33.

李亚舒,1988. 谈中国科学院科技翻译[J]. 中国科技翻译,1(1):38-45.

李亚舒,2008. 益友良师话术语[J]. 中国科技术语,10(3):34-36.

李亚舒,黎难秋,2000. 中国科学翻译史[M]. 长沙:湖南教育出版社.

李亚舒,徐树德. 2016. 术语"找译译法"初探[J]. 中国科技术语,18(3):35-38.

李宇明,2003. 术语论[J]. 语言科学(2):3-12.

李宇明,2013. 形译与字母词[J]. 中国语文(1):77-79.

李照国,2008. 论中医名词术语英译国际标准化的概念、原则与方法[J]. 中国翻译,29(4):63-70.

连淑能,2000. 论中西思维方式[M]//杨自俭. 英汉语比较与翻译. 上海:上海外语教育出版社.

梁爱林. 2006. 论国外术语学研究的新趋向[J]. 外语学刊(3):55-59.

梁启超,1984. 变法通议[M]. 北京:华夏出版社.

廖七一,2017. 严译术语为何被日语译名所取代?[J]. 中国翻译,38(4):26-32.

林其泉. 1993. 简议严复对《原富》的翻译[J]. 中国社会经济史研究(4):88-92.

林予婷,张政,2013. 再议术语翻译的规范性问题:以"discourse"译名为例[J]. 外语研究,30(3):69-72.

刘成,王小芳,刘力力,等,2014. 中医药术语英译规范之民族性原则初探[J]. 中华中医药杂志,29(11):3394-3396.

刘丹青，石汝杰. 1993. 专名翻译规范化的两大课题：统一与保真度[J]. 语言文字应用（4）：9-17.

刘华文，2008. 中国传统译论话语体系建立中的关联性问题[G] // 张柏然，刘华文，张思洁. 中国译学：传承与创新——中国翻译理论研究高层论坛论文集. 上海：上海外语教育出版社.

刘丽芬，黄忠廉，1999. 变译研究：时代的召唤[J]. 中国科技翻译，12(4)：27-30.

刘青，2010. 中国术语学研究与探索[M]. 北京：商务印书馆.

刘迎春，王海燕. 2014. 中国航海工具名称的英译探讨[J]. 中国翻译，35(1)：111-113.

刘颖，2004. 从术语翻译看西方文论的中国化[J]. 中国比较文学（4）：77-81.

刘云虹，许钧，2004. 一部具有探索精神的译学新著：《翻译适应选择论》评析[J]. 中国翻译，25(6)：40-43.

刘云虹. 2012. 选择、适应、影响：译者主体性与翻译批评[J]. 外语教学理论与实践（4）：48-54.

刘正埮，高名凯，麦勇乾，等，1984. 汉语外来词词典[M]. 上海：上海辞书出版社.

龙飞，1992. 研制应用语言学术语数据库的几点认识[J]. 语言文字应用（2）：54-58.

隆多 G，Rondeau G，刘健，等，1985. 术语学概论[M]. 刘钢，刘健，译. 北京：科学出版社.

卢丹怀，2010. 汉语中的字母词、音译词和混合语码[J]. 外国语（上海外国语大学学报），33(5)：59-65.

陆丙甫，2009. 从某些语言学术语的翻译谈起[J]. 外国语（上海外国语大学学报），32(2)：2-7.

吕俊，侯向群，2015. 走向复杂性科学范式的翻译学[J]. 上海翻译（2）：5-11，33.

吕叔湘，1983. 重印《马氏文通》序[J]. 中国语文（1）：2-3.

罗天华，2012. 也谈语言学术语的翻译问题：以增译《语言共性和语言类型》为例[J]. 当代语言学，14(1)：73-79.

马清海，1997. 试论科技翻译的标准和科技术语的翻译原则[J]. 中国翻译（1）：27-28.

马祖毅，1981. 翻译家严复[J]. 中国翻译，2(3)：26-29.

马祖毅,1999. 中国翻译史:上卷[M]. 武汉:湖北教育出版社.

麦奎尔,2006. 受众分析[M]. 刘燕南,李颖,杨振荣,译. 北京:中国人民大学出版社.

梅晓娟,吴颖,2018. 拓译名之荒与借他山之石:严复和王国维在西学译名问题上的分歧探析[J]. 中国翻译,39(2):25-30.

孟德斯鸠,2014. 法意[M]. 严复,译. 北京:北京时代华文书局.

孟愉,任静生,牛国鉴,2014. 论概念系统逻辑关系的翻译:以物理学术语为例[J]. 中国科技翻译,27(2):1-4.

苗东升,2000. 论复杂性[J]. 自然辩证法通讯,22(6):87-92.

苗东升,2001. 复杂性研究的现状与展望[J]. 系统辩证学学报,9(4):3-9.

苗菊,高乾,2008. 构建翻译专业教学模式:术语学的借鉴意义[J]. 外语与外语教学,(10):57-60.

苗菊,宁海霖,2016. 翻译技术的知识体系化演进:以双语术语知识库建设与应用为例[J]. 中国翻译,37(6):60-64.

穆勒,1981. 穆勒名学[M]. 严复,译. 北京:商务印书馆.

穆勒,2014a. 群己权界论[M]. 严复,译,北京:北京时代华文书局.

穆勒,2014b. 穆勒名学[M]. 严复,译,北京:北京时代华文书局.

穆雷,诗怡,2003,翻译主体的"发现"与研究:兼评中国翻译家研究[J]. 中国翻译(1):14-20.

欧阳哲生,2010. 严复评传[M]. 2版. 南昌:百花洲文艺出版社.

潘纯琳,2006. 译释并举:论钱钟书对中国古代文论术语的翻译方法及其意义[J]. 社会科学研究,(2):185-187.

潘文国,2017. 潘文国学术研究文集[M]. 上海:上海外语教育出版社.

彭发胜,2008. 翻译与中国现代学术话语体系的形成:以科学观念与方法论为中心[D]. 北京:北京大学.

彭萍,2012. 翻译学的新兴分支:翻译伦理学刍议[J]. 学术探索,(1):152-155.

彭萍,卢青亮,2016. 当代西方翻译研究的"文化转向"和"社会转向"综述[J]. 江西师范大学学报(哲学社会科学版),49(3):140-144.

皮后锋,2011. 严复初莅天津水师学堂的职称[J]. 福建论坛(人文社会科学版)(9):68-72.

钱存训,戴文伯,1986. 近世译书对中国现代化的影响[J]. 文献(2):176-204.

钱学森,等,1988. 论系统工程[M]. 增订本. 长沙:湖南科学技术出版社.

邱碧华,2001. 术语学之父:欧根·维斯特[J]. 科技术语研究,3(3):30-34.

邱碧华，2013a. 浅析布拉格术语学派[J]. 中国科技术语，15(4)：5-7，21.

邱碧华，2013b. 浅析北欧术语学方向[J]. 中国科技术语，15(5)：14-17.

邱碧华，2013c. 浅析奥地利维也纳术语学派[J]. 中国科技术语，15(6)：15-18.

邱碧华，2014. 浅析加拿大术语学方向[J]. 中国科技术语，16(3)：10-12.

仇蓓玲，2015. 论术语翻译中"译者主体性"的重要性及其运作模式：翻译"博弈论"的启示[J]. 外语教学，36(5)：109-112.

裘禾敏，2009. 从格义看佛教中国化过程中翻译策略的演进[J]. 外语教学理论与实践，(4)：71-75.

屈文生，2003. mortgage 和 hypothecate 二法律术语的汉译[J]. 中国科技翻译，16(3)：29-30，28.

屈文生，邢彩霞，2005. 法律翻译中的"条"、"款"、"项"、"目"[J]. 中国翻译，26(2)：63-66.

屈文生. 2012. 中国法律术语对外翻译面临的问题与成因反思：兼谈近年来我国法律术语译名规范化问题[J]. 中国翻译，33(6)：68-75.

屈文生，2013. 从词典出发：法律术语译名统一与规范化的翻译史研究[M]. 上海：上海人民出版社.

尚宏，2011. 严复翻译话语系统对学术话语的建构[J]. 中州学刊 (2)：252-254.

邵敬敏，方经民，1991. 中国理论语言学史[M]. 上海：华南师范大学出版社.

佘丹，陈南生. 2007. 归化异化策略在武术中术语翻译的应用及评析[J]. 西安体育学院学报，24(6)：58-60.

沈国威，2008. 汉语的近代新词与中日词汇交流：兼论现代汉语词汇体系的形成[J]. 南开语言学刊，(1)：72-88，167.

沈国威，2010a. 近代中日词汇交流研究：汉字新词的创制、容受与共享[M]. 北京：中华书局.

沈国威，2010b. 西方新概念的容受与造新字为译词：以日本兰学家与来华传教士为例[J]. 浙江大学学报（人文社会科学版），40(1)：121-134.

沈国威，2011. 理念与实践：近代汉外辞典的诞生[J]. 学术月刊，43(4)：121-130.

沈国威，2017. 严复与科学[M]. 南京：凤凰出版社.

沈苏儒，1998. 论信达雅：严复翻译理论研究[M]. 北京：商务印书馆.

石立坚，1988. 专名与术语[J]. 自然科学术语研究 (2)：30-32.

史有为，1991. 异文化的使者：外来词[M]. 长春：吉林教育出版社.

斯宾塞，2014. 群学肄言[M]. 严复，译. 北京：北京时代华文书局.

斯密，2014. 原富[M]. 严复，译. 北京：北京时代华文书局.

斯坦纳，1987. 通天塔：文学翻译理论研究[M] 庄绎传，编译. 北京：中国对外翻译出版公司.

宋德富，1993. 关于 Illocutionary Act/Force 的汉译问题[J]. 外国语（上海外国语学院学报），16(5)：24-29.

宋志平，2012. 翻译选择过程的非线性特征[J]. 上海翻译，(4)：13-17.

苏静，2015. 知日·和制汉语[M]. 北京：中信出版社.

苏中立，涂光久，2011. 百年严复：严复研究资料精选[M]. 福州：福建人民出版社.

孙寰，2011. 术语的功能与术语在使用中的变异性[M]. 北京：商务印书馆.

孙会军，赵小江. 1998. 翻译过程中原作者—译者—译文读者的三元关系[J]. 中国翻译，19(2)：35-37.

孙会军，郑庆珠，2003. 翻译与文化"杂合"[J]. 外语教学与研究，35(4)：296-300.

孙会军，张柏然，2002. 全球化背景下对普遍性和差异性的诉求：中国当代译学研究走向[J]. 中国翻译(3)：4-7.

孙中原，1985. 归纳译名小史[J]. 松辽学刊（社会科学版）(1)：131，119.

谭步云，1999. 汉语文字学若干术语的英译探讨[J]. 中山大学学报（社会科学版），39(4)：60-65.

谭载喜，1991. 西方翻译简史[M]. 北京：商务印书馆.

陶李春，2014. 论术语翻译的特殊性：兼评《术语翻译研究导引》[J]. 中国科技术语，16(4)：20-23.

陶李春，2015. 翻译对等的术语学考量[J]. 南京邮电大学学报（社会科学版），17(3)：99-104.

陶李春，2016. 道技融合，学以为用：《计算机辅助翻译实践》评介[J]. 外语教学，37(5)：111-113.

陶李春，2017. 现代翻译技术工具理性与价值理性的融合：《翻译技术实践》评介[J]. 中国科技翻译，30(2)：58-61.

陶李春，殷健，2015. 论社会科学术语翻译研究的多层次与多维度[J]. 中国科技术语(5)：34-38.

陶李春，胡庚申，2016. 贯中西、适者存：生态翻译学的兴起与国际化：胡庚申教授访谈录[J]. 中国外语，13(5)：92-97.

陶李春，魏向清，刘润泽，2016. 西方译学术语的汉译现状与思考[J]. 外语教学理论与实践，(4)：78-83.

陶李春，许钧，2016. 关于翻译研究的思路与重点途径：许钧教授访谈录[J]. 中国翻译，37(3)：78-82.

陶李春，张柏然，2016. 中国术语翻译研究探微：张柏然教授访谈录[J]. 外语研究，33(2)：83-86.

陶李春，张柏然，2017. 对当前翻译研究的观察与思考：张柏然教授访谈录[J]. 中国翻译，38(2)：66-71.

童毅见，2012. 也谈术语形成的经济率[J]. 中国科技术语，14(2)：17-21.

汪晖，2015. 现代中国思想的兴起：下卷：公理与反公理）[M]. 3版. 北京：生活·读书·新知三联书店.

汪征鲁，方宝川，马勇，2014. 严复全集（函套精装）[M]. 福州：福建教育出版社.

王艾录，司富珍，2001. 汉语的语词理据[M]. 北京：商务印书馆.

王德双，1986. 关于俄语术语及其翻译[J]. 外语学刊（3）：57-59.

王东风，2008. 译学关键词：abusive fidelity[J]. 外国语（上海外国语大学学报），31(4)：73-77.

王国维，1987. 王国维文学美论著集[M]. 太原：北岳文艺出版社.

王国维，2009a. 论近年之学术界[M] //谢维扬，房鑫亮. 王国维全集：第1卷. 杭州：浙江教育出版社.

王国维，2009b. 论新学语之输入[M] //罗新璋、陈应年. 翻译论集. 修订本. 北京：商务印书馆：259-261.

王宏印，2003. 中国传统译论经典诠释：从道安到傅雷[M]. 武汉：湖北教育出版社.

王宏志，2011. 翻译史研究：第一辑（2011）[M]. 上海：复旦大学出版社.

王宏志，2012. 翻译史研究：第二辑（2012）[M]. 上海：复旦大学出版社.

王宏志，2013. 翻译史研究：第三辑（2013）[M]. 上海：复旦大学出版社.

王宏志，2015. 翻译史研究：2014[M]. 上海：复旦大学出版社.

王华树. 2012. 信息化时代背景下的翻译技术教学实践[J]. 中国翻译，33(3)：57-62.

王华树，2015a. 计算机辅助翻译实践[M]. 北京：国防工业出版社.

王华树，2015b. 科技翻译项目中的术语管理[J]. 中国科技术语，17(4)：17-21.

王华树，冷冰冰，崔启亮，2013. 信息化时代应用翻译研究体系的再研究[J]. 上海翻译（1）：7-13.

王华树，冷冰冰，2017. 术语管理概论[M]. 北京：外文出版社.

王华树，张政，2014a. 翻译项目中的术语管理研究[J]. 上海翻译（4）：64-69.

王华树，张政，2014b. 面向翻译的术语管理系统研究[J]. 中国科技翻译，27(1)：20-23.

王华树，2016. 翻译技术实践[M]. 北京：外文出版社.

王华树，2017. 翻译技术教程[M]. 上海：上海外语教育出版社.

王华树，王少爽，2017. 术语管理指南[M]. 北京：外文出版社.

王会伟，张德让，2018. 近三十年严复译名研究述评[J]. 浙江理工大学学报（社会科学版），44(2)：144-149.

王克非，1987.《严复集》译名札记[J]. 外语教学与研究，19(3)：51-53.

王克非，1988. 鸠摩罗什与严复[J]. 中国翻译，9(4)：38-39.

王克非，1989. 从中村正直和严复的翻译看日中两国对西方思想的摄取[J]. 外语教学与研究，21(4)：7-22.

王克非，1990.《论自由》在东方的接受环境[J]. 外语教学与研究，22(1)：34-46.

王克非，1992. 论严复《天演论》的翻译[J]. 中国翻译，13(3)：6-10.

王克非，1996. 中日近代对西方政治哲学思想的摄取：严复与日本启蒙学者[M]. 北京：中国社会科学出版社.

王克非，1997. 翻译文化史论[M]. 上海：上海外语教育出版社.

王力，1980. 汉语史稿：上册[M]. 新1版. 北京：中华书局.

王力，1981. 中国语言学史[M]. 太原：山西人民出版社.

王力，2013. 中国语言学史[M]. 重印本. 北京：中华书局.

王人龙，1992. 汉字与术语学[J]. 汉字文化（3）：15-16.

王少爽，2010. 欲善其事先利其器：《翻译与技术》介评[J]. 中国科技翻译，23(2)：61-64.

王少爽，2011. 面向翻译的术语能力：理念、构成与培养[J]. 外语界（5）：68-75.

王少爽，2013. 翻译专业学生术语能力培养：经验、现状与建议[J]. 外语界（5）：26-35.

王少爽，2014. 直面翻译的数字革命——读迈克尔·克罗宁《数字化时代的翻译》[J]. 中国翻译，35(2)：61-64.

王少爽，2016. 语言服务行业翻译技术的全景解读：《计算机辅助翻译实践》评介[J]. 中国翻译，37(4)：65-69.

王少爽，田国立，2014. 文化软实力建设与中国文化的对外传播[J]. 河北学刊，34(1)：230-233.

参考文献

王栻，1986. 严复集：全五册[M]. 北京：中华书局.

王天根，2002.《天演论》的早期稿本及其流传考析[J]. 史学史研究，(3)：68-73.

王为民，张楚. 2006. 再说"韵"和"韵部"[J]. 古汉语研究 (3)：21-26.

王宪明，2004. 混杂的译本：读严复译《社会通诠》[J]. 中国翻译，25(2)：65-69.

王晓秋，2006. 中国人留学日本110年历史的回顾与启示[J]. 徐州师范大学学报，32(4)：1-3.

王续琨，2000. 科学学：过去、现在和未来[J]. 科学学研究，18(2)：19-23.

王雅刚，刘正光，邓金莲. 2014. 语义韵研究的核心问题：争鸣与考辨[J]. 外国语（上海外国语大学学报），37(6)：43-51.

王渝丽，1999. 我国术语数据库的现状[J]. 科技术语研究 (1)：40-43.

王雨艳，张斌. 2013. 中医药文化翻译十年研究[J]. 时珍国医国药，24(2)：467-469.

王宗炎，1987. 关于译名的三个问题[J]. 外语教学与研究，19(4)：38-43.

卫乃兴，2002. 语义韵研究的一般方法[J]. 外语教学与研究，34(4)：300-307.

魏向清，2008. 在结构与解构之间：重新审视中国传统译论的理论建构价值[G] // 张柏然，刘华文，张思洁. 中国译学：传承与创新——2008中国翻译理论研究高层论坛文集. 上海：上海外语教育出版社：45-57.

魏向清. 2010a. 国际化与民族化：人文社科术语建设中的翻译策略[J]. 南京社会科学，(5)：116-121.

魏向清. 2010b. 人文社科术语翻译中的术语属性[J]. 外语学刊，157(6)：165-167.

魏向清，2014. 语言研究"第四范式"之思[J]. 外语研究，31(4)：6-11.

魏向清，张柏然. 2008. 学术摹因的跨语际复制：试论术语翻译的文化特征及研究意义[J]. 中国外语，5(6)：84-88，94.

魏向清，赵连振，2012. 术语翻译研究导引[M]. 南京：南京大学出版社.

文贵良，2011. 严复"六书乃治群学之秘笈"：汉语的现代转型与知识范型的建构[J]. 社会科学，(1)：175-184.

文贵良，2014. 王国维："新学语"与述学文体[J]. 湖南大学学报（社会科学版），28(4)：73-79.

吴道平，1984. 信息时代与语言学[J]. 复旦学报（社会科学版），26(2)：60-66.

吴丽坤，2007. 术语学的研究对象、宗旨和任务[J]. 中国科技术语，9(1)：5-8.

吴丽坤，2009. 俄罗斯术语学探究[M]. 北京：商务印书馆.

吴展良，1999. 严复《天演论》作意与内涵新诠[J]. 台大历史学报（24）：103-176.

奚兆永，2003. 关于严译《原富》一书的几个问题：与胡培兆同志商榷[J]. 学术月刊，35(9)：25-30.

习近平，2001. 科学与爱国：严复思想新探[M]. 北京：清华大学出版社.

信娜，2011. 术语翻译标准体系刍议[J]. 中国科技翻译（2）：24-27.

熊月之，2011. 西学东渐与晚清社会[M]. 修订版. 北京：中国人民大学出版社.

徐水生，2009. 翻訳の造語：厳復と西周の比較—哲学用語を中心に[J]. 北東アジア研究（17）：19-28.

许国璋. 1988. 语言符号的任意性问题：语言哲学探索之一[J]. 外语教学与研究，20(3)：2-10.

许钧，2003. "创造性叛逆"和翻译主体性的确立[J]. 中国翻译（1）：8-13.

许钧，2014. 翻译论[M]. 修订本. 南京：译林出版社.

许钧，高方，2004. "异"与"同"辨：翻译的文化观照[J]. 南京大学学报（南京大学学报（哲学·人文科学·社会科学）(1)：104-110.

严辰松，2000. 语言理据探究[J]. 解放军外国语学院学报，23(6)：1-6.

杨成凯，1986. Fillmore的格语法理论（上）[J]. 国外语言学（1）：37-41.

杨红，2012. 从《天演论》看严复的译名思想[J]. 兰州交通大学学报（5）：94-96.

杨柳. 2005. 翻译"间性文化"论[J]. 中国翻译，26(3)：20-26.

杨梅，翟红华，2012.《语义韵：批评性评价》述介[J]. 外语教学与研究（5）：784-788.

杨全红，2007. 钱钟书与术语翻译[J]. 中国科技术语（3）：54-57.

杨亦鸣，王为民，2002. 说"韵"和"韵部"[J]. 中国语文，(3)：243-245.

姚小平，2007. 语言学典籍汉译史[J]. 辅仁外语学报（4）：27-43.

姚小平，2013. 词典可以存疑，更可以有趣[N]. 中华读书报，09-25(18).

耶方斯，2014. 名学浅说[M]. 严复，译. 北京：北京时代华文书局.

叶笃正，1985. 全国自然科学名词审定委员会筹备经过及今后工作展望[J]. 自然科学术语研究（1）：11-13.

殷健，刘润泽，冯志伟，2018. 面向翻译的术语研究："中国学派"的实践特征和理论探索：冯志伟教授访谈录[J]. 中国翻译（3）：74-79.

于全有，2007. 语言哲学语"Linguistic turn"的汉语称谓辨析[J]. 社会科学辑刊

于伟昌，2001. 汉译外来语言学术语标准化的必要性及原则[G] //张柏然，魏向清. 双语词典学论集. 南京：江苏教育出版社：243-249.

俞政，2002. 严复翻译《天演论》的经过[J]. 苏州大学学报（哲学社会科学版）

(4):108-112.

袁锦翔,1990. 严谨的译风:名家经验的启示[J]. 中国翻译(1):38-41.

袁莉,2003. 文学翻译主体的诠释学研究构想[J]. 解放军外国语学院学报,26(3):74-78.

曾剑平,2007. 人文社会科学术语译名的规范化问题[J]. 外语与外语教学,(8):51-53,57.

查明建,田雨,2003. 论译者主体性:从译者文化地位的边缘化谈起[J]. 中国翻译,24(1):19-24.

张柏然,刘华文,张思洁,2008. 中国译学:传承与创新——2008中国翻译理论研究高层论坛文集[G]. 上海:上海外语教育出版社.

张柏然,辛红娟,2009. 当下翻译理论研究的两个向度[J]. 中国外语,6(5):93-97.

张伯瑜,2004. 中国音乐术语的英译问题与解决方法[J]. 中国音乐学(3):19-22.

张沉香,张治英,2007. 林业术语译名的规范化探讨[J]. 中国翻译,28(2):68-71+94.

张德让,2010. 翻译会通研究:从徐光启到严复[D]. 上海:华东师范大学.

张法,2009. 严复哲学译词:特征与命运:"中国现代哲学语汇的缘起与定型"研究之二[J]. 中国政法大学学报(2):106-117.

张法,2012. 中国现代哲学语汇体系之语言分析[J]. 清华大学学报(哲学社会科学版),27(2):83-103.

张拱贵,刘宁生,刘丹青,1984.《新著国语文法》对汉语语法学理论的贡献[J]. 北京师范大学学报(6):29-35.

张景华,2013. 论严复的译名思想与翻译会通[J]. 湖南科技大学学报(社会科学版),16(5):135-138.

张琳琳,2013. 从"青衣"等京剧术语的英译看文化翻译的归化和异化[J]. 上海翻译(4):41-43.

张霄军,郭畅,2014. 从翻译生态学角度解读严复译著《天演论》[J]. 上海理工大学学报(社会科学版),36(4):319-324.

张亚群. 2012. 从文言到白话:科举革废对汉语文化转型的影响[J]. 厦门大学学报(哲学社会科学版),62(6):33-40.

张彦,2008. 科学术语翻译概论[M]. 杭州:浙江大学出版社.

张政,胡文潇,2015.《论语》中"天"的英译探析:兼论其对中国文化核心关键词英译的启示[J]. 中国翻译,36(6):92-96.

张之洞,1998. 劝学篇[M]. 李忠兴,评注. 郑州:中州古籍出版社.
赵华,1983. 科技术语的翻译与概念体系[J]. 外语学刊(4):62-67,17.
赵家琎,1992. 术语学概论[J]. 外国语(上海外国语学院学报)(2):51-56.
赵蓉晖,2003. 社会语言学的历史与现状[J]. 外语研究,20(1):13-19.
赵世开,1992. 语言学术语译名中的新问题[J]. 语言文字应用(4):51-53.
赵忠德. 2004. 关于语言学术语的统一译名问题[J]. 外语与外语教学,(7):51-53,61.
甄克斯,2014. 社会通诠[M]. 严复,译,北京:北京时代华文书局.
郑述谱,1999. 俄国术语学研究掠影[J]. 科技术语研究,(3):37-40.
郑述谱,2005a. 俄罗斯当代术语学[M]. 北京:商务印书馆.
郑述谱,2005b. 术语的定义[J]. 术语标准化与信息技术,(1):4-11,14.
郑述谱,2006a. 试论语言学术语的特点[J]. 外语学刊,(3):51-54.
郑述谱,2006b. 术语学核心术语辨析[J]. 术语标准化与信息技术,(1):4-8,15.
郑述谱,2006c. 从术语学角度说"进化"及其泛化[J]. 求是学刊,33(4):23-26.
郑述谱,2008. "术语学派"的提法值得商讨[J]. 中国科技术语,10(5):10-12.
郑述谱,2010. 试论术语的定义[M] //刘青. 中国术语学研究与探索. 北京:商务印书馆:144-167.
郑述谱,2012. 术语翻译及其对策[J]. 外语学刊,(5):102-105.
郑述谱,梁爱林,2010. 国外术语学研究现状概观[J]. 辞书研究(2):86-99.
郑述谱,叶其松,2015. 术语编纂论[M]. 上海:上海辞书出版社.
中华人民共和国国家质量监督检验检疫总局,2001. 建立术语数据库的一般原则与方法:GB/T 13725-2001[S]. 北京:中国标准出版社.
中华人民共和国国家质量监督检验检疫总局,2014. 术语数据库技术评价指南:GB/T 15625-2014[S]. 北京:中国标准出版社.
钟思第,2012. 术语与思维:中国音乐文献翻译问题[J]. 中央音乐学院学报,(3):32-36.
周光庆,2012. 汉语词汇认知·文化机制研究[M]. 北京:商务印书馆.
周兴华,2015. 计算机辅助翻译协作模式探究[J]. 中国翻译,36(2):77-80.
周振甫,1996. 文体论[M]. 南京:江苏教育出版社.
周振甫,1999. 周振甫文集:第十卷[M]. 北京:中国青年出版社.
邹振环,2008. 影响中国近代社会的一百种译作[M]. 南京:江苏教育出版社.
Andre J S, Peng H Y, 2012. China and its others: Knowledge transfer through

translation, 1829 – 2010 [M]. Amsterdam: Rodopi.

Baker M, 2000. In other words: A coursebook on translation [M]. Beijing: Foreign Language Teaching and Research Press.

Baker M, 2001. Routledge encyclopedia of translation studies [M]. London: Routledge.

Cabré M T, 1992. Terminology: Theory, methods and applications [M]. Amsterdam: John Benjamins Publishing Company.

Cabré M T, 2000. La Terminología: Teoría, metodología, aplicaciones [M]. País: España.

Cabré M T, 1995. On diversity and terminology [J]. Terminology, 2(1): 1 – 16.

Cabré M T, 1999. Terminology: Theory, methods and applications [M]. Amsterdam: John Benjamins Publishing Company

Cabré M T, 2003. Theories of terminology: Their description, prescription and explanation [J]. Terminology, 9(2), 163 – 199.

Chan S W, Routledge encyclopedia of translation technology [M]. London: Routledge.

Cronin M, 2013. Translation in the Digital Age [M]. London: Routledge.

Faber P, 2009. The cognitive shift in Terminology and specialized translation [J]. MonTI, (1): 107 – 134.

Faber P, 2012. A cognitive linguistics view of terminology and specialized language [M]. Berlin: De Gruyter.

Faber P, Linares C M, Expósito MV, 2005. Framing terminology: A process-oriented approach [J]. META, 50(4): CD – ROM.

Gaudin F, 1993. Pour une socioterminologie: Des problèmes sémantiques pratiques aux pratiques institutionnelles [M]. Rouen: Publications de l'Université de Rouen.

Kocourek R, 1981. Prerequisites for an applicable linguistic theory of terminology [C] //Actes du 5e Congrès de l'Association Internationale de linguistique appliquée. Québec: Presses de l'Université Laval.

Lévy J, 1967. Translation as a decision process [M] //To honor Roman Jakobson: essays on the occasion of his seventieth birthday, 11. October 1966. Berlin: De Gruyter Mouton: 1171 – 1182.

Munday J, 2001. Introducing translation studies: theories and applications [M]. London: Routledge.

Munday J, 2010. Introducing translating studies: Theories and applications [M]. Shanghai: Shanghai Foreign Language Education Press.

Nida E A, 1998. A fresh look on translation [M] // Beeby A, Ensinger D, Presas M. Investigating translation: Selected papers from the 4th International Conference on Translation. Amsterdam: John Benjamins Publishing Company.

Nida E A, Taber C, 1969. The theory and practice of translation [M]. Leiden: E. J. Brill.

Pearson J, 1998. Terms in context [M]. Amsterdam: John Benjamins Publishing Company.

Pym A, 1998. Method in translation history [M]. Manchester: St. Jerome Publishing.

Quah C K, 2006. Translation and technology[M]. London: Palgrave Macmillan.

Sager J C, 1990. A practical course in terminology processing[M]. Amsterdam: John Benjamins Publishing Company.

Schwartz B, 1964. In search of wealth and power [M] Cambridge: Harvard University Press.

Steiner G, 1975. After Babel: Aspects of language and translation [M]. New York: Oxford University Press.

Steiner G, 2001a. After Babel: Aspects of language and translation [M]. Shanghai: Shanghai Foreign Language Education Press.

Stenier G, 2001b. After Babel: Aspects of language and translation[M]. 3rd ed. Oxford: Oxford University Press.

Temmerman R, 2000. Towards new ways of terminology description: The sociocognitive approach[M]. Amsterdam: John Benjamins Publishing Company.

Thelen M, Steurs F, 2010. Terminology in everyday life [M]. Amsterdam & Philadelphia: John Benjamins Publishing Company.

Venuti L, 1995. The translator's invisibility: A history of translation[M]. London: Routledge.

Venuti, L, 2008. The translator's invisibility: A history of translation[M]. 2nd ed. London: Routledge.

Wüster E. 1979. Einführung in die allgemeine terminologielehre und terminologische texikographie [M]. New York: Springer.

附录一 严复主要著译作品简表[①]

著译标题	首刊或首版年份	首刊或首版机构	类别	字数/万
《论世变之亟》	1895	《直报》	著述	0.28
《原强》	1895	《直报》	著述	1.2
《辟韩》	1895	《直报》	著述	0.23
《救亡决论》	1895	《直报》	著述	1.1
《天演论》	1898	湖北沔阳卢氏慎始基斋木刻版	翻译	6
《原富》	1901	南洋公学译书院	翻译	55
《群学肄言》	1903	上海文明编译书局	翻译	22
《群己权界论》	1903	商务印书馆	翻译	8
《社会通诠》	1904	商务印书馆	翻译	11
《穆勒名学》	1905	金陵蒯氏金粟斋译书处	翻译	29
《法意》	1904	商务印书馆	翻译	52
《政治讲义》	1906	商务印书馆	翻译	6
《名学浅说》	1909	商务印书馆	翻译	9.5
《支那教案论》	1899	南洋公学译书院	翻译	3
《美术通诠》	1906	《寰球中国学生报》	翻译	2
《马可福音》	1908	商务印书馆	翻译	0.3
《中国教育议》	1914	《庸言》	翻译	2.3
《欧战缘起》	1915	石印出版	翻译	1.2
合计	—	—	—	210.11

[①] 学界对于严复翻译字数及其译著数量尚存在一些分歧，本表以王栻（1986）、欧阳哲生（2010）、皮后锋（2011）等多位学者著述为基准统计而成。

附录二　严复著译相关历史事件一览表

年份	中国相关事件	国外相关事件
1748		孟德斯鸠发表《法意》法语原文
1776		亚当·斯密发表《原富》英文原文
1843		穆勒发表《穆勒名学》英文原文
1854	严复生于福州侯官一个中医世家	
1859		穆勒发表《群己权界论》英文原文
1866	严父离世，严复求学受阻	
1867	福州船政学堂招录严复入学	
1870		耶方斯发表《名学浅说》英文原文
1871	福州船政学堂毕业，开始登舰实习	
1873		斯宾塞发表《群学肄言》英文原文
1877	开启赴英留学，入格林威治海军学院；与郭嵩焘结忘年交	西利发表《政治讲义》英文原文
1879	留学回国，聘任福州船政学堂教习	
1891		宓克发表《支那教案论》英文原文
1892	译成《支那教案论》	
1894	甲午海战爆发，清朝海军受重创	赫胥黎发表《天演论》英文原文
1895	甲午海战告败，清廷签《马关条约》；天津《直报》相继刊发《论世变之亟》《原强》《辟韩》《救亡决论》等文	
1898	《天演论》出版问世	《政治讲义》英文原文由麦克米兰出版
1897	《国闻报》《国闻汇编》在天津创办；《国闻报》连续刊载《天演论》	
1898	戊戌变法；留日潮开启"黄金十年"	

附录二 严复著译相关历史事件一览表

续表

年份	中国相关事件	国外相关事件
1899	译成《群己权界论》；《支那教案论》出版	
1900	义和团运动爆发；严复抵沪创名学会	甄克斯发表《社会通诠》的原文
1901	翻译完成《原富》，并分册出版	
1902	严复就任京师大学堂译书局总办；译成《穆勒名学》	
1903	译成《群学肄言》并出版；《群己权界论》出版；译成《社会通诠》；开始着手翻译《法意》	
1904	《社会通诠》出版；《法意》出版	
1905	译成《政治讲义》；《穆勒名学》出版	
1906	《政治讲义》出版	
1908	任学部审定名词馆总纂；译成《名学浅说》	
1909	《名学浅说》出版	
1911	辛亥革命爆发，清王朝面临覆灭	
1912	民国开启；严复任北京大学首任校长	
1914	译成《中国教育议》，并于《庸言》报刊载	第一次世界大战爆发
1915	译成《欧战缘起》并出版；陈独秀创办《新青年》，新文化运动一触即发	
1917		俄国十月社会主义革命爆发
1918		第一次世界大战结束
1919	五四运动爆发；新文化运动推动了十月革命和马克思主义思想的传播	
1921	严复于福建老家辞世	
1931	商务印书馆汇编"严译名著丛刊"，并大量重印发行	

附录三 严译主要相关人物一览表

（按出生年份先后排序）

中文名	生卒年份	国籍	英文名（或中文拼音）	严译关联
孟德斯鸠	1689—1755	法国	Charles de Secondat, Baron de Montesquieu	《法意》法文原文作者
托马斯·纳琴特	1700—1772	爱尔兰	Thomas Nugent	《法意》最可能参照的英文版译者
亚当·斯密	1723—1790	英国	Adam Smith	《原富》英文原文作者
穆勒	1806—1873	英国	John Stuart Mill	《群己权界论》及《穆勒名学》原作者
郭嵩焘	1818—1891	中国	Guo Songtao	严留英时与郭交往甚密，且受其赞赏和提携，后成忘年交
斯宾塞	1820—1903	英国	Herbert Spencer	《群学肄言》英文原文作者
李鸿章	1823—1901	中国	Li Hongzhang	《支那教案论》的翻译发起人
赫胥黎	1825—1895	英国	Thomas Henry Huxley	《天演论》英文原文作者
西周	1829—1897	日本	Nishi Amane	推敲得出哲学、归纳、演绎等和制汉字译名
宓克	1833—1902	英国	Alexander Michie	《支那教案论》英文原文作者
西利	1834—1895	英国	John Robert Seeley	《政治讲义》英文原文作者
耶方斯	1835—1882	英国	William Stanley Jevons	《名学浅说》英文原文作者
吴汝纶	1840—1903	中国	Wu Rulun	给予严译点评、建议与鼓励

附录三 严译主要相关人物一览表

续表

中文名	生卒年份	国籍	英文名（或中文拼音）	严译关联
林纾	1852—1924	中国	Lin Shu	与严复为福建同乡及好友
辜鸿铭	1857—1928	中国	Ku Hung-Ming; Tomson	祖籍福建，与严复有渊源和交集，但政见与思想多不合
康有为	1858—1927	中国	Kang Youwei	赞严复为"精通西学第一人"
王修植	1858—1903	中国	Wang Xiuzhi	与严复、夏曾佑创办《国闻报》及《国闻汇编》
甄克斯	1861—1939	英国	Edward Jenks	《社会通诠》英文原文作者
夏曾佑	1863—1924	中国	Xia Zengyou	与严复、王修植创办《国闻报》及《国闻汇编》
蔡元培	1868—1940	中国	Cai Yuanpei	为早期北大的发展及学生思想运动均做出了巨大贡献
梁启超	1873—1929	中国	Liang Qichao	评严译：褒奖为主，贬斥为辅
王国维	1877—1927	中国	Wang Guowei	参与严主持的名词审定工作；评严译有褒有贬
鲁迅	1881—1936	中国	Lu Xun	爱读《天演论》，并称"严复毕竟是做过'《天演论》'的"
胡适	1891—1962	中国	Hu Shi	赞严复为"介绍近世思想第一人"
卫西琴	查考不详	德裔美籍	Alfred Westharp	《中国教育议》英文原文作者

附录四　抽样概念三语对照表

(依据英文术语的首字母排序)

序号	英文术语	严复译名	现代汉语译名（简体）	现代汉语译名（繁体）	日语和制汉字译名
1	academy	亚克特美园	学院；研究院	學院；研究院	学园，学院
2	accident	寓德	事故	事故	事故
3	actions	为	行动	行動	行动
4	actual	效实	现实的	現實的	现实的
5	adjective[①]	区别字	形容词	形容詞	形容詞
6	adjective	区别之字	形容词	形容詞	形容詞
7	adverb	形况字	副词	副詞	副詞
8	agent	能	代理人；代理商	代理人；代理商	代理人
9	aggregate	拓都	总计；合计	總計；合計	総計；合計
10	alibi	阿里排	不在犯罪现场	不在犯罪現場	現場不在証明
11	antecedent	提设	先行词；先行的；前件；前提	先行詞；先行的；前件；前提	前述
12	antecedents	前事（安梯西登）	先行词；先行的；前件；前提	先行詞；先行的；前件；前提	前述
13	argument	辩	议论	議論	議論
14	aristocracy	贤政	贵族政治；贵族阶级	貴族政治；貴族階級	貴族政治，貴族階級
15	aristocracy	贵族	贵族政治；贵族阶级	貴族政治；貴族階級	貴族政治，貴族階級

[①] 鉴于在同一部译著或不同译著中严复对于同一个术语给出了不同的汉语译名，本表分别列出这些术语及其相关的译名，因此会有部分英文术语重复的情况。后续相同情况不再另行注释。

附录四 抽样概念三语对照表

续表

序号	英文术语	严复译名	现代汉语译名（简体）	现代汉语译名（繁体）	日语和制汉字译名
16	aristocracy	亚理斯托括拉寺	贵族政治；贵族阶级	貴族政治；貴族階級	貴族政治，貴族階級
17	arithmetic	布算	算术	算術	算術
18	astronomy	天官之学	天文学	天文學	天文學
19	astronomy	天学	天文学	天文學	天文學
20	atom	莫破尘	原子	原子	原子
21	attorneys	阿埵尼	律师；代理人	律師；代理人	代理人
22	attribute	鄂卜捷	属性	屬性	属性
23	authority	节制	权威	權威	権威
24	bank	版克	银行	銀行	銀行
25	bank	钞商	银行	銀行	銀行
26	banker	钞店	银行家	銀行家	銀行家
27	bankrupt	倒账	破产	破產	破產
28	body	形	体；形体	體；形體	体
29	body	形体	体；形体	體；形體	体
30	capitation	葛必达	人头税	人頭稅	人頭稅
31	certificates	手凭	证书	證書	証書
32	chemistry	质学	化学	化學	化学
33	civil	司域尔	公民的；民间的	公民的；民間的	民間の
34	coexistence	并有	共存；并存	共存；並存	共存
35	coexistence	并着	共存；并存	共存；並存	共存
36	conclusion	判	结论	結論	結論
37	conclusion	委	结论	結論	結論
38	conclusion	委	结论	結論	結論
39	conclusion	委词	结论	結論	結論
40	conjunction	缀句字	连词；连接词	連詞；連接詞	接続詞
41	consequents	后承	结果	結果	結果

续表

序号	英文术语	严复译名	现代汉语译名（简体）	现代汉语译名（繁体）	日语和制汉字译名
42	consul	大都护	领事	領事	領事
43	consul	康苏尔	领事	領事	領事
44	consumer	用货者	消费者	消費者	消費者
45	contract	约书	合同；契约	合同；契約	契約
46	converse	转头	逆向的；逆的	逆向的；逆的	逆
47	copula	缀系	连系动词	連系動詞	連結詞
48	data	今有（第佗）	数据；资料	數據；資料	資料
49	data	原	数据；资料	數據；資料	資料
50	data	弟佗	数据；资料	數據；資料	資料
51	data	棣达	数据；资料	數據；資料	資料
52	dealer	行货者	商人；经销商	商人；經銷商	商人
53	deduction	外籀	演绎；推论	演繹；推論	演繹
54	deduction	外籀	演绎；推论	演繹；推論	演繹
55	deduction	外籀	演绎；推论	演繹；推論	演繹
56	deductive	第达克的夫	演绎的	演繹的	演繹的な
57	definition	界说	定义	定義	定義
58	democracy	民主	民主	民主	民主
59	democracy	庶建	民主	民主	民主
60	democracy	德谟括拉寺	民主	民主	民主
61	denotation	外帜	意义；所指	意義；所指	意味
62	deposit	长流囤	存款；押金；定金；保证金	存款；押金；定金；保證金	保証金
63	dialectics	主格图	辩证法	辯證法	弁証法
64	dialectics	代额勒迪克	辩证法	辯證法	弁証法
65	difference	差德	差异	差異	差異
66	discipline	干涉	训练；训导	訓練；訓導	調教
67	discipline	缮性	学科	學科	学科

附录四 抽样概念三语对照表

续表

序号	英文术语	严复译名	现代汉语译名（简体）	现代汉语译名（繁体）	日语和制汉字译名
68	ecclesiastical	宗教群法	教会的	教會的	教会の
69	economics	叶科诺密	经济学	經濟學	経済学
70	economics	计学	经济学	經濟學	経済学
71	economist	计学家	经济学家	經濟學家	経済学家
72	egoism	为己	利己主义	利己主義	利己主義
73	equality	均富	平等	平等	平等
74	ethics	义理之学	伦理学	倫理學	倫理学
75	ethics	伊迪格思	伦理学	倫理學	倫理学
76	evolution	天演	进化	進化	進化
77	existence	自在	存在	存在	存在
78	existence	额悉思定期	存在	存在	存在
79	extension	外举	扩大；伸展	擴大；伸展	伸展
80	fallacy	謷词	谬误	謬誤	誤謬
81	fallacy	发拉屎	谬误	謬誤	誤謬
82	family	费密理	家庭	家庭	家庭
83	farmers	牙侩	农民	農民	農民
84	federal	合从	联邦的	聯邦的	連邦
85	fee	疋	费用	費用	費用
86	feeling	意	感情	感情	感情
87	felony	匪伦尼	重罪	重罪	重罪
88	feudalism	拂特	封建主义；封建制度	封建主義；封建制度	封建制度
89	feudalism	拂特之俗	封建主义；封建制度	封建主義；封建制度	封建主義
90	feudalism	拂特封建	封建主义；封建制度	封建主義；封建制度	封建主義
91	fiction	粉饰	虚构	虛構	虚構
92	generalization	会通	概括；普遍化	概括；普遍化	概括

续表

序号	英文术语	严复译名	现代汉语译名（简体）	现代汉语译名（繁体）	日语和制汉字译名
93	hypothesis	悬拟	假说	假說	仮説
94	hypothesis	希卜梯西	假说	假說	仮説
95	induction	内籀	归纳；诱导	歸納；誘導	誘導；帰納
96	inductive	因达克的夫	归纳的	歸納的	帰納的な
97	industry	茵达思脱理	产业	產業	産業
98	inference	推证	推论	推論	推論
99	inquisitor	婴圭什佗	检查官；审问者；询问者	檢查官；審問者；詢問者	調査官
100	inquisitors	婴圭什佗	检查官；审问者；询问者	檢查官；審問者；詢問者	調査官
101	intellectual	智絃	智力的；知识的	智力的；知識的	知性の
102	intention	内涵	内涵；内包	內涵；內包	内包
103	introduction	发凡	引言；引进；介绍；导论	引言；引進；介紹；導論	導入
104	introduction	引论	引言；引进；介绍；导论	引言；引進；介紹；導論	導入
105	intuition	元知	直觉	直覺	直観
106	intuitive	明体	直觉	直覺	直覚，直観
107	judgment	比拟	审判	審判	審判
108	knight	有爵壮士	骑士	騎士	騎士
109	knight	奈德	骑士	騎士	騎士
110	labour	力役	劳动	勞動	労働
111	labour	功力	劳动	勞動	労働
112	logic	名理之学	逻辑学	邏輯學	論理学
113	logic	名学	逻辑学	邏輯學	論理学
114	logic	逻辑	逻辑学	邏輯學	論理学
115	logics	洛集克	逻辑	邏輯	論理
116	magistrate	马芝斯脱特	地方法官；治安官	地方法官；治安官	行政官

附录四 抽样概念三语对照表

续表

序号	英文术语	严复译名	现代汉语译名（简体）	现代汉语译名（繁体）	日语和制汉字译名
117	magistrate	令尹	地方法官；治安官	地方法官；治安官	行政官
118	market	马磔	市场	市場	市場
119	market	市场	市场	市場	市場
120	matter	马特尔	物质	物質	物質
121	matter	质	物质	物質	物質
122	metaphysics	心学	形而上学	形而上學	形而上学
123	metaphysics	密达斐辑格斯	形而上学	形而上學	形而上学
124	metaphysics	神理之学	形而上学	形而上學	形而上学
125	metaphysics	理学	形而上学	形而上學	形而上学
126	metaphysics	美台斐辑	形而上学	形而上學	形而上学
127	monarchy	蒙讷阿基	君主制	君主制	君主制
128	monopoly	辜榷	垄断	壟斷	独占；専売
129	nerve	涅伏	神经	神經	神經
130	noun	名物字	名词	名詞	名詞
131	ontology	元学（安托洛芝）	本体论；存在论	本體論；存在論	本体論
132	ontology	物性之学	本体论；存在论	本體論；存在論	本体論
133	overpopulation	过庶	人口过剩	人口過剩	人口過剩
134	parliament	巴烈们	议会	議會	議会
135	phenomena	斐诺弥那	现象	現象	現象
136	philosopher	名理家	哲学家；哲人	哲學家；哲人	哲人
137	physics	斐辑	物理学	物理學	物理学
138	physics	斐辑格斯	物理学	物理學	物理学
139	physiology	内景之学（腓支阿洛志）	生理学	生理學	生理学
140	politics	治制	政治	政治	政治
141	politics	波里狄思	政治学	政治學	政治学

续表

序号	英文术语	严复译名	现代汉语译名（简体）	现代汉语译名（繁体）	日语和制汉字译名
142	politics	治制论	政治学	政治學	政治学
143	politics	治术论	政治学	政治學	政治学
144	predicate	所谓	谓语；述语	謂語；述語	述語
145	predicate	布理狄桀	谓语；述语	謂語；述語	述語
146	premise	前提	前提	前提	前提
147	premises	原词	前提	前提	前提
148	preposition	联名部字	介词；前置词	介詞；前置詞	前置詞
149	price	定价	价格	價格	価格
150	price	物价	价格	價格	価格
151	production	所生产者	产品；制品	產品；製品	製品
152	productivity	殖量	生产力	生產力	生産力
153	profit	本息	利润	利潤	利潤
154	profit	赢利	利润	利潤	利潤
155	projectile	切线	抛射体	抛射體	利潤
156	pronoun	代名部字	代词；代名词	代詞；代名詞	代名詞
157	pronoun	代名字	代词；代名词	代詞；代名詞	代名詞
158	property	异产	财产；所有权	財產；所有權	財産
159	property	普罗勃谛	属性	屬性	属性
160	property	德	属性	屬性	属性
161	property	常德	属性	屬性	属性
162	proposition	词	提议	提議	提議
163	propositions	词	提议	提議	提議
164	propositions	首	提议	提議	提議
165	proprietors	执券主人	业主；所有者	業主；所有者	所有
166	protection	保商之政	保护	保護	保護
167	protectionist	主护商者	贸易保护主义者	貿易保護主義者	保護貿易論者
168	protest	声明负约	抗议	抗議	抗議

附录四 抽样概念三语对照表

续表

序号	英文术语	严复译名	现代汉语译名（简体）	现代汉语译名（繁体）	日语和制汉字译名
169	quality	品	品质；品质	品質；品質	品質
170	quantity	量	量；数量	量；數量	数量
171	radii	辐线	半径	半徑	半径
172	realism	净宗	现实主义	現實主義	現実主義
173	reason	良知	理由	理由	理由
174	reasoning	思籀	推理	推理	推理
175	reasoning	思辨	推理	推理	推理
176	relation	伦理	关系	關係	関係
177	religion	鲁黎礼整	宗教	宗教	宗教
178	rent	租（赋）	租金	租金	家賃
179	reprisal	执抵权利	报复；报仇	報復；報仇	報復
180	republic	公治篇	共和国	共和國	共和国
181	republic	虑拔布力	共和国	共和國	共和国
182	revolution	理佛留显	革命	革命	革命
183	rhetoric	言语科	修辞学	修辭學	修辞学
184	scholarship	劝奖之资	奖学金	獎學金	奨学金
185	science	学术	科学	科學	科学
186	senate	圣泥特	参议院；上院	參議院；上院	上院
187	sensation	感	感觉	感覺	感覚
188	sequence	相承	顺序	順序	順序
189	sociology	群学	社会学	社會學	社会学
190	space	宇	宇宙	宇宙	宇宙
191	species	别（斯毕稀）	物种；种	物種；種	種
192	species	别	物种；种	物種；種	種
193	speculation	屯待	投机；推测	投機；推測	投機
194	speculation	屯（加难检字1个）	投机；推测	投機；推測	推論

续表

序号	英文术语	严复译名	现代汉语译名（简体）	现代汉语译名（繁体）	日语和制汉字译名
195	subject	束百捷	主题	主題	主体；主题
196	subject	词主	主题	主題	主体；主题
197	subordinate	属从	从属	從屬	従属
198	substantia	萨布斯坦思阿	物质	物質	本体
199	succession	相承	继承	繼承	継承
200	successions	不并有	继承	繼承	継承
201	superstitious	鬼	迷信的	迷信的	迷信の
202	surety	保诫	保证；担保	保證；擔保	保証
203	syllogism	联珠	三段论法	三段論法	三段論法
204	syllogism	连珠	三段论法	三段論法	三段論法
205	syllogism	司洛辑沁	三段论法	三段論法	三段論法
206	syllogizing	联珠	三段论	三段論	三段論
207	tendency	听等塞	趋势	趨勢	趨勢
208	term	端	术语	術語	術語
209	terms	端	术语	術語	術語
210	theory	说	理论	理論	理論
211	thing	丁格	事物	事物	事物
212	time	宙	时间	時間	時間
213	totem	图腾	图腾；崇拜物	圖騰；崇拜物	トーテム（一般用外来语表示）
214	tribe	社	部落；宗族	部落；宗族	部族
215	tribe	脱来伯	部落；宗族	部落；宗族	部族
216	unit	么匿	单位	單位	単位
217	unit	么匿	单位	單位	単位
218	university	优尼维实地	大学	大學	大学
219	univocal	一义	单义的	單義的	単一義
220	utopia	乌托邦	乌托邦	烏托邦	理想郷

附录四 抽样概念三语对照表

续表

序号	英文术语	严复译名	现代汉语译名（简体）	现代汉语译名（繁体）	日语和制汉字译名
221	variations	消息之术	变化；改变	變化；改變	変化
222	velocity	威洛锡特	速度	速度	速度
223	verb	动作字	动词	動詞	動詞
224	verb	云谓部字	动词	動詞	動詞
225	verification	印证	确认	確認	確認
226	volitions	志	意志	意志	意志
227	vote	出占	投票	投票	投票
228	wages	力佣	工资	工資	賃金
229	wages	庸	工资	工資	賃金

后 记

《基于术语库的严复社科术语翻译研究》即将付梓出版，是时候写一点个中体会。本书是在我的博士论文基础上修改与拓展而成。自2013年9月进入南京大学外国语学院攻读博士学位起，我便开启了钻研严复社会科学术语翻译的生涯。如今已十年有余，回首过往点滴，百感交集。

博士阶段的求学经历让我获益匪浅，衷心感谢导师魏向清教授的悉心栽培。从2007年于南京大学外国语学院硕士论文答辩会上首次获得魏老师的指点，到2012年加入魏老师领衔的术语翻译研究团队，再到博士求学期间承蒙其全面指导，魏老师严谨治学的态度、平易近人的风范一直感染并激励着我。

博士求学期间，我还得到了许多前辈的提携与帮助。当年申请考博，幸得张柏然教授和许钧教授两位翻译界泰斗的举荐。张柏然教授虽于2017年辞世，但他睿智的谈吐与严谨求实的治学风范始终激励我前行。许钧教授多次为我指点迷津，他渊博的学识令我深受启发。此外，南京大学柯平教授、丁言仁教授、杨柳教授、张异宾教授、蔡新乐教授、李斌博士等诸位老师的谆谆教诲，也让我受益无穷。

博士毕业后，我继续深耕教学与科研，肩负起学术研究与教书育人的双重使命。博士期间积累的学术经验为我后续科研工作奠定了坚实基础，我选择继续在严复社科术语翻译这一领域探索。我主持并完成了省部级科研项目3项，参与并完成了国家社科重点项目1项，发表了多篇学术论文，出版译著4部，并将学术研究成果融入教学实践，不断拓展严复术语翻译研究的广度与深度。严复的翻译工作不仅是语言的转换，更是思想的创造性重构，承载着文化传播的使命。我深感翻译研究是一项需要耐心与毅力的事业，在探索术语翻译的同时，也开始关注其对社会思想传播的推动作用。我希望能通过自己的不懈努力，为这一领域贡

后 记

献新的理论视角。

　　书稿的创作过程并非一帆风顺，而是一场需要耐心与毅力的持久战。从博士论文初稿到本书的修改和出版，每一次的精心推敲与打磨都让我对学术研究的严谨性与责任感有了更深刻的体悟。在此过程中，我要感谢英国曼彻斯特大学 Mona Baker 教授和西班牙奥维耶多大学 Roberto Valdeón 教授对本人的指导和关心。博士同门耿云冬、胡叶、江娜、卢华国、杨娜、张淑文、殷健、叶莹、刘润泽、戴拥军、秦曦、时闻等也给了我许多帮助。孙坤、窦柯静、冷冰冰、朱希伟、秦慈枫、孙丽、王家根、齐珊珊、干紫璇、包懿等学界同仁、团队成员与我讨论相关研究问题，帮助我不断完善研究方法和写作思路，特别是团队成员王紫璇、朱希伟、齐珊珊等在此书编校过程中积极参与，付出了很多努力，并提供不少修改建议，在此一并感谢。还要感谢书中引用的国内外学者以及关心本书修改和出版的各界人士，尤其要感谢郑州大学胡庚申教授，南京师范大学吕俊教授和许多教授，上海外国语大学孙会军教授，北京外国语大学王克非教授和彭萍教授，广东外语外贸大学黄忠廉教授，上海大学方梦之教授，中国科学院李亚舒教授，南京大学蔡新乐教授、高方教授、刘云虹教授、杨柳教授、李寄教授、袁周敏教授，以及凤凰出版传媒集团职业教育出版中心副总经理刘洪涛，他们的研究成果和大力支持对我的思考与写作产生了重要影响。

　　感谢我的工作单位南京邮电大学，特别是王玉括教授、骆公志教授、李炯英教授、方宗祥教授、臧庆教授、刘艳梅教授、殷健博士、吴建博士、张广法博士、王伟博士等领导和同事的关心与指导。也要感谢外国语学院翻译系、英语系的学生，他们在我的翻译课上积极发言和研讨，让我更加坚定了教学与科研相辅相成的理念。这种教学相长的体验让我意识到学术研究背后文化与思想的延续。

　　感谢我的学生王紫璇，一直以来她勤奋刻苦，成绩优秀，在本书语料采集、数据统计、图表整理和文字校对等环节倾注心血，为我的研究提供了重要助力。她从南邮本科保送研究生，努力成长，不断在学术研究方面开拓进取，让我看到了新一代青年学者的希望与潜力，也让我对未来翻译研究领域的传承与发展充满信心。同样感谢东南大学出版社的支持和厚爱，特别是唐允主任和周菊老师的悉心审校与把关，使得本书如期出版。

最后，我要感谢我的家人。父母亲时常问及我的工作进展，他们的关切和鼓励让我克服困难、不断努力前进。爱人和孩子的包容与支持使我能够全身心投入学术写作。毋庸置疑，家人的理解与陪伴始终是我学术道路上最坚实的后盾。

正如书中所述，严复的社会科学术语翻译是一场不断适应与选择的过程，本书的撰写与修改亦然。而如何适应、如何选择是一个至关重要的问题，幸得导师以及各位专家、学者、同仁、朋友、家人的教导、关心与支持，让我能够较好地做出适选，并完成人生第一部专著。感激之余，决心继续努力，扎根科研，倾心教学，为学术进步与人才培养而不懈奋斗！

是为记。

陶李春
2024 年 12 月 30 日